KB230714

맞춤형 인적자원개발을 위한

사내대학의 교육과정 평가

맞춤형 인적자원개발을 위한

사내대학의 교육과정 평가

김형주 著

한국학술정보㈜

　　지식기반사회의 흐름과 함께 사회 발전의 중요한 원동력으로 자리매김한 것이 바로 인적자원개발일 것이다. 지식과 인적자원간의 불가분의 관계성을 차치하고라도 국가의 성장과 발전, 그리고 국제사회 속에서의 생존과 경쟁력 확보를 위해서 양질의 인적자원 육성은 절실하다. 이에 따라 산업과 교육 부문의 연계와 교류가 강조되고 있으며, 이는 오프라인 교육과 온라인 교육 모두에서 나타나는 시대적 요구이다.

　　교육을 통한 기업체 내부의 인재양성에 있어서 무엇보다 강조되는 것은 기업이 추구하는 비전과 목적, 그리고 현실적 실리에 부합해야 한다는 점이다. 이를 기업의 맞춤형 교육이라고 칭한다면, 이런 형태의 교육이 일정 규모 이상으로 체계화되고 제도적으로도 완비되는 가장 대표적인 교육체제가 사내대학(社內大學)이라고 할 수 있다. 다만 1990년대 후반 국가적인 외환위기를 극복하는 과정에서 많은 기업들이 교육과 연구 부분을 대폭 축소하였고 그런 일련의 풍파 속에서 적지 않은 사내대학이 문을 닫은 것이 사실이다. 하지만 대학에서 배출한 인력의 역량에 대한 기업들의 신뢰가 높지 않다는 점에서 기업 스스로 고등인력 육성에 투자하는 사내대학은 향후 우리 기업들의 인적자원개발에 있어서 눈여겨볼 필요가 있다.

　　이에 따라 본고에서는 사내대학 교육과정의 질 관리를 위한 합리적인 평가체제를 구안하고자 한다. 우선, 사내대학 교육과정을 평가하는 데 적합한 평가 영역과 평가요소가 무엇인지 파악하여 전체 평가체제를 설계하고, 둘째는 그 평가설계의 논리적 타당성을 알아보며, 셋째는 평가 영역, 평가요소, 평가준거의 가중치 및 배점을 결정하고, 넷째는 구안된 평가설계를 적용하여 경험적 타당성을 검토하며, 다섯째는 실제 평가수행상의 유용성을 알아볼 것이다.

　이와 같이 사내대학이 수행하는 교육을 체계적으로 관리하는 역할 즉 평가를 적절히 활용한다면 교육의 질을 제고할 수 있게 된다. 흔히 평가를 학습 후의 결과에 대한 인센티브와 패널티를 주는 기능으로만 협소하게 보는 시각에서 벗어나 평가결과를 통한 개선과 향상을 목적으로 하는 것이다. 정확한 진단과 처치는 학습자에게 그리고 교육 자체의 질을 높이는 데 필수적이다. 따라서 교육과정 평가를 위한 방법론의 습득 역시 사내대학 교육설계와 운영자들에게 필요한 역량이라 할 것이다.

　본고는 사내대학 교육의 질을 제고하여 기업체 내부 인력의 학습욕구를 충족시키고 내부 역량을 공고히 하며 또한 기업 스스로 양질의 맞춤형 인재양성을 통해 궁극적으로 기업의 생존과 생산성을 증대하는데 일조하고자 한다. 또한 사내대학의 교육과정과 이에 대한 평가체제 연구를 통해 일반대학교육의 질 개선에도 타산지석이 되길 바란다.

> *"교육을 도외시한 인재의 발굴은 임기응변에 지나지 않으며,*
> *평가를 통한 진단과 처방은 교육의 질 제고와 이를 통한*
> *기업의 발전에 필수적이다."*

2007. 11

김 형 주

|목 차|

|그 림 목 차|

I. 서 론

1. 연구의 필요성 및 목적

대학은 현대사회의 발전과 함께 여러 기능으로 분화되었고, 이를 보는 시각이나 개념도 다양화되었다. 대학의 기능을 어떤 시각과 가치관에 의해 개념화하느냐에 따라 대학교육의 목적, 운영방식, 교육과정의 내용 등이 달라지는 것이다. 특히 대학의 교육과정은 사회적 혹은 문화적 발전을 반영하여 보여주는 중요한 척도로서 지속적인 질적 관리를 통해 개선해 나가야 하는 것은 당연하다 할 것이다.

현대 산업사회의 발전은 대학이 단지 순수한 학문의 상아탑으로만 안주하도록 방치하지 않았다. 대학은 학문의 발전을 위한 고급 학술인재의 육성뿐만 아니라 국가의 산업 발전을 위한 우수 산업인력 양성, 그리고 지역사회에 대한 공헌 등 다양한 사회적 요구를 수용해야 했던 것이다. 특히 산업사회의 성장과 함께 국가발전에서 경제 및 산업 분야가 차지하는 부분이 확장될수록 대학의 고급 산업인력 양성이란 기능이 주요 쟁점으로 부각되곤 하였다.

급속한 산업사회의 발전은 고도산업사회란 용어가 사용될 정도로 대학교육의 성장을 앞지르고 있는 것이 사실이다. 또한 앞으로의 산업사회구조가 예전의 하드웨어 중심에서 소프트웨어를 보다 중시하는 방향으로 발전되고 있는 현실이기 때문에 새로운 지식과 신기술로 육성된 인재의 수급은 산업체의 존립을 결정하는 중요한 요인으로 부각되기 시작한 것이다. 그러나 많은 산업체에서는 대학교육을 받은 고등인력을 산업 현장에 배치하기 위해 재교육을 시켜야 했고, 급기야는 산업체에서 고등교육의 일부를 맡아야 한다는 필요성이 제기된 것이다.

> 현재 고등교육은 새로운 산업사회의 변화에 부응하지 못하고 있다는 지적이 많이 제기되고 있다. 산업기술은 고도로 발전하고 있는 데 필요한 고급 기술인력은 확보하기도 어려운 실정인데다가 가용 가능한 인력은 취업 후 현장 적응 기간이 상당 기간 소요되어 산업체의 어려움이 가중되고 있는 실정이다. 이러한 상황을 초래하게 된 것은 산업체 자신이 산업사회의 변화를 사전에 감지하고 인력개발에 적극 대응하지 못한 점도 있지만 우리의 고등교육체제가 기술 집약적 산업구조로 탈바꿈되고 있는 변화에 부응하지 못한 결과이기도 하다(최영표 외, 1992).

또한 1990년대 들어와 대학교육에 대한 제도적 개혁이 추진되었는데, 바로 대학의 다양화와 특성화의 강조이다. 사회 각 분야가 요구하는 다양한 자질과 능력을 갖춘 인력을 배양할 수 있도록 대학 모형을 다양화하고 특성화하도록 하며, 뿐만 아니라 대학의 정원과 학사운영을 자율화하고, 설립기준을 다양하게 규정하여, 이 준칙에 따라 학교설립이 가능하도록 그 개혁 추진의 방향을 설정하고 있다(교육개혁위원회, 1995a).

이러한 사회적 배경하에서 태동한 것이 사내대학(社內大學)이라고 할 수 있겠다. 본격적인 고도산업사회의 논의가 활발하였던 1990년대부터 사내대학의 설립이 시작된 것(과학기술처, 1997)은 이런 사회적 맥락을 반영하고 있는 것이다. 사내대학은 막대한 투자여력이 있는 산업체에서 필요한 고등인력의 신속한 수급을 위해 사내의 종사자들을 대상으로 운영하는 것으로, 기업이 필요로 하는 지식이나 기술을 주요 교육과정으로 편성하여 적시에 인력을 양성하고 자사 내 종사자들의 고등교육에 대한 욕구 충족의 기능도 병행하는 것이다. 단적인 예로, 일부 사내대학의 경우 강의실, 실험실 및 실험기자재의 수준이 국내 어느 공과대학 이상으로 우수하다는 것은 기업이 필요인력 양성에 얼마나 많은 투자를 하고 있는가를 알 수 있게 한다. 사내대학은 산업체의 필요에 따라 설립되기 때문에 그 운영 형태와 교육과정 편성 및 투자규모에 있어서도 매우 상이할 수밖에 없다. 소규모의 정원을 대상으로 업무 종료 후 야간제로 운영하며 소규모의 졸업학점을 요구하는 형태에서부터 대규모의 정원을 전일제 수업으로 진행하는 등 일반대학과 유사한 운영 형태와 교육과정 편성을 하고 있는 곳까지 매우 다양하다. 그러나 이들이 산업체의 요구가 강하게 반영된 새로운 교육체제인 것은 일반적으로 갖고 있는 공통점이라 할 것이다.

 따라서 1990년대 이후 대두된 사내대학은 고등교육 연구의 한 분야로서 점검해야 할 대상이며 주요 연구 영역으로 관심을 가질 필요성이 있는 것이다. 일반대학과 달리 사내대학은 모기업의 주력산업을 위주로 설립·운영되기 때문에 신지식과 첨단기술을 반영한 교육과정 편성을 하고 있으며, 대학교육의 운영과 교육과정의 변화가 지식과 기술의 발달에 따라 신속하게 수용되어 그 유동성의 수준이 높은 특성을 나타내고 있다. 이러한 독특한 성격을 지닌 사내대학에 대한 연구는 새로운 고등교육 연구 분야를 제공하기도 하지만, 이를 통해 일반대학교육의 발전에도 기여할 수 있는 시사점을 제공하게 되는 것이다.

 본 연구에서 다루고 있는 평가의 차원에서 살펴보면, 일반적인 평가 기능과 마찬가지로 사내대학의 교육과정에 대한 평가도 대학교육의 질 관리라는 거시적 차원뿐만 아니라, 합리적이고 지속적으로 교육과정을 개선하여 양질의 교육을 제공할 수 있다는 점에서 중요한 의미를 지닌다. 사내대학의 교육과정은 이미 언급한 바와 같이 일반 고등교육적 요소와 운영 주체인 산업체가 요구하고 있는 지식과 기술이 복합적으로 편성되어 있다. 이렇듯 사내대학 교육과정의 주요 구성과 운영이 일반대학과는 다른 면모를 갖고 있기 때문에 그에 대한 평가에 있어서도 새로운 시각이 필요하게 된다. 즉 교육과정 평가에 있어서도 일반적인 교육과정 구성요소들뿐만 아니라 산업체의 요구(needs)를 고려해야 하는 데, 이는 사내대학 교육과정 평가의 구성요소들이 일반대학의 교육과정 평가와 차별화되는 부분이 있음을 시사하고 있는 것이다.

결국, 신교육체제의 일환으로서 특성화된 대학의 필요성과 고도산업사회에 적응할 수 있는 새로운 인재의 필요성을 충족시키기 위한 대안 중 하나가 바로 사내대학이다. 따라서 우리 교육체제의 새로운 한 부분으로 자리매김되고 있는 사내대학의 체계적인 질 관리와 유지를 위해서 그에 대한 평가가 필요하며, 특히 교육과정의 질적 개선을 위해서 평가의 역할이 중요하게 요구된다. 사내대학의 교육과정에 대한 평가를 통해 교육의 질 관리를 도모하고자 하는 본 연구의 필요성도 여기에 있는 것이다.

본 연구의 목적은 사내대학 교육과정의 질 관리를 위한 합리적인 평가체제를 구안하는 데 있다. 이러한 목적을 충족시키기 위해서는 우선 신교육체제로 대두된 사내대학 자체에 대한 이론적 고찰이 선행되어야 하며, 이와 함께 사내대학을 교육과정 평가의 관점에서 접근하기 위해서 경험적 검증과 분석이 병행되어야 한다. 경험적 검증 부분은 실제 본 연구에서 구안한 평가설계를 타당화하여 실제 적용해 보고 그 유용성을 파악하고자 하는 것으로 보다 실제적인 시사점을 줄 수 있을 것이다.

본 연구의 목적을 구체적으로 살펴보면 다음과 같이 다섯 가지로 구분된다.

첫째는 사내대학 교육과정을 평가하는 데 적합한 평가 영역과 평가요소가 무엇인지 파악하여 전체 평가체제를 설계하고, 둘째는 그 평가설계의 타당성을 알아보며, 셋째는 평가 영역, 평가요소, 평가준거의 가중치 및 배점을 추정하고, 넷째는 구안된 평가설계를 경험적으로 적용하며, 다섯째는 실제 평가수행상의 유용성을 알아보고자 하는 것이다.

2. 연구문제

본 연구는 신교육체제인 사내대학의 교육과정에 적합한 평가체제를 설계하는 데 그 목적이 있다. 이러한 연구 목적을 성취하기 위한 구체적인 연구문제를 살펴보면 다음과 같다.

연구문제 Ⅰ. 사내대학의 교육과정을 평가할 수 있는 평가 영역·평가 요소를 비롯한 전체 평가체제를 구안한다.

이는 사내대학 교육과정 평가의 평가 영역과 평가요소를 추출하고 이를 토대로 전체 평가체제를 설계하고자 하는 것이다. 이는 우선 이론적 배경과 여러 선행연구들에 의한 문헌 연구를 기반으로 구안되고, 더불어 사내대학 교육과정 관련 담당자들에 대한 초점집단면접(Focus Group Interview: FGI)의 분석내용이 중요한 자료로 이용된다.

연구문제 Ⅱ. 사내대학의 교육과정을 평가하기 위해 구안된 평가설계에 대한 타당성을 검증한다.
    Ⅱ-1. 평가전문가들에 의한 논리적 타당도를 알아본다.
    Ⅱ-2. 사내대학 교육과정 전문가들에 의한 논리적 타당도를 알아본다.

이는 연구문제 Ⅰ에서 구안된 사내대학 교육과정의 평가설계를 타당화하고자 하는 것으로 관련 분야의 전문가들로 하여금 타당화하게 된다. 전문가는 평가전문가와 사내대학 교육과정 전문가의 두 집단으로 구분되어 그 논리적 타당성을 검증하게 된다. 이를 통해 본 평가체제의 타당성 확보 여부를 알아보고 그 결과에 따라 구안된 평가설계에 대한 수정 · 보완이 이루어지게 된다.

연구문제 Ⅲ. 사내대학 교육과정의 평가를 위해 설정된 평가 영역, 평가요소, 평가준거에 대한 가중치와 배점을 알아본다.

평가체제의 실제적인 완성을 위해서는 설정된 평가 영역, 평가요소, 평가준거 각각에 대한 가중치를 구하여 실제 평가에서 활용될 배점을 추정해야 한다. 이는 전문가 집단에 의해 조사되며 실제 배점은 각각의 가중치에 대한 환산척을 이용하여 실제 점수를 산출하게 된다.

연구문제 Ⅳ. 구안된 사내대학 교육과정 평가체제를 경험적으로 적용한다.

평가연구의 실질적인 효과를 얻기 위해서는 구안된 평가설계의 적용이 필수적이라고 할 수 있다. 본 연구문제는 이와 같이 실제 사내대학의 교육과정에 본 평가체제의 설계를 적용하여 평가를 수행하고자 하는 것이다.

연구문제 Ⅴ. 구안된 사내대학 교육과정 평가설계를 경험적으로 적용할 때 평가수행상의 유용성을 알아본다.

이는 본 연구에서 개발한 평가설계를 경험적으로 적용할 때 나타나는 평가수행상의 유용성을 알아보고자 하는 것이다. 이를 통해 사내대학 교육과정을 평가할 때 본 평가체제의 수행가능성, 수행용이성 등 평가수행상의 수월성과 적절성을 파악할 수 있게 된다.

Ⅱ. 이론적 배경

1. 사내대학의 이론적 토대

기존의 보수적인 고등교육기관만으로는 세계화 · 정보화시대를 주도하는 인재를 양성하는 데 일정 부분의 한계가 있음이 사실이다. 뛰어난 고등인력 양성은 곧 국가발전의 시금석이요 국제화 사회의 국제경쟁력 증대의 밑거름인 것이다. 제도권 교육의 개혁과 더불어 새롭게 등장한 것이 바로 사내대학체제이다. 고등 전문 인력이 필요한 조직에서 직접 학사나 그 이상의 교육을 시키고 국가가 이를 제도적으로 뒷받침해 주는 것이다. 우리나라의 경우 1996년 대통령 자문 교육개혁위원회는 세계화 · 정보화시대를 주도하는 신교육체제 수립을 위한 교육개혁 방안이란 제3차 대통령 보고서에서 신대학의 개념을 도입하였고 그 한 형태로 사내대학이 제안되었던 것이다.

가. 신대학의 개념과 발전배경

우리나라는 21세기를 앞두고 국제화 사회에서 국가의 발전뿐만 아니라 생존을 위한 국가경쟁력의 증대라는 당면과제를 안고 있다. 이것은 우수한 지적능력과 창의력을 지닌 고급두뇌의 양성을 필수요건으로 하는 것이다. 우리의 교육개혁의 과정도 이에 부응하여 질적으로 뛰어난 고등인력을 양성하기 위해서 전 생애에 걸쳐 학습권을 보장하고 일과 학습을 통합함으로써 교육기회의 확대가 필요하다는 점을 강조하였다. 이러한 신교육체제의 일환으로 대두된 것이 바로 신대학(New University)이다. 신대학이란 무엇이며 그 근본적인 배경과 취지, 그리고 그 방향성을 알아보기 위해서는 역사적으로 먼저 발생하였던 영국 신대학의 발생배경과 특징을 살펴보는 것이 매우 의미 있는 일일 것이다.

영국은 전통적인 고등교육체제가 갖는 한계와 기존 교육체제를 개혁하고자 하는 일환으로 신대학(New University)체제(개념)를 도입하였다. 영국의 신대학이 대두하게 된 배경은 영국의 전통적 대학의 보수적 경향과 저해요인에서 탈피하기 위해 모두가 국립으로 국가재정의 뒷받침을 받아 대폭적인 개혁을 시도할 목적으로 백지상태에서 전혀 새로운 교육과정, 교수법, 연구법을 자유롭게 혁신할 기회와 수단과 동기가 주어졌던 대학들이라고 할 수 있다. 이를 구체적으로 살펴보면 다음과 같다(안상원, 1977).

신대학은 기존 대학의 장점을 충분히 흡수함과 동시에 지금까지의 대학에서 실시하기 어려웠던 새로운 시도를 행한 데 있다. 영국의 신대학에서 공통적으로 볼 수 있는 특징을 살펴보면 다음과 같다(Lawlor, 1968; Ross, 1966). 첫째, 대학의 목적이라든지 관리기구 등을 결정하는 대학헌장(charter), 대학규정(statutes)에 대해서는 종래의 대학과 달리 신대학은 필요에 따라 비교적 자유스럽게 그 기구 및 교육연구조직 등의 개혁을 시도할 수가 있다. 둘째, 대학의 주요한 관리기관인 이사회(court)와 상의회(council)의 구성원은 전국을 대표하는 자로 하며, 상의회와 평의회(senate)의 구성원이 되는 교원은 교수가 아닌 조교수, 사무직원에서 선출하게 되어 있다. 또 소수이기는 하지만 학생대표를 대학의 주요한 관리기관에 참여시킨다. 셋째, 신대학에서는 교육과정 및 교육조직 면에서 새로운 시도가 이루어지고 있다. 그것은 전문 교육과 일반교육의 통합을 목표로 하는 것이며, 현대의 발전하고 확대되는 과학지식의 도전에 대한 적극적인 반응이기도 하다. 넷째, 영국 대학의 특징이기도 한 전통적 교육방법으로는 무엇보다도 먼저 개인지도방식(tutorial system)과 소집단지도(small group teaching)를 들 수 있는데, 신대학에서도 이러한 개인지도방식과 소집단지도를 교육방법의 중심으로 하고 있다. 그러나 그 외 세미나(seminar) 등의 방법도 쓰고 있다. 물론 다수 학생을 대상으로 하는 강의도 하고 있으나 강의에 의한 학습시간의 비율은 대단히 낮다. 다섯째, 신대학에서는 학교생활에 있어서의 공동생활의 의의를 높이 평가하여 영국 대학의 특징의 하나인 기숙제(寄宿制, collegiate system)의 운영에 힘을 쓰고 있다. York, Lancaster, Kent의 각 대학들이 이러한 기숙제를 채용하고 있다.

지금까지 살펴본 영국 신대학의 발생배경과 그 방향성은 우리의 교육개혁에서 제시되었던 신대학(新大學)의 대두배경 및 취지와 매우 유사하다는 것을 알 수 있다. 그리고 이 신대학의 개념은 본 연구에서 다루고 있는 사내대학 개념의 상위개념이자 원형이라고 할 수 있겠다. 교육개혁위원회(1996a)가 신교육체제의 일환으로 제시한 신대학에 관해 정리해 보면 다음과 같다.

· 신대학의 도입배경과 특징: 주요 선진국에 비해 낮은 수준에 머물고 있는 성인 경제활동 인구의 전반적인 교육 수준을 획기적으로 높이기 위하여, 직업 현장을 떠나지 않고도 계속교육을 받을 수 있도록 새로운 유형의 신대학을 도입한다. 현장 중심, 프로그램 연계체제(Program Network System)로 운영되는 신대학은 기존 고등교육기관이나 직업교육기관과는 차별화된다.
· 신대학의 유형: 신대학은 실업계 고등학교 졸업자를 위한 계속 직업교육과정으로서 산업학사과정과 전문대학 졸업자를 위한 계속 직업교육과정으로서 학사과정을 두는 두 가지 유형으로 설립·운영된다.
· 신대학의 설립 및 운영 주체: 신대학 설립·운영에 참여 가능한 주체는 전문대학, 개방대학, 방송대학, 일반대학, 산업체(공·사기업체, 사업체 조합, 경제단체 등)이다.
· 신대학의 입학전형 방법: 신대학 교육 대상자들이 산업체 취업자인 점

을 고려하여 입학전형 요건을 최소화한다.
· 신대학의 핵심 교육방식: 원격교육을 매개로 하여 산업현장과 기존 고
  등교육기관을 연결한다.
· 신대학의 설립 및 운영 지원: 신대학의 설립·운영 지원을 위해 필요한
  별도의 준칙을 마련한다. 준칙요건과 기준은 최소화한다.
· 전문직업인력 양성 신대학원 대학 설립(Virtual University): 기존 대학
  들이 컨소시엄을 구성하여 설립한 법인이나 단설 전문대학원은 원격교
  육 프로그램을 통한 대학원 교육과정을 개설·운영할 수 있다. 이러한
  과정을 이수한 자에게는 전문석사학위를 부여한다.

교육개혁위원회에서 밝히고 있는 신대학의 개념은 사내대학을 포함하
여 보다 포괄적이고 다양한 형태의 고등교육기회를 제도적으로 뒷받침
하고자 하는 것이다. 즉 신대학체제 내에 사내대학의 개념을 발견할 수
있다. 이러한 신교육체제를 통해 현재까지 신대학 개념의 많은 사내대
학들이 도입되어 운영되고 있다. 다음 〈표 Ⅱ-1〉은 신대학과 기존에 이
와 유사한 고등교육기관을 여러 특성에 있어서 비교하고 있다.

<표 Ⅱ-1> 신대학과 기존 고등교육기관과의 비교

구 분	신대학(체제)	전문대, 기능대, 개방대	방송대
교육목적	중견산업기술인력 양성	중견산업기술인력 양성	전 국민을 대상으로 한 평생학습기회 제공
학생선발	수능에 의한 선발 지양-산업체 현장근무자, 기술자격소지자, 실업고 졸업자를 우선 선발	고교졸업자 또는 그와 동등 이상의 학력소지자-수능에 의해 선발 (산업체 근로자 우선 선발)	고교졸업자 또는 그와 동등 이상의 학력소지자-연장자, 직장 근로자 우선 선발
학생의 지위	근로자이며 학생인 이중적 지위 보유-학습자는 학습을 위해 작업장을 일탈할 필요가 없음.	근무 시와 학습 시에 신분이 상이함. ·근무 시: 근로자 ·학습 시: 학생	근무 시와 학습 시에 신분이 상이함. ·근무 시: 근로자 ·학습 시: 학생
교수충원	산업체 인사를 교수로 임용 가능(산학겸임교수)-산업체 근무경력을 연구, 호봉 등에 100% 인정	산업체 인사의 교수임용을 법규상 권장하나 실질적으로는 거의 이루어지지 못하고 있음	산업체 근무 여부와 관계없음
교육 프로그램에의 산업체 인사 참여 여부	교육프로그램 편성에 산업체 인사의 대등한 참여 제도화	산업체 인사의 참여가 제도화되어 있지 않음	산업체 인사의 참여가 제도화되어 있지 않음
교육방법	·현장실습: 산업체현장 ·이론 및 교양과목: 원격교육과 멀티미디어 교육방식 가능	·현장실습: 산업체현장에서 일부 이루어짐 ·이론 및 전공: 대학	대부분 통신교육에 의존, 학교수업은 보충수업 형태로 이루어짐
타 직업교육기관과의 연계 여부	산업체, 기능대, 방송대, 대학(전문, 일반) 등과의 연계 속에서 이루어짐	각 교육기관별로 개별적으로 이루어짐 (단, 개방대에 전문대생 편입 기회가 보장되어 있음)	타 기관과의 연계 없이 개별적으로 이루어짐
기 타	공단이나 지하철역 등 접근이 용이한 지역에 학습관 설치	대부분 산업현장과 먼 거리에 위치	시도별로 학습관 설치 운영

출처: 교육개혁위원회, 1996b.

나. 사내대학의 개념과 설립배경

앞에서 사내대학에 대한 보다 광의의 개념인 신대학에 대해 영국의 경우와 함께 살펴보았다. 교육개혁위원회가 정의하고 있는 신대학의 개념하에서 사내대학의 정의는 다음과 같이 내릴 수 있다. 즉 사내대학 (社內大學, Corporate University 혹은 College)이란 산업체에서 급격히 변화하는 경영·기술환경에 적응하기 위해서 소속 근로자를 학생으로 하여 설립·운영하는 자체적인 고등교육기관이라고 할 수 있다. 하지만 사내대학의 정의는 각국의 교육체제와 운영 주체인 산업체의 지향성에 따라 다양할 수 있으며, 하나의 획일화된 정의로 합의되어 있지 않은 것이 사실이다(Holt, 1997; Thompson, 1997).

현재 우리나라에서는 사내대학에 대한 명칭을 신대학, 기술대학, 사내대학, 사내기술대학 등으로 혼용하고 있다. 본 연구에서는 용어의 혼선을 피하기 위해 사내대학이란 명칭을 통일하여 사용할 것이나, 인용의 정확성을 위해서 타 기관이나 외국사례의 경우에는 실제 사용하고 있는 명칭을 인용하도록 하겠다.

다음은 사내대학이 만들어지게 된 배경에 대해 살펴보도록 하겠다. 1990년대 들어 우리 산업체가 선진국과의 기술전쟁에서 살아남기 위해서는 산업체의 기반이 되는 핵심기술인력의 양성이 시급하였다. 우수한 기술인력을 양성하기 위해서는 정규 대학과 산업체의 기술교육이 상호 보완적으로 활성화되어야 할 필요가 있었다. 정규 대학에서는 심오한 이론과 지식의 세계에 중점을 두는 반면에 산업현장의 교육과정에서는 각 기업별 제품이나 서비스의 창출에 부합되는 특수기술에 중점을 둔다. 따라서 이 두 교육체제의 통합관리와 운영이 절실히 요구되어 1992년부터 기업체의 사내대학(원)에 대한 지원방안이 강구되었던 것이다(과학기술처, 1997).

1990년대를 접어들면서 우리 기술인력 구조가 실제로 급격히 변화되고 있는 데 대해 우리의 고등교육체제가 이에 부응하는 기술인력을 양성·공급하지 못하고 있음을 산업체 쪽에서 많이 지적하고 있는 것이 사실이다. 특히 4년제 대학(특히 공과대학)과 전문대학 그리고 산업대학(개방대학) 교육에 많은 문제점들이 지적되고 있다. 4년제 대학은 너무 학술·이론 지향적이어서 산업현장에서 연구·개발을 담당할 현장적응력이 높은 인력을 양성하지 못하고 있으며(김종철, 1996), 전문대학은 중견직업인을 양성하는 데 목적을 두고 있어 특수성과 독자성이 인정되는 성격을 띠고 있으나 실제로는 4년제 대학을 모방하는 방향으로 운영되는 경향이 강하고 실기보다는 이론 위주의 교육을 실시해 오고 있어 사업현장에의 적응도가 높은 중견기술자를 효과적으로 양성해내지 못하고 있다(양선엽, 1991). 산업대학 또한 산업기술자를 길러내는 데 목적을 두고 있음에도 불구하고 원래의 의도와는 다르게 일반 공과대학과 비슷하게 변질됨으로써 이 역시 현장 적응력이 있는 산업기술자를 충실히 길러내지 못하고 있다(양희승, 1992).

이와 같은 사내대학의 발생배경에 대해 김종철(1996)은 기술대학을 중심으로 다음과 같이 다섯 가지로 분석하고 있다. 첫째는 산업구조의 변화와 그에 따른 산업기술인력수요의 변화로서 현대의 교육내용은 문제를 발견하고 해결하며 그 결과를 응용하는 능력을 신장시킬 수 있도록 구성되어야 한다는 것이다. 둘째는 산업기술발전 수준에 비하여 상대적으로 낙후된 기술교육제도 문제로서 현재의 학문 중심적 단선형 교육체계에 그 원인이 있다. 셋째는 산업사회의 산업기술인력을 위한 계속적인 직업기술 교육체계의 미비이다. 넷째는 현행 직업기술 교육제도 하에서 배출되는 산업기술인력의 산업현장 적응력 부족 문제이다. 다섯째는 산업계의 산업기술인력 양성교육에의 참여기회 부족 문제이다. 이런 상황하에서 산업계뿐만 아니라 교육계에서도 사내대학의 시대적 필요성을 갖게 되었던 것이다.

다. 사내대학의 현황 및 특징

1) 우리나라 사내대학의 현황 및 특징

우리나라의 사내대학은 산업체의 현장적응 중심의 고등인력의 필요와 이에 따른 정부와 법제적 지원이 맞물려 1990년대에 들어서면서 주로 대기업체를 중심으로 사내대학의 설립이 본격화되었다. 이는 20세기 후반의 급속한 첨단기술의 발달과 이에 적응하기 위한 인력 확충이 산업체의 사활이 걸린 매우 중대한 문제로 대두된 시대적 상황하에서 발생한 것이다. 즉 기존의 보수적인 제도권 고등교육만으로는 급변하는 경영 및 기술환경에 효과적으로 대응하기 어렵다는 현실인식이 산업체로 하여금 직접 고등인력을 양성하게 하는 계기를 만든 것이라고 할 수 있다.

우리나라의 사내대학을 교수형태에 의해 구분(박혜영, 1990)해 보면, 일반대학이나 전문대학과 결연하여 신입생 선발 외의 모든 교육을 학교에 위탁하여 전일제 수업을 받게 하는 유형, 교수진만 특정 일반대학의 지원을 받아 근무 후 수업을 받게 하는 유형, 자체적으로 운영하며 통신교육을 실시하는 유형, 자체적으로 운영하며 사내 외 강사에 의해 수업을 진행하는 유형, 그리고 최근에 발전한 것으로 자체적으로 운영하여 현업에서 벗어나 전일제 교육을 받는 유형으로 외형적으로는 일반대학기관과 비슷한 형태를 띠는 사내대학 등으로 구분할 수 있다. 이러한 사내대학의 형태 중 마지막 유형이 본 연구의 교육과정 평가체제 개발을 위해 경험적으로 적용하게 되는 사내대학 유형이다.

우리나라 사내대학의 주요 특징(양선엽, 1993)은 다음과 같이 요약될 수 있다.

·설립목적: 산업계의 핵심수요 인력인 현장 적응능력이 강한 전문기술자 (technologist) 양성
·설립주체: 산업체 위주 – 기업단독 또는 공동, 업종별 단체 및 공공기관 등
·설립기준: 실질적인 기술교육을 위해 필요한 기준만 최소한으로 설정
·학위인정: 기존의 학문 위주 학위(academic degree)와는 별도의 기술 중심의 전문학위(professional degree) 인정
·입학대상: 실업계 고등학교를 졸업한 현장근로자 위주
·교육기관: 학점제로 하되 야간제, 계절제, 시간제, 샌드위치 수업 등 다양한 형태로 운영
·교과내용: 현장 실험·실습 위주로 편성
·학교운영: 최대한의 자율성과 신축성을 부여
·재학 및 졸업 시 수혜사항: 일반적으로 재학생의 급여 및 제반교육비는 회사가 부담하며, 졸업과 동시에 그룹 내에서 대학자격을 인정하고 일반 대졸사원과 동일한 처우를 적용

현재 우리나라의 사내대학은 총 32개교, 정원 3,488명으로 운영되고 있으며 재학생 수는 2,350명으로 아직까지는 그 역사나 규모가 크지 않다고 볼 수 있다. 다음의 〈표 Ⅱ-2〉는 현재 우리나라 사내대학의 총괄적인 현황을 나타내주고 있다.

〈표 Ⅱ-2〉 우리나라 사내대학의 총괄 현황

(단위: 명, 1997. 5 현재)

구 분	학교수	정 원	재학생 수	배출인원	강 사
전문대학 과정	7(4)	543	184	1,629	85
대학과정	13	1,411	958	4,246	428
대학원 과정	12(2)	1,534	1,208	1,371	195
계	32(6)	3,488	2,350	7,246	708

※ 주: ( )는 전체에 포함된 현재 휴교 중인 학교 수임(출처: 과학기술처 기술인력국, 1997).

사내대학은 학위과정에 따라 전문대학 과정, 대학 과정, 대학원 과정
으로 구분된다. 현재는 대학 과정이 13개교로 가장 많으나 대학원 과정
도 12개교로 기업체가 고등인력 이상의 인재양성에도 많은 관심을 두고
있는 것을 알 수 있다. 다음 〈표 II-3〉, 〈표 II-4〉, 〈표 II-5〉는 각 학위
과정별 사내대학의 현황(과학기술처, 1997)을 상세히 보여주고 있다.

〈표 II-3〉 전문대학 과정의 사내대학 현황

(1997. 5. 현재)

대 학 명	개설학과	수업 연한	수업 시간	인원 현황(명)			강사 (사외)	강의실 (평)	인가
				정원	재학	배출			
현대전자기술전문대학	휴교	–	–	100	–	239	–	–	91.11
삼성전관기술전문대학	휴교	–	–	190	–	101	–	–	91.12
제일제당기술전문대학	식품공학과	1년	250	20	18	126	25(18)	85	91.12
쌍용기술전문대학	산업공학과	1년	384	40	32	531	23(19)	108	91.12
새한기술전문대학(경산)	휴교	–	–	25	–	51	–	–	92. 7
새한기술전문대학(구미)	휴교	–	–	28	–	66	–	–	93. 5
기아자동차기술전문대학	전기전자과 자동차학과	2년	800	140	134	319	37(27)	100	92. 7
7개 전문대학, 정원 543명 재학생 184명, 졸업생 1,629명, 강사 85(64)명									

※주: 1. 졸업생 수에 폐교된 학교에서 배출된 졸업생 196명 포함됨.
　　 -LG정보통신기술 전문대학 36명, 삼성중공업조선해양기술 전문대학 160명.
　　 2. (　)는 전체에 포함된 사외강사 수를 말함.

〈표 Ⅱ-4〉 대학 과정의 사내대학 현황

(1997. 5. 현재)

대 학 명	개설학과	수업 연한	수업 시간	인원 현황(명)			강사 (사외)	강의실 (평)	인가
				정원	재학	배출			
현대엔지니어링 기술대학	기계공학과	4년	800	20	16	-	2(2)	78	94.10
한진산업기술대학 (한진산업대학)	항공공학과, 조선 기계공학과, 산업 공학과, 경영학과	2년	1,152	440	384	2,095	90(78)	414	91.11
대우그룹기술대학 (아주산업교육원)	기계전자공학과	1.5년	2,812	100	24	755	58(57)	90	91.11
삼성중공업기계기술대학(창원)	기계공학과	1년	1,072	20	19	286	17(16)	105	91.12
삼성전자기술대학 (반도체)	반도체공학과	2년	1,080	70	40	257	41(40)	356	91.12
삼성전자기술대학 (가전부문, 수원)	메카트로닉스학 과, 보기술학과	2년	1,664	120	100	324	44(30)	196	91.12
삼성전자기술대학 (정보통신부문, 구미)	정보통신공학과, 메카트로닉스학과	1년	840	35	49	125	21(14)	248	93. 5
한기기술대학	기계공학과, 토목 공학과, 전기공학 과, 전자계산학과	4년	816	160	16	10	4(4)	106	91.12
한국통신기술대학	교환기술과, 전송 기술과	9월	1,320	40	40	256	69(4)	73.2	92.6
대림엔지니어링 기술대학	기계공학과, 전기공 학과, 토목공학과	2.5년	864	91	2	54	9(-)	75	92.10
LG반도체기술대학 (청주)	반도체공학과	2년	800	30	26	59	11(11)	51.5	93. 9
LG반도체기술대학 (구미)	반도체공학과	2년	1,080	60	18	25	24(24)	66.8	94.10
삼성경영기술대학 (기흥)	마케팅학과, 기계 금형학과, 메카트 로닉스학과, 응용 전자학과, 정보통 신학과	2년	3,360	225	224	-	38(11)	247.3	96. 9

13개 대학. 정원 1,411명, 재학생 958명, 졸업생 4,246명, 강사 428(291)

※주: ( )는 전체에 포함된 사외강사 수를 말함.

<표 Ⅱ-5> 대학원 과정의 사내대학 현황

(1997. 5. 현재)

대학원명	개설학과	수업 연한	수업 시간	인원 현황(명)			강사 (사외)	강의실 (평)	인가
				정원	재학	배출			
현대엔지니어링	기계공학과, 구조공학과	2년	360	40	28	97	6(6)	78	91.11
삼성전자기술대학원(정보통신 부문, 구미)	정보통신공학과, 전자계산학과	1년	240	20	9	47	11(11)	248	91.12
삼성전자기술대학원(반도체 부문)	휴 교	–	–	20	–	40	–	–	92.12
제일모직기술대학원	휴 교	–	–	40	–	193	–	–	91.12
한기기술대학원	경영학과, 기계과, 원자력과, 전기과, 계측제어과, 토목과, 건축공학과, 전자계산과	2년	384	320	100	339	20(17)	106	91.12
한국통신기술대학원	정보통신학과	6.5월	1,008	20	20	138	18(11)	35.4	92. 6
한솔제지기술대학원	펄프제지공학과	3주	124	30	24	164	28(11)	120	92. 6
한국도로기술대학원	도로경영학과, 도로교통학과, 산업물류과, 도로학과, 정보통신공학과	2년	330	55	40	53	46(17)	53	94. 4
LG-EDS시스템기술대학원	정보기술학과	2년 6월	1,200	909	909	–	29(14)	153	94.10
포스데이타기술대학원	정보처리학과	1년	480	30	30	162	10(2)	80	95.10
LG정보통신 사내기술대학원	무선공학과	2년	400	30	30	–	10(3)	201	97. 4
현대정보기술대학원	정보처리학과	1년	200	20	18	–	17(10)	152	97. 4

12개 대학원. 정원 1,534명, 재학생 1,208명, 졸업생 1,371명, 강사 195(102)명

※ 주: 1. 졸업생 수에 폐교된 삼성전자기술대학원(가전부문연구소, 수원) 졸업생 138명 포함.
2. ( )는 전체에 포함된 사외강사 수를 말함.

이상에서 사내대학의 현황을 전문대학 과정, 대학 과정, 대학원 과정으로 구분하여 살펴보았다. 현황에서 잘 알 수 있듯이 대부분의 사내대학은 경영학이나 마케팅학과 같은 상경계열의 학과(예, 한진산업기술대

학, 삼성경영기술대학, 한기기술대학원, 한국도로기술대학원 등)도 있으
나 주로 첨단기술과 관련된 학과를 중심으로 운영되고 있다. 이것은 사
내대학의 설립취지 자체가 첨단기술사회의 급속한 환경변화에 적응하기
위한 것이기 때문에 당연하다 할 수 있겠다. 우리나라 사내대학의 교명
이 대부분의 경우 기술대학 혹은 기술대학원이란 명칭을 쓰고 있는 것
은 여기에 연유한다고 할 수 있을 것이다.

라. 사내대학의 이론적 기반

고등교육은 획일화를 지양하고 다양성과 융통성을 가져야 할 필요성
이 있다. 기존의 고등교육체제가 변화해 가는 사회에 적절히 대응하지
못할 때 그 괴리를 메우기 위한 여러 노력들이 나타나기 마련이다. 국
제화 사회에서 변화에 대한 적응이란 한 국가의 생존이 걸린 문제일 수
있기 때문이다. 따라서 산업체가 자신의 생존과 성장을 위해 장기적인
안목에서 필요한 전문 고등인력을 확보하기 위해 노력하는 것은 당연한
귀결이다. 이러한 사회·경제적 상황 속에서 기업조직의 거대화와 사회
변화의 신속성 추세에 대응할 수 있고, 산업인력의 고등교육 욕구를 함
께 충족시키기 위해 나타난 것이 바로 사내대학이라고 할 수 있다. 그
럼 신고등교육체제로서 사내대학이 태동하게 된 그 이론적 기반을 심리
적 기반과 사회경제적 기반으로 구분하여 살펴보기로 하겠다.

첫째, 사내대학의 심리적 기반은 사내대학 교육대상자 집단의 학습동
기와 학습욕구의 특성에 있다. 사내대학에 참여하는 대부분의 학습자들은
기술계(실업계) 고등학교 출신들이 주를 이루며 또한 이들은 대학에 진
학하지 않은 자들이다. 동시에 직장에서 최소한 3년 이상의 근무경력을
가진 성인학습자들이다. 이들은 성인학습자로서의 지속적인 교육에의 열
망과 비진학자들이 갖는 진학욕구라는 특성을 지니고 있다(Thompson,

34

1997; 박혜영, 1990).

Jarvis(1983)는 Maslow의 욕구위계를 종합하여 Maslow의 욕구위계 중 세 번째 단계인 애정 및 귀속에의 욕구와 자아존중의 욕구 사이에 학습욕구의 단계를 새로이 포함시키고 있다. 최운실(1986)과 이근재 (1988)의 연구에 의하면 개방형 대학과 회사가 요구하는 교육적 특징에 따라 학습자들의 교육 참여 동기요인도 달라진다. 즉 직무훈련이 주목 표인 기업 내 교육에 참여할 때 학습자들은 자신의 직업적 성취나 특정 분야의 전문성 함양을 위해 참여하고 있는 반면, 전문성과 더불어 전인 교육의 장이 되는 대학교육에 참여할 때에는 그들이 관심 있는 분야의 지적 욕구를 채우면서 자신의 발전을 꾀하기 위해 참여하고 있다. 또한 성인에게 교육에의 참여란 이런 동기와 더불어 현실안주에서 벗어나고 자 하는 욕구에서도 비롯된 것이라고 할 수 있겠다.

그 다음으로 비진학 근로자들의 심리적 특성을 이정근(1988)은 다음 과 같이 정리하고 있다. 첫째는 교육의 욕구로서 근로청소년의 80% 정 도가 보다 많은 교육과 훈련이 필요하며, 48%에 해당하는 근로청소년들 이 직업훈련보다는 오히려 학교교육을 선호하는 경향을 나타내고 있다. 둘째는 많은 비진학 근로청소년들이 어떤 바람직한 활동에 참여하기를 원하고 있을 뿐만 아니라, 타인의 인정을 받고 또 소속감을 충족시키고 자 하는 욕구를 강하게 나타내고 있다. 셋째로, 중요한 개인으로서 인정 받고 싶은 욕구가 강한데도 불구하고 산업장에서 제대로 대우를 못 받 고 심리적 갈등이나 열등감을 나타내는 이들이 많다. 넷째, 현실에 대한 부정적 태도와 방향 설정의 미정립이란 문제를 나타내고 있다.

이상에서 살펴본 바와 같이 사내대학에 참여하게 되는 학습자들의 심 리적 동인은 성인학습자로서의 학습욕구와 비진학학습자로서의 학습욕 구로 설명할 수 있으며, 바로 이것이 사내대학의 심리적 토대인 것이다.

둘째, 사내대학의 사회경제적 기반은 기술인력난에 대한 기업들의 대 응 전략적 측면과 산학협동교육의 측면으로 구분하여 살펴볼 수 있다.

한국산업기술진흥협회(1990)의 기술인력수급에 관한 연구에 따르면 1990-2001년까지 연간 평균 학사급이 5,747명, 석사급 1,423명, 박사급이 201명이 필요한 것으로 나타났으며, 이렇게 되면 2001년에 가서 기술인력은 학사급이 94,342명, 석사급이 19,622명, 박사급 2,624명에 달할 것으로 전망된다. 대학의 연간 총 배출인력이 증가하지 않는다는 가정하에 국내대학의 첨단기술인력 공급능력을 보면 2001년까지 학사급 267,000명, 석사급 30,000명, 박사급이 4,700명으로 기술관련 총 배출인력은 302,000여 명에 이를 것으로 보인다. 그러므로 2001년 말 석사는 11,000명, 박사는 2,000명이 부족하게 되며, 학사는 120,000명이 과잉 공급되게 된다. 상공부(1990)에 따르면 현재 연구직 및 기술직이 619,500명, 생산현장의 중견기술인력 169,500명 등 모두 789,000명인 기술인력이 오는 94년에는 1,097,600명이 필요해 보충수요를 감안한 신규인력수요는 387,600명에 달한다고 한다. 반면, 연간 350,000명인 이공계 학과 졸업생 중 대학원 진학(10%), 비제조업 취업(40%) 등을 제외한 제조업 부문으로의 산업기술인력 공급은 126,000명에 불과해 결국 261,000명의 기술인력이 부족할 것으로 예상된다.

산학협동의 측면에서는 볼 때 산학협동교육은 학생들의 인성, 사회성 및 직업 또는 생애개발 등의 여러 측면에서 학생들에게 매우 큰 도움을 주며, 대학으로부터 새로운 지식을 얻고 대학교육과정과 산업체의 요구를 상호 반영시킬 수 있는 것으로 우선 인력자원확보에 도움을 준다. 또한 학생들에게 실험실습기회를 제공하고, 지역사회 자원의 총체적 개발을 가능하게 함으로써 지역사회 발전에 이바지하게 된다(이성호, 1987). 그런데 한국교육개발원(1986)의 연구에 의하면 산업체와 대학이 상호 협동하여 연구와 교육을 진행시키는 경우는 전체 연구 개발(R&D)의 4% 미만으로 매우 미약한 수준이다. 그 원인으로는 우리 학교교육이 산업체의 현장기술에 쉽게 적응하지 못하는 비기능성과 산업체의 기술 수준이 대학을 능가하고 있어서 대학의 연구지원이나 대학졸업생들의 졸업 직후 산업체 기술개발 기여도가 매우 낮기 때문으로 분석하고 있다.

즉 제도권 고등교육이 배출하는 고급 기술 및 경영 인력의 절대 부족과 연구 개발에서 대학의 비기능성이 사내대학 발전의 사회경제적 기반인 것이다.

2. 사내대학 교육과정 평가의 특성

가. 대학평가와 사내대학평가의 관계 및 의의

1) 대학평가의 의의

대학평가의 개념은 문구 그대로의 뜻처럼 평가의 대상을 대학으로 한다는 의미이다. 즉 대학에 대한 평가를 말하는 것으로 간단히 생각할 수 있다. 그러나 평가의 어떤 요소를 강조하느냐에 따라 평가유형과 활동은 다양해진다. 평가의 목적, 평가결과의 용도, 평가의 방법론 등에 따라 서로 다른 평가활동과 결과가 도출될 수 있는 것이다.

Dressel(1976)은 대학의 활동이 미친 영향이나 대학이 갖고 있는 가치에 대한 판단과 이러한 판단이 이루어지기까지의 과정을 대학평가라고 정의하였다. Stufflebeam(1971)은 대학평가란 의사결정에 필요한 정보를 확인·획득·제공하는 일련의 과정을 의미한다고 하였다. 전자의 경우는 대학의 가치에 대한 판단을, 그리고 후자의 경우는 과정에 평가의 초점을 둔 것이다. 이 두 가지 유형에 따라 대학평가의 개념을 가치판단으로서의 대학평가와 과정으로서의 대학평가로 구분할 수 있다(권기욱, 1992).

본 연구에서 추구하고자 하는 대학평가의 개념은 과정으로서의 대학평가이다. 즉 평가대상에 대한 의사결정을 함에 있어서 유용한 정보를 제공하는 데 초점을 맞추고 있다. Stufflebeam(1971)은 평가의 과정을 정보확인, 정보수집, 정보제공으로 구분하여, 정보확인 단계에서는 평가목적, 평가대상 영역의 확인, 평가준거 선정 등의 활동이 이루어지고, 정보수집 단계에서는 자료의 수집, 자료의 분석, 가치의 판단이 이루어지며, 정보제공 단계에서는 평가결과를 필요로 하는 자에게 효과적으로 제공하는 것이라고 하였다. 그러나 경우에 따라서는 후속될 평가활동들의 기초를 제공하는 기초단계, 수집할 자료의 명세화, 자료의 수집, 수집된 자료의 분석 등의 정보획득 단계, 자료를 분석한 결과와 기초단계에서 설정된 평가기준을 비교하여 대학의 가치를 판단하는 판단단계의 3단계로 구분할 수도 있다(Harshman, 1979). 반면, 가치판단으로서의 대학평가는 대학의 내재적 가치를 확인하거나 주요 의사결정자에게 제공하는 활동이라고 할 수 있겠다.

2) 대학평가의 발전과 사내대학평가의 위상

대학평가는 질적으로 우수한 고등 전문 인력을 육성한다는 차원에서 그 중요성을 더해가고 있는 것이 사실이다. 뛰어난 인재의 양성을 위해서는 이를 둘러싼 양질의 교육환경이 필수적이기 때문에 그 질적 관리를 위해 대학평가의 역할과 평가결과의 합리적 활용은 한 나라의 장래를 좌우할 수 있는 인재 개발에 보다 큰 중요성을 갖게 된다. 우리나라는 해방 이후부터 대학에 대한 평가 혹은 그에 상응하는 평가활동을 벌여왔다. 현재는 미국의 평가인정제도(accreditation)와 유사한 대학평가

제도를 시행하고 있는데, 그 평가의 방향성을 살펴보면 다음과 같다.

현 대학평가의 방향성은 대학평가의 결과에 따라 재정지원이 연계되도록 하고, 개별 대학은 매년 자체평가를 실시하도록 한다. 그리고 3-4년 주기로 대학연구 및 인재양성에 대한 종합평가와, 1-2년 주기로 교육수요자의 대학만족도 조사 및 대학의 특성화된 영역에 대한 분야별 평가를 해당 대학 이외의 기관(예를 들어, 정부, 대학교육협의회, 산업체, 학생·학부모 등)에 의해 실시한다. 대학의 자체평가와 해당 대학 이외의 기관에 의한 평가결과를 고려하여 재정을 차등 지원하되, 지원 단위를 대학에서 계열 또는 학부(또는 학과) 단위로 전환하여 집중 지원함으로써 대학의 다양화·특성화를 꾀한다(교육개혁위원회, 1995a).

우리나라의 대학평가 발전과정을 몇 가지 기준을 통해 살펴보면 다음 〈표 Ⅱ-6〉과 같다.

<표 Ⅱ-6> 한국 대학평가의 발전단계

단계 기 준	Ⅰ단계 (1960년대 이전)	Ⅱ단계 (1970년대)	Ⅲ단계 (1980년대 이후)
평가주도기관	관주도(문교부)	관·학 협동 (실험대학평가위원회)	학위주의 자율협의 기구(한국대학교육협의회)
피평가기관의 역할	수동적·소극적	제한된 범위에서의 적극적	적극적인 참여
평가내용의 범위	문제 중심의 제한된 범위	개혁안 중심의 제한된 범위	종합적, 총체적
평가결과의 활용	문제치유 중심의 제한적 활용	개혁확산 중심의 제한적 활용	자율개선 중심의 보편적 활용
기본특성	감독과 통제	개혁 독려	자율적 협력

출처: 이성호, 1987.

이상에서와 같이 우리나라의 대학평가는 대학의 자율성과 다양화·특성화를 지향하여 궁극적으로 대학의 질을 개선하고자 하는 방향으로 발전하여 온 것을 알 수 있다. 이에 따라 대학평가를 바라보는 시각 역시 감독과 통제의 기능이 아니라 자율과 개선의 의미로 변화되어 대학 스스로 이에 적극적으로 대처하게 되었다.

사내대학의 경우를 살펴본다면, 교육과정 개발과 운영 및 설비구입 등의 각 단계의 의사결정 시에 내부적인 필요성에 의해서 내부 검토회의나 외부 인사들을 이용한 자문회의 등의 형태를 이용한 주로 비연속적·비체계적으로 이루어지고 있으며 그 개선점에 대해 피상적인 조언을 얻는 수준에서 이루어지고 있는 경우가 많다(Wiggenhorn, 1990). 더구나 우리나라의 경우는 1990년대 들어서야 비로소 대기업을 중심으로 사내대학에 관심을 갖고 운영하기 시작하여 아직 그 역사가 짧다고 할 수 있다(과학기술처, 1997). 또한 현재로서는 대학평가인정제하에 놓여 있지 않기 때문에 평가에 대한 부담이나 압력이 적은 것이 사실이다. 단적으로 말해서, 아직 우리나라 사내대학의 발전단계는 초기 투자단계라고 할 수 있겠다. 사내대학의 특성상 설립 주체인 기업체의 인재양성 계획과 그 교육 투자액을 결정하는 모기업의 매출과 경상이익에 큰 영향을 받고 있기 때문에 아직 체계적인 평가에까지 투자를 하지 못하고 있는 실정이다.

하지만 장기적으로 사내대학에 대한 평가는 매우 큰 잠재적 효과성을 지니고 있다. Kirkpatrick(1994)에 의하면 기업체에서 초점을 두고 있는 평가의 형태는 네 수준으로 구분할 수 있다. 첫 번째는 교육에 대한 기본적 만족도(satisfaction)를 알아보는 수준의 평가이고, 두 번째 수준의 평가는 교육 후 변화된 지식(knowledge)의 질과 양을 측정하는 활동이며, 세 번째 수준은 교육받은 내용을 현장에서 얼마나 활용하는가 하는 그 전이(transfer)에 관한 평가이다. 그리고 네 번째 수준은 장기적인 효과성(effectiveness)을 판단하는 것으로 투자와 이익의 개념이 중요시되는 산업체에서 가장 관심이 집중되는 평가이다. 그러나 이 네 번째 수준의 평가는 그 방법론 측면에서 여타 변인의 통제가 쉽지 않고 더불어 많은 비용이 소요된다는 어려움이 있다. 그러나 투자에 대한 비용－편익(cost-benefit)에 민감할 수밖에 없는 산업체의 입장에서는 자체적으로 엄청난 투자를 한 고등인력 양성기관의 효과성 및 질(quality)에 관심을 갖게 되는 것은 당연한 귀결이 될 것이다. 그런 의미에서 본 연구는 사내대학 평가의 방향성과 진로를 모색하는 데 일조할 수 있을 것이라고 생각된다.

나. 교육과정 평가의 이론적 구성

1) 교육과정 평가의 개념

사내대학 교육과정 평가란 평가대상(target)을 사내대학으로 둔 것이므로 사내대학의 교육과정 평가를 논하기에 앞서 교육과정 평가 자체의 개념과 이론적 기초를 탐색해 볼 필요가 있다. 먼저 그 발전과정을 살펴보면, 평가이론은 초기에 심리측정학의 발달과 함께 성장하였으나 1930년대 무렵을 계기로 변화하기 시작하였다. Tyler를 비롯한 많은 연구자들이 단순측정의 한계를 지적하고 평가의 범주를 학업성취 사정에서부터 전체 프로그램에 대한 평가까지 확대하였다. 또한 당시 미국을 중심으로 일어난 교육과정 개혁운동과 국민의 세출에 대한 관심이 교육 분야에까지 미쳐서 교육계의 책무성에 대한 논의가 일었다. 이로 인해 교육 프로그램의 가치를 판단하고 개선하려는 노력이 심화되었던 것이다. 이러한 배경하에서 '교육과정 평가' 영역이 점차 성장하기 시작하였다.

교육과정 평가(curriculum evaluation)의 개념을 살펴보면 다음과 같다. Posner(1994)는 교육과정을 어떻게 정의하느냐에 따라 교육과정 평가의 개념이 달라진다고 하였다. 교육과정을 학생들의 경험으로 생각한다면, 교육과정 평가는 학생들에게 제공된 교육적 경험의 가치를 판단하는 일로 해석된다. 그 경험들이 교육적이며 도전적이고 해볼 만한 것인지, 특정 연령대의 아동들에게 적절하며, 유익하며, 안전한 것인지, 각기 다른 배경을 지닌 학생들을 평등하게 다루고 있는지, 그리고 그 교육적 경험들을 어떻게 개선할 수 있는지를 판단하는 것을 말한다. 이와 달리 교육과정을 학습목표로 정의한다면, 교육과정 평가는 교육과정의 실제 성과를 의미한다. 특정 교과에서 학생들은 어떤 개념들과 기능들을 학습하는지, 이 교육과정의 성과는 이전의 다른 교육과정의 성과와 어떻게 비교되는지, 학생들은 처음에 의도했던 바를 제대로 학습하고 있는지, 부수 효과는 없는지, 학생들은 학습한 바를 활용하는 능력이 있는지, 그 교육과정을 통해 가장 혜택 받는 학생은 누구이며, 가장 피해받는 학생은 누구인지, 그리고 모든 학생에게 혜택을 극대화할 수 있는 방법은 무엇인지를 알아보는 것이다.

Sanders(1985)는 한 교육과정의 특정 국면 혹은 전체의 진면목을 연구하는 과정이 바로 교육과정 평가라고 정의하면서, 구성된 교육과정이 적절하고 합리적인지를 검토하고 반성하는 일은 교육과정 설계뿐만 아니라 학교교육의 개선과 발전을 위해 필수적이라고 언급하고 있다.

전성연(1995)은 Ornstein과 Hunkins(1988)의 제안을 토대로 교육과정 평가란 현재의 교육과정을 수용, 변화, 거부하는 것과 관련된 의사결정을 할 수 있도록 하는 자료를 모으기 위해서 사람들이 수행하는 일련의 과정이나 그 과정들의 집중체라고 정의하고 있다. 즉 평가란 교육과정을 개발하여 적용하기 전 교육과정의 강점이나 약점에 대한 정보의 확보뿐만 아니라 적용된 후에도 그 효과를 확인하기 위해서 행해지는 연속적인 가치의 선택 과정이라는 것이다.

교육평가연구회(1994)가 내리고 있는 정의를 살펴보면 다음과 같다.

교육과정 평가란 교육과정의 개선을 위해 학생의 학업성취 수준에서부터 교육 프로그램, 교육과정, 수업에 관련된 제반 요인들을 평가하는 일련의 체계적인 활동을 의미한다. 의사결정자들이 교육과정의 지속, 수정, 종결에 대한 판단을 내릴 수 있도록 평가자들은 다양한 연구방법을 거쳐 교육과정에 관한 여러 정보를 제공해 준다. 이때 연구방법은 양적, 질적 평가방법을 상황을 고려하여 적용한다. 교육과정 평가의 구성요소는 학생의 성적표 분석, 교실에서 실제로 행해진 수업 내용을 기술한 학생들의 노트필기 분석과 같은 세부적인 사항에서부터 학생설문 실시, 교사설문 실시, 전문적 교과전담자의 검토 등에 이르기까지 다양한 요소들을 포함한다. 김두정(1991)은 교육과정 평가란 학업성취를 위주로 하는 학생에 대한 평가와 다른 것으로, 교육과정 개발의 전 과정과 학교의 교육과정 운영 전반에 걸친 평가라고 말하고 있다. 이런 관점에서의 우리나라 학교 교육과정 평가는 거의 부재할 뿐만 아니라 교육과정 운영의 성패를 학생의 학업성취결과에 의해서만 판단하는 풍토에도 교육과정 평가 부재의 부분적인 원인이 있다고 지적하고 있다.

이종승(1987)은 우선, 교육과정을 학교의 교육목적을 달성하기 위하여 선정 · 조직한 모든 학습경험과 이러한 학습경험을 언제 · 어떻게 제공할 것인가를 종합적으로 묶은 교육의 전체 계획이라고 정의하고, 교육과정의 평가는 교육과정의 계획 · 개발 · 운영과 관련해서 여러 가지 의사결정에 필요한 정보를 수집 · 제공하는 과정이며, 그 주요 목적은 교육과정의 질적 관리에 있다고 하였다. 즉 교육과정 평가란 교육과정 개발의 여러 단계에서의 제반 의사결정을 조장하기 위한 정보의 수집, 판단 및 활용(이성호, 1987)이라고 할 수 있다.

또한 교육과정에 대한 질적 관리를 강조할 필요가 있다. 여기서 질 관리(quality control)란 질 보증(quality assurance)이라고도 하는데, 이는 평가적 조정 역할을 하는 과정을 말하는 것으로(교육평가연구회, 1994), 어떤 교육과정에 대해서 관련 담당자들이 책임을 져야 한다는 의미로 보았을 때 형성평가적인 특징이 있지만 평가자가 피교육자 입장에서 그 교육과정이 매우 만족스러운가를 확인하기 위해 노력하기 때문에 총괄평가적인 특징도 있는 것이다.

결국, 의사결정을 위한 정보제공이라는 평가의 관점을 견지하고 있는 본 연구에서는 교육과정 평가를 교육과정의 개발·시행·관리의 전 과정에 걸쳐 이루어지는 의사결정에 관련된 객관적 정보를 수집·분석·제공하는 것이라고 정의할 수 있겠다.

교육과정 평가에서 평가준거들을 결정하는 것은 교육과정의 가치와 밀접하게 연관되어 있다. 즉 교육과정에서 어떤 측면을 중요하게 여기느냐에 따라 교육과정에 대한 평가의 초점이 달라지는 것이다. 다음 〈표 Ⅱ-7〉은 교육과정의 이론적 관점에 따라서 평가가 어떤 자리매김을 하고 있는지를 보여주고 있다.

교육과정 평가를 결정하는 데는 두 가지 방식이 있을 수 있다. 교육과정을 개선할 수 있는 방법에 관한 결정은 형성평가방식이 필요한 반면, 그 교육과정을 지속시킬 것인지의 여부에 관한 결정에는 총괄평가방식이 필요하다. 교육과정이 개발되고 있는 단계에서의 평가는 형성적인 기능을 한다. 이때 평가준거의 몇 가지 예를 살펴보면, 학생들이 수업의 목적을 정확히 파악하고 있는가, 교사들은 그 교육과정에서의 새로운 요구들을 잘 다룰 수 있는 준비가 되어 있는가, 그 교육과정을 가르치는 데 요구되는 시간은 현실적인가, 교육과정 자료는 가르치기에 너무 어렵지 않은가 등이다. 그러나 특정 교육과정에 제도적인 지원을 계속할지를 결정하는 데 도움을 주고자 한다면 이때의 평가는 총괄평가의 기능을 한다. 특정 학교가 공식적으로 특정 교육과정을 채택해야 하는지 결정할 때, 혹은 재정지원 기관이 그 교육과정에 대한 지원을 계속해야 되는지를 결정할 경우 총괄평가를 통해 판단해야 하는 것이다 (Scriven, 1967).

<표 II-7> 교육과정의 이론적 관점에 따른 평가의 초점

교육과정의 관점	평가의 초점
전통적 관점	전통적 교육과정에서는 사실의 회상, 기본기능의 숙달, 그리고 전통적 가치의 주입이 강조되었다. 따라서 학생들이 정보를 획득하였는가, 기본기능을 숙달하였는가, 그리고 합의된 가치들을 내면화하였는가를 측정해내는 일이 중요한 평가의 문제가 된다.
경험적 관점	경험적 교육과정은 교육적 경험을 통해서 학생의 발달을 지속시키려는 것이 일차적인 목적이다. 따라서 평가도 경험형 프로그램이 학생에게 미치는 장·단기 효과를 측정하는 데 초점을 맞추게 된다. 경험적 교육과정에서는 프로그램의 효과성을 결정짓기 위해서 성과 중심 평가를 필요로 하는 동시에 학생들이 겪은 경험의 질을 결정짓기 위해서는 내재적 평가방식을 활용하게 된다.
행동주의적 관점	행동주의적 교육과정에서는 기능의 실행을 가장 중요시한다. 따라서 처음에 교육과정이 목표했던 행동들을 학생들이 획득하였는지 여부가 가장 중요한 평가 문제인 것이다.
학문구조적 관점	학문구조적 교육과정에서는 전통학문의 구조를 강조한다. 따라서 평가에서는 학생들이 획득한 지식, 학생들이 경험한 탐구의 본질, 교사들이 가르칠 내용의 개별적 구조를 측정하는 데 초점이 있다. 또한 평가의 주된 관심은 학생들이 학문의 개념적 구조에 관해 통찰력을 획득하였는가, 학생들이 실제 탐구행위를 경험하였는가와 같은 문제에 있다.
인지주의적 관점	인지주의적 교육과정은 학생들의 기본개념의 이해와 사고기능의 발달을 강조하기 때문에, 평가에서는 학생들이 기본개념을 의미에 충실하게 파악하였는가, 일상적이고 규칙적이지 않은 문제들도 풀 수 있는 학습을 하였는가의 문제들을 중요하게 여긴다.

출처: Posner, 1994.

2) 교육과정 평가의 기능

교육과정 평가의 당위성과 그 역할에 대해 다음과 같이 살펴보도록 하겠다. 교육과정 평가는 교육 프로그램에 대한 정보를 수집하고 정리하며 각각의 가치를 판단하고 설명하는 과정이다. 즉 교육과정의 설계에서부터 운영과 그 효과 부분까지 객관적 방법론에 의해 다각도의 정보를 수집하여 교육과정의 현 위치를 파악하고 그 가치를 판단하고자 하는 것이 기본적인 목적인 것이다.

교육과정 평가의 기능을 두 가지로 살펴보면(Welch, 1969), 우선 교육과정 개선에 유용한 정보를 획득할 수 있는 수단을 제공하고, 둘째로는 교과의 선정과 효율적인 사용 여부에 대한 의사결정을 도울 수 있다는 것이다. Heath(1969)는 교육과정 평가의 기능을 세 가지로 나누어 말하고 있다. 첫째, 교육과정 개발단계에서 교육과정을 개선하는 기능으로 이 기능은 교육과정을 구성하는 과정에서 목표와 내용에 대해 계속적으로 점검하는 형성적 평가의 개념에 해당한다. 둘째, 다른 여러 경쟁적 교육 프로그램과의 합리적인 비교를 진작하는 기능으로 교육 프로그램의 상대적 비교를 목적으로 한 것이다. 셋째, 효과적 교육과정 설계에 관련한 일반적 지식이나 이론의 발달에 공헌하는 기능으로 전체적인 교육과정 관련문제들에 대해 학습자, 학습, 환경의 상호 작용에 관련한 기본적 원리를 탐색하여 다음의 교육과정 설계에 도움을 주려는 것이다.

교육과정 평가의 기능을 정치적으로 보는 견해도 일부 있다. 학교를 사회적 기구로 보아 교육과정을 평가하는 것은 다분히 정치성을 함축하고 있다고 보고 평가가 교육수행자로 하여금 의도적이든 그렇지 않든 간에 특정한 역할을 수행하도록 영향력을 발휘한다는 것이다(Lawton, 1980: Kelly, 1989). 또한 교육과정 평가를 통해 나온 평가정보들이 정책결정에 반영되어 교육과 관련된 행정적 기제의 기능을 한다는 관점도 있다(House, 1973).

본 연구에서는 교육과정 평가의 기능을 교육과정의 개선과 관련된 유용한 정보를 제공하여 다음의 교육과정 개발 및 설계에 도움을 줌으로써 지속적인 질 관리를 하고자 하는 데 초점을 맞추고 있다.

3) 교육과정 평가 모형

평가의 유형은 어떤 기준에 의해 분류하는가에 따라 달라진다. 단적인 예로 평가의 대상, 목표, 방법 그리고 평가의 주체와 의뢰인(고객)에 따라 다양해진다. 지난 20-30여 년 동안을 보더라도 최소한 50여 개의 평가 모형이 개발되고 사용되어 왔다(Worthen & Sanders, 1987). 이것은 평가 모형 개발이라는 연구의 축적과 발달로 볼 수도 있고, 다른 한편으로는 획일적이며 어떤 상황에서도 일반화시킬 수 있는 평가 모형을 개발하는 것이란 매우 어려운 문제임을 의미하는 것이기도 하다.

교육과정에 대한 평가도 마찬가지인데, 교육과정 평가 모형의 분류가 다양할 수밖에 없는 원인을 몇 가지로 설명할 수 있다(이귀윤, 1996). 첫째, 교육과정에 대한 개념정의를 어떻게 내리느냐에 따라 다를 수 있다. 교육과정은 협의의 관점에서는 '교과'로 보는 데서부터 광의로는 학교에서 일어나는 모든 활동과 경험, 더 나아가 학교생활 그 자체를 교육과정으로 보기도 한다. 교육과정 개념에 대한 이러한 차이는 근본적으로 교육평가에 대한 철학적 관점의 차이를 말하는 것이다. 즉 평가에서의 정보를 과학적 객관성에 바탕을 두어야 한다는 객관주의적 관점과 평가에서 얻는 지식을 명백하고 명시적인 것으로 보지 않고 암묵적이고 함축적인 것으로 보는 주관적 인식론에 바탕으로 둔 주관주의적 관점의 논쟁에서 비롯된 것이다. 둘째, 교육평가에 대한 다양한 은유에서 오는 문제들을 들 수 있다. 교육이나 교육과정이 은유를 통해서 그 개념을 드러내는 경우가 많듯이, 그에 대한 평가 역시 단순하고 간단명료한 말로 정의를 내리기가 어려운 것이다. 셋째, 불확실하고 상황 변화적인 교육현실이 다양한 교육평가 유형을 낳게 한다. 교육현장에서 일어나는 일은 학생들의 일상생활에 기초하기 때문에 예측과 통제의 범위를 벗어나는 경우가 허다하기 때문이다.

교육과정 평가 모형의 분류를 살펴보면 다음과 같다. Saylor, Alexander, Lewis(1981)는 교육과정 평가 모형을 평가를 행하는 사람, 평가결과에 대한 청취자, 평가과정의 일부로서의 과정, 자료를 모을 때 사용하는 방법, 평가에서 사용하는 정보의 성격, 평가에 대해 기대하는 결과에 따라 달라진다고 하였다. 그리고 평가 모형을 행동목표 모형(Bloom, Hastings, & Madaus, 1971; Tyler, 1983), 의사결정 모형(Provus, 1971; Stufflebeam, 1971), 탈목표 모형(Eisner, 1977; Scriven, 1967), 인정 모형(House et al., 1978), 반응 모형(Stake, 1967)으로 구분하였다. 다음 〈표 Ⅱ-8〉은 각 모형의 특징을 비교하고 있다.

〈표 Ⅱ-8〉 평가 모형의 특징 비교

모 형	행동목표 모형	의사결정 모형	탈목표 모형	인정 모형	반응 모형
평가 주체자	전문가	프로그램 설계자	공평한 관찰자	전문가	과정판단 평가자
주요 관련자	관리자, 수업체제 설계자	의사 결정자(행정가, 교육과정 설계자)	소비자, 교육과정 설계자	전문가, 일반 대중	의뢰인, 프로그램 주체자, 교육과정 설계자
평가방법	성취검사	조사, 설문, 면담, 자연변인	논리적 분석(편견통제)	심사진에 의한 검토, 자체 평가	사례연구, 면담, 관찰
평가정보의 성격	양적 객관성	양적 객관성	질적 객관성	경험을 통한 전문성	상호 작용적 인식
평가의 결과	생산성, 책무성	효과성, 질적 통제	소비자 선택, 사회적 유용성	전문적 수용	이해 다양성

출처: Saylor, Alexander, Lewis, 1981.

Nordvall(1982)은 교육과정 평가 모형을 정책 모형, 합리적 의사결정 모형, 사회적 상호 작용 모형, 문제해결 모형, 적용적－연계 모형의 다섯 가지로 구분하고 있으며, Worthen과 Sanders (1987)는 판단지향적 전략 모형(judgemental strategies), 결정－관리적 전략 모형(decision-management strategies), 결정－목적적 전략 모형(decision-obje-ctive strategies)으로 분류하고 있다. 또한 허형(1987)은 교육과정 개발 모형을 교육요구 평가분석 모형, 합리적 모형, 미래지향적 모형, 직업훈련 모형 등으로 구분하고 있고, 이성호(1982)는 교육과정 평가 모형을 목표지향 평가 모형, 의사결정지향 평가 모형, 비용효과분석 평가 모형의 세 가지로 분류하였다. 교육과정 평가의 초점을 방법론 측면에 두어 교육과정의 명확하고 세부적인 목표와 밀접하게 연관되어 있는 학습성과들을 측정하는 데 역점을 두고 있는 측정 중심의 평가 모형과 경험적 교육과정 철학에 바탕을 두고 성장지향적, 학생주도적, 협동적, 역동적, 상황적, 융통적, 행위지향적 경향성을 지닌 통합적 평가 모형으로 구분하기도 한다(Posner, 1994).

또한 박도순 등(1985)은 평가 모형을 Worthen과 Sanders의 분류방법을 빌어 판단지향 모형, 결정지향 모형, 목표지향 모형으로 구분하였다. 일반적으로 판단지향 모형에는 Stake(1973)의 반응 모형(countenance model), Scriven(1973)의 탈목표 모형(goal-free m-odel)과 인정 모형(accreditation)이 포함되고, 결정지향 모형에는 Alkin(1973)의 모형, Stufflebeam(1971)의 CIPP 모형이 포함하며, 목표지향 모형에는 Tyler (1983)의 모형, Provus(1971)의 불일치 모형(discrepancy model) 등이 포함된다고 하였다. 또한 교육과정 평가 모형에 대해 보다 상세한 분류를 살펴보면(이귀윤, 1996), 크게 다섯 가지의 기준으로 평가 모형을 나눌 수 있다. 첫째, 평가 내용으로 본 모형에는 목표지향평가(objectives-oriented evaluation)와 탈목표평가(goal-free evaluation)가, 둘째, 평가고객에 따른 모형에는 경영자를 위한 평가(management-oriented evaluation), 고객지향평가(consumer-oriented evaluation), 찬·반 토의식 평가(adversary-oriented evaluation)가, 셋째, 방법상으로 본 모형에는 양적 평가(quantitative evaluation)와 질적 평가(qualitative evaluation)가, 넷째, 개념적 차이에서 본 모형에는 형성평가(formative evaluation)와 총괄평가(summative evaluation)가, 다섯째, 전문성에서 본 평가에는 공식적 심의체제(formal review system), 비공식적 심의체제(informal review system), 교육감정 및 교육비평(educational connoisseurship and criticism)이 포함된다.

이와 같이 평가 모형의 각 유형들은 평가에 대한 정의, 평가의 목적, 평가자의 역할, 평가의 유형, 평가판단준거 등의 기준에 의해 그 특징들이 비교될 수 있으며(박도순, 1985), 이와 같이 각 기준에 따른 평가 모형의 비교·분석은 최적의 평가체제 선택을 위한 기반을 닦는 일로서 중요하다고 할 수 있겠다.

4) 교육과정 평가의 절차

이미 살펴보았듯이 교육과정에 대한 평가란 새로 개발된 교육과정이 사회적 요구와 학습자의 요구에 알맞은 것인가, 새 교육과정을 반영하는 학습 자료의 내용과 조직은 타당한가, 의도된 목표로서의 교육과정과 수업 속에 반영된 교육과정 그리고 수업을 통하여 학생들에게 실현된 학습성과로서의 교육과정 사이에 어느 정도 경험적 일치성과 일관성이 있는가, 그리고 만약 합치성이 결여되었다면 그 까닭은 무엇인가 등에 관한 정보를 체계적으로 수집하고 판단하는 과정(이종승, 1987)이다. 이러한 개념하에서 교육과정을 평가하기 위한 이론적 절차를 살펴보도록 하겠다.

교육과정 평가를 위한 절차는 평가내용을 어떤 관점에서 접근하느냐에 따라 구분될 수 있다. 여기서는 교육과정 개발단계에 따른 절차 (Lewy, 1977; 김호권, 1980; 이종승, 1987; 김인식 & 최호성, 1996)와 교육과정 영역에 따른 절차(Tyler, 1967; 이종승, 1987; 김인식 & 최호성, 1996)로 구분하여 살펴보도록 하겠다. 첫째로 교육과정 개발단계에 따른 평가의 절차는 6단계로 나눠지는데, 이는 교육목적의 결정, 계획, 예비실시, 현장검증, 실행, 질 관리로 구분되며, 〈표 II-9〉는 이에 대한 프로그램 개발단계와 그에 따른 평가의 역할을 보여주고 있다(이종승, 1987; 김인식 & 최호성, 1996). 둘째로 교육과정 영역에 따른 평가절차 는 과정 차원에서 볼 때 목표, 내용, 방법, 매체에 대한 평가, 행동 차원 에서 볼 때 인지, 정의, 기능에 대한 평가, 그리고 단위 차원에서 볼 때 개인, 단체, 지역단위의 평가로 구분(이종승, 1987)될 수 있다. 또한 전 성연(1995)은 대학 교육과정 평가의 구성 영역을 Madaus와 Kellaghan (1992)의 평가요소를 근거로 상황적 요소, 일반적 교육목적, 구체적 교 육목적, 교육과정 자료, 상호 작용 및 과정, 결과의 여섯 가지로 제시하 고 있다.

교육과정 평가의 절차를 본 연구의 과정지향적 평가철학에 기초하여 살펴보면 다음과 같다. Stufflebeam(1971)은 교육과정에 대한 평가는 정 보확인, 정보수집, 정보제공의 차원에서 이루어져야 한다고 했고, Harshman(1979)은 후속 평가활동들의 기초를 제공하는 기초단계, 자료 의 수집과 분석의 정보획득 단계, 자료분석 결과와 설정된 평가기준을 비교하여 교육과정의 가치를 판단하는 단계 등의 3단계로 구분하였다. Nadler와 Tushman(1980)은 조직효과성 평가절차에 대해 첫째 단계로 평가목적의 설정, 둘째 단계로 조직효과성 개념의 정의, 셋째 단계로 측 정 영역의 결정, 넷째 단계로 측정 모형의 설정, 다섯째 단계로 측정변 인의 선정, 여섯째 단계로 수집할 자료의 확인과 수집, 일곱째 단계로 자료의 분석 및 가치판단의 과정으로 설명하고 있다. 정보를 수집하여 활용하는 것을 평가로 본 Pfeffer와 Salancik(1978)은 1단계로 평가대상

의 특성 파악, 2단계로 평가대상 영역의 확인 및 영역 간의 상대적 중
요도 확인, 3단계로 평가준거의 선정 및 평가기준의 설정, 4단계로 자료
의 수집 및 분석과 가치판단이라고 보았다.

<표 Ⅱ-9> 교육과정 개발단계에 따른 평가의 역할

단 계	교육과정 개발	평가의 역할
1. 목표설정	일반목표 및 세부목표 설정	기대되는 변화와 프로그램의 실현 가능성, 문화적 가치 등을 평가
2. 계획	교육과정의 작성, 교자재 준비	교육목표, 교육내용, 교수전략, 교재의 적절성 평가
3. 예비시행	시범실시 및 교자재 수정·보완	관찰과 교사 및 학생과의 토의, 전문가들로부터의 증거수집과 의견조사
4. 현장검증	개발된 전체프로그램 시범운영, 프로그램 수정·보완	표집선정의 타당성, 교육과정의 효율성 평가
5. 시행	교수-학습과정, 평가의 합리성, 교사훈련, 학생지도	최종 검토, 교사 및 운영자평가, 전체 운영시스템에 대한 평가
6. 질적 관리	교육과정 시행 및 차후교육과정에 대한 계획	시행된 교육과정의 질과 효율성 평가, 개선책 제시

출처: 이종승, 1987.

교육과정 평가 절차에 대한 여러 관점을 Stake(1969)의 절차와 권기
욱(1992) 그리고 이종승(1987)이 제시한 평가의 절차를 참고로 하여 교
육과정 평가의 절차를 일반화시켜 보면 다음과 같이 7단계로 정리할 수
있겠다.

1. 평가목적의 설정: 교육과정 평가의 목적은 교육과정의 각 구성요소
   들이 타당하게 결합된 형태인 평가대상을 결정한 뒤, 이에 대해 평
   가를 실시하여 얻고자 하는 결과와 평가결과를 사용하여 추구하는
   효과에 대해 진술하는 단계이다.

2. 교육과정 특성의 규명: 평가자는 평가의 대상인 교육과정의 특성과 질을 이해해야 하는 단계로서 교육과정의 효과성·효율성의 상태를 숙지하는 것이다.
3. 평가대상 영역의 선정: 평가대상에 대해 어떤 영역의 어떤 요소들을 평가할 것인가를 결정한다.
4. 평가준거의 선정 및 평가기준의 설정: 평가준거는 평가대상 영역에 존재하는 구체적 사상이며, 평가기준은 평가준거에서 가치를 판단하는 데 표준이 될 수 있는 정도 및 상태에 대한 기술이다. 평가 영역에 존재하는 평가준거는 보통 중요한 것부터 적정한 수만큼 선정하고 평가기준은 절대적 기준과 상대적 기준 등을 적용하여 설정한다.
5. 자료의 수집 및 분석: 수집될 자료는 평가준거의 본질에 의해 결정되고, 자료 수집의 방법은 자료의 본질에 의해 결정된다.
6. 가치판단: 가치판단은 다양한 가치들 중에서 하나를 선택하는 행위로서 일종의 의사결정이라고 할 수 있다.
7. 평가결과의 보고: 평가의 목적과 내용, 그리고 발견된 사실을 효과적으로 전달하는 보고서를 작성하는 것으로 그 구성은 간결하고 기술적이며 논리적으로 조직되어야 한다.

다. 교육과정에 대한 평가연구 고찰

교육과정 평가(연구)는 영국을 중심으로 발전해 왔으며 심리측정학 중심의 전통적인 평가방법과 다양한 방법론의 시도를 추구하는 비전통적 평가방법 혹은 실험적 평가방법이 서로 경합과 발전을 거듭해 왔다(Lawton et al., 1980). 그동안의 교육과정 평가를 의사결정을 위한 위탁 프로젝트와 함께 연구적 측면에서 시행된 것 등을 포함하여 그 선행 연구들을 살펴보는 것은 교육과정 평가체제 개발의 방법론에 대한 이론적 기틀을 다지는 데 도움이 될 것이다.

우선 일반학교의 교육과정 평가연구를 살펴보고, 그 다음으로 사내대학에 대한 평가연구를 살펴보도록 하겠다.

1) 일반 교육과정 평가연구

Gibby(1980)는 영국에서 시행된 대규모의 교육과정 평가에서 전통적인 교육과정의 모형을 목적과 목표, 내용, 방법, 평가라는 기본요소로 설명하였다. 그리고 한 특정 코스나 학교 위원회에서 제작한 것과 같은 여러 교육과정 평가연구를 살펴볼 때, 영국의 대규모 교육과정 평가 프로젝트에서 채택한 전통적 방법은 초기평가, 형성평가, 총합평가, 장기적 평가의 4단계였다. 첫째로 초기평가는 현실적이면서 가치 있는 코스를 제작하기 위한 것이다. 둘째 형성평가는 코스가 진행되는 중에 실제로 일어나는 일이 무엇인가를 고려한다. 코스가 진행되는 중에 형성평가가 이루어지는데 여러 시험이나 검사도구, 질문지, 관찰, 보고 등의 방법을 사용하여 원래 의도했던 학습이 어느 정도 달성되었는가와 코스에 대한 교사, 학생의 반응, 태도는 어떠한가 등을 알아보는 것이다. 셋째 총합평가에서는 전체 코스를 마친 결과로서 학생들이 성취한 것을 알기 위해 시험을 치르게 된다. 또한 코스에 대한 학생, 교사들의 전반적 태도를 알아본다. 넷째 장기적 평가는 마지막 단계로서 특정의 코스가 여러 학교에서 광범위하게 시도되거나 앞으로 계속 반복하여 시행할 경우를 상정한 평가이다. 국가적 차원에서 시행된 이 교육과정 평가 프로젝트는 교육과정의 목표가 정확하고 구체적으로 진술되어 사정(평가)이 쉬운 교육과정에만 적용이 가능하다는 비판을 받기도 하였다.

Kelly(1977)는 전통적인 교육과정 평가방법이 지나치게 측정지향적이라고 비판하며 가변적 평가의 필요성을 역설하였다. 또한 교육과정 평가는 첫째, 교육과정이 어떻게 작동하는가, 둘째, 교육과정은 적용되는 환경에 의해 어떻게 영향을 받는가, 셋째, 교육과정을 적용하는 사람들이 장·단점으로 여기는 것은 무엇인가, 넷째, 관련된 코스에 대한 학생들의 반응은 무엇인가라고 하는 네 가지 문제에 초점을 맞추어 진행되어야 한다고 하였다.

Pidgeon과 Allen(1974)은 학교의 교육과정을 평가하면서 교사가 학생의 학습성취에 대한 일정한 표준을 갖는 것에 반대하고, 교사들이 대부분의 학생에게 완전학습에 도달하도록 교수-학습 전략을 짜야 한다고 주장하였다. 즉 이것은 교육과정이 결정되기 전에 교육과정의 몇몇 영역에 대해 거의 모든 학생들이 완전학습을 성취하고 있는가를 알아보기 위한 평가도구(체제)가 마련되어야 한다는 것이다.

MacDonald와 Parlett(1977)는 1972년 영국의 Churchill 대학에서 개최한 교육실천과 교육과정 평가의 목적과 절차에 관한 심포지엄에서 기존의 많은 교육과정 평가의 문제점과 향후 지향점을 제시하였다. 우선 기존 교육과정 평가연구 프로젝트의 문제점은 첫째, 학습환경을 포함한 교육의 과정에 대한 인식의 부족, 둘째, 학생의 행동변화를 정신측정학으로만 제대로 측정할 수 있다는 과신, 셋째, 측정의 정확성과 이론의 일반성을 강조했지만 학교의 실제적 문제와 연구문제 간의 부조화를 초래하였고, 연구자와 연구대상 집단 간의 비효율적 의사소통이라고 지적하였다. 향후 지향점으로는 첫째로 면밀히 검토된 객관적 자료를 사용해야 하고, 둘째로 평가는 예기치 못한 사건에 반응할 수 있을 만큼 융통성 있게 고안되어야 하며, 셋째로 평가자의 입장이 평가설계상에 반영되는 정도에 관계없이 평가의뢰인과 평가대상에 정확하고 명백하게 전달되어야 한다는 것이다.

Munro(1977)는 또한 '혁신, 성공인가 실패인가'(Innovation, Success or Failure)라는 저서에서 교육과정 평가에 있어서 통합적 방법의 사용을 주장하였다. Munro 주장의 요점은 의사결정자가 필요로 하는 정보에 대해서는 검사와 측정을 소홀히 해서는 안 되지만, 어떠한 종류의 교육과정 평가에 있어서도 교사의 실제 세계를 소홀히 해서는 안 된다는 것이다.

Stenhouse(1975)는 교육과정의 개발과 그에 따른 평가 모형의 설계는 '연구 모형'으로 전환하여야 한다고 주장하였다. 교육과정 평가를 담당하는 사람은 기본적으로 연구자의 역할에 중점을 두어야 하며, 교육과정을 옳은가의 여부에서 평가하기보다는 인간의 지식을 발전시키는 차원에서 판단되어야 한다는 것이다. Stenhouse는 교사에 대해 전문인으로 개념지었는데, 평가 역시 외부로부터의 평가에 의존하는 것에서 자기평가(self-evaluation)를 할 수 있는 연구에 기반을 둔 전문직이라고 보았다.

Adelman, Jenkins, Kemmis(1976)는 전통적인 교육과정 평가방법론과 달리 비전통적이며 질적 평가를 사용하는 사례연구방법을 교육과정 평가에 사용하였다. 이들은 교육과정 평가를 위해 사례연구가 사용될 때의 이점을 첫째, 현실성이 강해지고, 둘째, 특정 사례에 관한 한 세밀한 일반화가 가능하고, 셋째, 사회적 상황과 사실의 복잡성과 특성을 알려주게 되고, 넷째, 추가의 해석이 가능할 정도로 충분한 서술적 정보가치가 있고, 다섯째, 결과 보고가 다소 길 수 있으나 다른 형태의 평가 보고에 비해 훨씬 이해가 용이한 평가연구 자료가 된다고 주장한다. 그리고 제한점으로는 평가의 규칙을 명확히 정하는 것이 어렵고 아직 그 방법론의 발전이 더 필요하다는 점을 들고 있다.

2) 사내대학 교육과정 평가연구

다음에서는 사내대학의 교육과정에 대한 평가연구를 살펴보도록 하겠다. 다만, 사내대학에 대한 평가연구는 일반대학의 평가연구에 비해 아직 출범단계이며, 특히 국내에서는 거의 전무한 실정이다.

North Florida 대학은 IBM사와 공동으로 IBM 사내대학의 컴퓨터 관련 교육프로그램에 대한 효과를 평가하는 연구를 하였다. 조사 영역은 1학년과 2학년의 교수－학습과정, 전문화 교수훈련 프로그램의 개발절차,

대학교수 교육 프로그램의 내용으로 구성되었고, 조사는 교수, 학생, 기업훈련담당자들을 대상으로 하였고, 조사방법에 있어서는 기술적으로 기록화된 질적 자료와 전자자동시스템에 의한 포트폴리오를 중심으로 수행되었다. 이 연구를 통해 ① 교실 상황과 교육과정 개발기법, ② IBM의 hardware와 software 개발과 관련된 교육진행사항, ③ 강의실에서 학습한 기술(technology)의 현업 적용 수준, ④ 가르쳐야 할 기술과 실제 수업으로 진행되는 교육과정 자료와의 비교, ⑤ 기술을 강의실에서 가르칠 때의 애로사항 등에 관한 분석이 이루어졌다(Holt & McAllister, 1996).

사내대학의 교육과정 영역과 요소를 개발하기 위해 Hagerstown Junior College(HJC)는 서부 Maryland 지역의 5개 회사의 경영 및 리더십에 대한 연구를 하였다. 연구방법은 FGI 방식으로 진행되었고, 조사대상으로 선정된 총 22명의 회사원(직원)들에 대해 자신들이 경험한 조직 내 동기유발, 신뢰, 업무개입 수준에 관한 내용을 조사하였다. FGI는 2시간 동안 다섯 가지 분야에 대해 진행되었고, 조사결과 6개 교육과정 영역에 대해 162개의 요소가 나타났다. 그 여섯 가지 영역은 ① 신뢰구축, ② 참여 진작, ③ 권한의 분산, ④ 지원 체제, ⑤ 공헌도 인지, ⑥ 새로운 임무의 창출 등이었고, 162개의 요소 중 70%가 조직 체제의 설계와 업무 진행 문제에 관련된 것이고, 30%는 개인행동의 문제와 관련된 것으로 분석되었다. 결국, 이 연구는 다음과 같은 여섯 가지의 결론을 내리고 있다. ① 근무 중 종업원(직원)들은 경영 활동에 대한 심도 있는 관찰을 하고 있으며 업무수행에서 말과 행동의 불일치를 많이 경험하고 있다. ② 종업원들은 업무상 협동의 중요성을 인식하고 있으며, 그들의 업무에 자신의 의사결정이 반영되기를 바라고 있다. ③ 종업원들은 자신의 업무를 스스로 계획하고 실행할 때 긍정적으로 동기부여 되는 반면, 경영자가 부적절하게 개입하여 수동적인 역할을 부여할 때 동기유발이 못되는 것으로 나타났다. ④ 종업원들은 경영자가 자신들의 업무를 보다 수월하게 만들어주기를 바라고 있다. ⑤ 종업원들은 자신의 일에 대해 금전적, 사회적, 개인적 측면에서 신중히 검토되기를 바라고 있다. ⑥ 종업원들은 강한 경영 지향성을 보여주는 조직을 선호한다. 마지막으로 HJC는 사내대학 프로그램 개발에서 현장의 실질적인 업무(직무)의 설계를 다루는 교과과정이 필요하며, 교육과정은 실제 현업의 상황에 초점을 맞추어야 한다고 제안하고 있다(Cotroneo, 1991).

이 밖에도 Breneman(1995)의 증원 프로그램 평가를 위한 Rand사의 사내대학과 California 지역의 대학 및 교육·재정기관과의 비교연구, 사내대학 교수의 tenure 문제와 관련하여 교육 투자비용의 효율성에 따른 교수의 책무성을 분석한 연구(Beazley & Lobuts, 1996) 등이 있다.

그리고 사내대학의 궁극적인 교육목적인 생산성의 문제를 다룬 평가연구를 살펴보면 다음과 같다. 산업현장에서의 많은 교육프로그램에 대한 논의와 연구들에 의하면 종업원들이 교육을 통해 습득한 기술과 그들이 보이는 생산성이 명확히 연계되어 있다는 것을 보여주고 있다. 예를 들어, Tennessee사는 사내교육훈련 프로그램으로 인해 종업원의 실수에 의한 손실이 95% 줄었고, 생산성은 2배로 늘었다고 보고하고 있다. American Society for Training and Development의 연구에 의하면, 1929년에서 1989년 사이의 미국 생산성은 50% 이상 증가하였는데, 이는 사내(직장 내)에서의 교육에 기인하고, 각 개인별로는 30%의 생산성 증대를 나타냈다. Bureau of Business Practice는 Manufacturing Literacy Program과 모토롤라 사내대학(Motorola University)의 교육프로그램에 대해 500%의 생산성 향상과 함께, 업무순환시간이 30 : 1, 단위 불량률이 4 : 1, 제고량이 2.5 : 1 수준으로 감소하는 효과를 나타냈다고 보고하고 있다(Workforce & Workplace Literacy Series, 1993).

이상과 같이 사내대학의 교육과정과 프로그램에 대한 평가연구를 살펴보았는데, 그 주요 연구과제는 교육운영 및 절차에 대한 것과 교육과정 개발을 위한 영역과 요소분석, 그리고 교육프로그램의 장·단기적 효과분석에 관련된 것 등으로 구분된다. 이런 평가연구의 고찰은 본 연구의 목적인 사내대학의 교육과정 평가체제 개발에 이론적인 토대뿐만 아니라 연구방법론에 있어서 중요한 시사점을 제공하고 있다.

3. 사내대학 교육과정 평가의 설계

가. 사내대학 교육과정의 특징과 구성요소

1) 사내대학 교육과정과 일반대학 교육과정의 비교

사내대학의 교육과정이 일반대학과 어떤 차별성을 가지는가를 알아보기 위해서는 우선 두 유형의 대학이 어떤 목적으로 설립되었는가 하는 기본적인 문제를 진단하는 것이 필요하다. 앞서 살펴보았듯이 사내대학과 일반대학은 설립목적과 그 설립 주체에 있어서 서로 다르다. 즉 사내대학의 설립 주체인 기업체는 그 존재가치가 이윤의 창출에 있어 생산성 향상이 주요 관심사이기 때문에 사내대학의 설립목적 역시 생산성 향상을 위한 기업 내의 인력자원의 효율적 활용 및 인적자원개발(Human Resource Development: HRD)의 극대화(김진한, 1993)를 위한 것이다. 반면 일반대학의 경우는 학술의 심오한 이론과 광범위한 응용방법의 교수 및 연구, 그리고 지도적 인격도야에 그 설립목적을 둔다(이무근, 1993). 이와 같이 두 유형의 대학이 그 근본 설립이념에서 다르다는 것은 교육과정 역시 서로 다른 모습을 취하고 있다는 것을 말해주고 있는 것이다.

사내대학의 교육과정은 기업이 주력하고 있는 HRD의 관점에서 접근하는 것이 유용한데, Nadler(1973)에 의하면 교육과정의 영역은 직무훈련(job training), 개인교육(individual education), 조직개발(organization development)의 세 가지로 구분된다고 한다. 첫째는 직무훈련인데, 산업체에서의 인적자원개발은 전통적으로 직무훈련에서 출발한다. 직무훈련의 근본목표는 고용된 사원 또는 근로자들로 하여금 현재 수행 중인 직무를 보다 효과적으로 해낼 수 있도록 하는 데 있다. 여기에서는 그 개인이 소유한 인간성보다 그의 기능이 더 중시되고, 그것을 훈련시켜서 회사의 생산성 증대에 기여하도록 하는 데 초점이 맞추어져 있다. 따라서 직무훈련은 그것을 시키는 기업체의 입장에서 보면 비용에 속하는 일로서, 비용을 투자한 만큼 눈에 보이는 효과를 거둘 수 있는 이점이 있다. 둘째는 개인교육으로서 이는 근본적으로 그 기업조직 내에서 개인의 성장을 개발해 주고, 그 조직 내의 특정 수준이나 위치(position)로 이끌어 주기 위한 활동이다. 이러한 점에서 볼 때, 개인교육은 현재보다 수준 높은 어떠한 직무를 미래에 수임해 낼 능력을 키워 주는 활동으로서, 기업주의 입장에서 보면 다소 위험부담이 따르는 일종의 장기투자라고 할 수 있다. 그러나 교육받는 개인에게는 경력 개발(career development)의 좋은 기회(Peter & Hull, 1969)라는 이점이 있기도 하다. 셋째는 조직개발로서 이것은 산업체에서 실시하는 인적자원개발의 핵심적인 목표 중 하나로 그 중요성에 대한 인식이 현대 기업에서 날로 가중되고 있다. 신재우(1982)는 기업 내 교육훈련이란 기업이 기업을 위하여 기업의 손으로 실시하는, 즉 기업의 존립·성장·발전이라는 염원과 의욕 때문에 실시하는 것이므로, 기업 내 교육훈련은 바람직하고 일하기 좋은 직장으로 만들기 위한 조직개발과 직결된다고 하였다.

반면 일반대학 교육과정의 경우는 보다 폭넓은 학문과 인격의 도야를 상정하고 있다. Tanner(1975)에 의하면 대학의 교육과정은 넓은 의미에서 세 가지 영역으로 분류할 수 있다고 보았다. 즉 첫째는 자유사회의 교육받은 모든 사람이 공통적으로 가져야 하는 학습을 위한 교양교육, 둘째는 탐색적이고 특수한 흥미의 개발이나 개인적 성숙의 풍요로움을 가져다주기 위한 자유선택교육, 그리고 셋째는 직업 준비를 위주로 한 전문 교육으로 분류하고 있다. 아마도 이러한 방식의 분류가 지금까지 가장 많은 대학들이 전형적으로 받아들이고 따라온 방식일 것이다(이성호, 1987). 그 밖에 대학의 교육과정에 대한 새로운 의견 개진으로는 미국의 카네기 위원회가 제시한 대학 교육과정의 다섯 가지 기본요소의 설정이 있다. 첫째, 대학 수준의 교육을 시작하기 위하여 필요로 하는 상급 학습기능 교육과정, 둘째, 모든 학생들에게 공통적인 기본 학습경험을 가져다주기 위한 기본 공통학습 교육과정, 셋째, 학생들에게 여러 가지 폭넓은 학문 분야를 소개해 주는 관련 분야 교육과정, 넷째, 전공 교육과정, 다섯째, 학생들의 자유로운 선택에 의한 자유선택 교육과정의 다섯 가지이다(Carnegie Foundation, 1977).

사내대학과 일반대학의 교육과정의 특성을 보다 명료하게 비교하기 위하여 이무근(1993)의 분류를 참조하여 정리해 보면 다음 〈표 II-10〉과 같이 비교할 수 있겠다.

〈표 II-10〉 사내대학과 일반대학의 교육과정 특징 비교

구 분	사 내 대 학	일 반 대 학
교육과정의 초점	현장기술 중심	이론 중심
교육과정의 유형	공개강좌 개설, 학교·연구기관·산업체·기능대학에서 이수한 교과목을 특정 교과목 이수로 인정, 학사·석사과정	학사과정, 석사과정, 박사과정
수학 연한	특정 연한이 없고 다양하게 운영가능	4-6년(학년제)
수업 방법	야간제, 계절제, 시간제, 전일제수업 등 다양	출석 수업 위주
이수학점 및 졸업요건	특정 학점제한이나 졸업 요건이 없고 다양	140학점 이상

2) 사내대학 교육과정의 구성요소

사내대학의 교육과정 구성과 운영은 일반대학의 경우와 공통되는 부분이 적지 않다고 할 수 있겠으나, 다양성과 융통성이라는 측면에서는 일반대학과 확연히 구별된다. 또한 설립 주체인 기업의 독특한 교육과정 개발전략도 함축되어 있는데, 그 가장 대표적인 이론적 틀 중 하나가 교수체제설계(Instructional System Development: ISD)이다. ISD는 그동안 기업의 인적자원개발(HRD)을 위해 포괄적으로 사용해온 교육과정 개발체제로서, 요구사정(need assessment), 직무분석(task analysis), 과정설계(design), 매체개발(development), 시연(pilot test), 평가(evaluation)라는 유기적 순환단계를 거쳐 하나의 교육과정 프로그램을 완성시키고자 하는 것이다(Hannum & Hansen, 1989; 유영만, 1996). 아직까지는 비용 문제로 인해 ISD의 완전한 절차가 제대로 응용되고 있지 못한 형편이지만, 기업이 자체 인력양성을 위한 교육과정을 개발하는 데 그 이론적 기반과 체계를 제공하고 있다는 점에서 사내대학 교육과정을 다룰 때 염두에 두어야 할 부분이다. 우선 외국의 경우 그 교육과정이 어떠한가를 먼저 살펴보도록 하겠다.

영국의 기술대학(Polytechnics) 교육과정의 주요 특징은 다음과 같다(백형찬, 1995). 첫째, 산업의 발전에 따른 교육과정의 개편은 산업체에 설문조사를 실시하여 충분히 검토한 후에 개편을 하며, 그 주기는 5년에 한 번 정도로 한다. 둘째, 교육부의 충분한 재정 지원으로 실험 교과목에 적합한 다양한 기술 장비들이 갖추어져 있고, 현실적 감각이 있는 실습이 이루어지고 있다. 셋째, 특히 전자 부문은 컴퓨터와 관련된 교육이 주로 이루어지고 있고, 현장 실습은 12개월 정도로 하며 교육 중 산업체에서 월급을 받는다.

우선 교과과정을 살펴보면, 전공과목에서 이론 대 실습 비율이 약 50 : 50이며, 일반교양 과목은 거의 없다. 교육과정은 전일제(full-time)

및 정시제(part-time) 과정을 운영하고 있으며 산업체를 위한 단기 과정은 전문가 과정, 재택수료 과정, 후원자교육 과정, 해외 단기훈련 과정 등이 있다. 연구 및 자문위원회를 구성하여 운영하고 있고, 국제 협력에 의한 대학 간의 교류를 원활히 시행하고 있다. 교육과정 개발 시 산업체 5-6년 이상의 경험자가 참여하며 필요시마다 수시로 개정한다. 학기 운영은 8학기제와 2학기제가 있는데 8학기제의 경우 첫 4학기는 학교에서 수업을 수료하고, 다음 2학기는 산업체 현장 실습 실시, 마지막 2학기는 학교에서 현장 실습 내용을 정리한다.

프랑스의 기술대학(Institute Universites de Technologie: IUT)의 경우는 1년, 2년, 3년, 4년 등 다양한 코스가 설치되어 있다(백형찬, 1995). IUT는 전문기술자격과정 이외에 다양한 과정을 개설하고 있는데, 전문기술자격과정(DUT)을 마치고 좀더 전문적인 분야를 공부하고 싶은 학생을 위해 1-2년 기간의 추후과정운영(post-DUT), 산업체의 요청에 의해 특별 성인교육반 운영, 7년 이상 산업체 근무경력을 갖고 있는 보조엔지니어(assistant engineer)나 엔지니어(engineer)가 되고자 할 때 회사의 동의를 얻어 진학할 수 있는 과정(NFI & IUP과정)이 있다. 학과의 신설과 학생증원은 National Manpower Planning Board에서 제시한 산업인력 수요·공급 전망에 관한 자료를 근거로 국가교육계획위원회(PNPC: Pedagogical National Program Commission)가 결정한다. 교육과정 개발을 담당하고 있는 PNPC는 교육계와 산업계 인사로 구성되어 있으며, 전공학과별 교육내용의 80%는 상기 위원회에서 결정하고 전체 이수단위의 20%는 학교의 특성에 따라 자유롭게 교과목을 설정·운영할 수 있도록 되어 있다.

다음으로 우리나라의 사내대학 교육과정을 중심으로 사내대학 교육과정의 구성요소와 운영을 살펴보면 다음과 같다. 실질적인 사내대학의 교육내용을 결정하게 되는 교과의 편성은 크게 학과설치와 교과내용으로 나눌 수 있다(김종철, 1996). 사내대학의 성격상 기술 및 경영 분야가 중점적으로 개설된다. 사내대학의 교과내용은 전문기술인력의 양성을 목적으로 하고 있는 만큼 당연히 실습 중심의 기술 및 경영교육이 강조된다. 또한 사내대학은 산업현장에서 지도자적인 역할을 할 수 있는 중견 인력을 배출해야 하므로 이와 같은 자질을 함양할 수 있는 교양교육과 특히 외국어 교육이 필수적이다.

국내기업 중 석사과정을 운영하는 삼성전자 사내대학의 예를 들어 설명하면, 우선 이 사내대학의 수강 대상자는 해당 분야 종사자로서 대졸 입사 후 1년 이상 된 사원 또는 기술관련 분야에서 3년 이상 근무한 사원으로서 특별히 수강능력이 있다고 인정되는 사람을 그 대상으로 하고 있다. 학제는 일반대학원과 유사하나 효율성 제고를 위해 1년을 3학기로 하고, 1학기를 3개월(12주)로 운용하며 업무와 병행하는 점을 고려, 매 학기당 수강자가 수강하는 과목을 1인당 2개 과목 이내로 하고 있다. 매 학기당 강좌 수는 강의필요에 따라 학과장회의에서 결정하고, 1개 과목의 강의시간은 12주로 1회 2.5시간으로 하여 총 30시간 이상을 강의하고 있다. 강좌의 운영은 강의·세미나·응용실습 등의 방법을 이용하며 교육생 자체 세미나를 운영하여 교육의 효과를 높이도록 하고 세미나는 교육생 스스로 이해도 증진을 위해 3주에 1회씩 실시하고 있다. 특히, 5학기 동안 교과목을 이수하면 6학기는 논문학기로서 논문심사는 초심과 구술시험을 병행 실시하여 각 테마당 지도교수, 논문 관련 내용을 전공한 조교수급 이상 및 사내 박사학위 소지자 등 사내외 관련 인사를 중심으로 한 3인 이상의 심의 위원회를 구성, 엄중한 논문심사를 실시하고 있다. 다음 〈표 Ⅱ-11〉은 이 기업의 학과별 교육내용을, 〈표 Ⅱ-12〉는 학제와 운영을 보여주고 있다.

〈표 Ⅱ-11〉 사내대학의 학과별 교육내용의 실례

구 분	산업공학과	전자공학과		기계계측학과
기초 교과	응용수학 경제성공학	전자회로설계 특론, 선형계통이론, Power Electronics, 집적회로 특론		수치해석 고체역학
전공 교과	실험설계법, 산업공 학개론, 조직행위 론, 생산관리, 작업 관리, 의사결정론	디지털 부문 Testable 논리설계, 디지털 신호처리, 디지털 제어시스템, 디지털시스템 설계	통신 부문 방송통신 시스템, 통신 전자 회로, Coding 이론, 디지 털통신시스템	최적설계 동력학, μ-m Processor, 자동 제어 공학, FEM, 진동공학

출처: 이주행, 1990.

〈표 Ⅱ-12〉 사내대학의 학제 및 운영의 실례

구 분		학 제					
기 간	재학	2년					
		1년차			2년차		
		3개월	3개월	3개월	3개월	3개월	3개월
	학제	1학기	1학기	1학기	1학기	1학기	1학기
		기초과정		전문과정		논문학기	

출처: 이주행, 1990.

　이상에서 살펴본 바와 같이 사내대학 교육과정의 구성요소만을 본다면 일반대학(원)이 갖고 있는 교육과정의 구성요소와 일치한다. 즉 교육목적, 교육내용으로서의 교과과정(교양교과과정, 전공교과과정), 교육방법 및 매체, 학생지도, 교육평가의 요소로 구성된다. 그러나 그 내용과 운영에서는 기업적 성격이라고 할 수 있는 효율성에 기반을 두고 있으며, 이 효율성의 극대화를 위해서 특정 형식에 얽매이지 않고 있다. 따라서 사내대학의 교육과정의 내용적인 측면에 접근하기 위해서는 일반대학(원)의 교육과정 구성요소와 기업 교육적 요소를 함께 고려해야 할 것이다.

나. 사내대학 교육과정 평가의 개념

사내대학 교육과정에 대한 평가는 기본적으로 평가의 대상을 사내대학으로 했다는 점에서 개념화의 특이성을 찾을 수 있다. 교육과정의 질적 개선이라는 면에서는 일반적인 학교 교육과정 평가와 맥을 같이하고 있으나, 기업의 생산성 극대화를 위한 고등전문 인력 양성이라는 측면은 사내대학 교육과정 평가만이 갖는 독특성이라고 할 수 있겠다. 또한 설립과 운영의 주체가 투자와 그에 따른 득실의 계산에 민감할 수밖에 없는 기업이라는 측면에서 교육과정의 질 관리는 제도권 학교의 교육과정 평가와는 달리 중대한 의의를 갖게 되는 것이다(Holt, 1997; Thompson, 1997). 그러나 단지, 사내대학이 보편적인 형태로 일반인들에게 인식되기에는 그 발전의 역사가 일천하고, 특히 우리나라의 사내대학들은 90년대에 들어와서야 본격적으로 설립되기 시작하였다. 따라서 정착단계에 있는 사내대학이 아직까지는 체계적인 평가를 통해 교육과정에 대한 질적 관리를 하지 못하고 있는 것이 현실이다.

사내대학 교육과정 평가의 개념은 앞서 다루었던 일반적인 교육과정 평가의 개념과 함께 Kirkpatrick(1994)이 제시하고 있는 전이(transfer)와 효과성(effectiveness)의 차원을 함께 갖게 된다. 여기서 전이란 행동의 전이를 말하는 것으로 특정의 교육과정을 이수한 후에 교육목적에 따라 습득한 교육내용을 산업현장(현업)에서 얼마나 잘 반영시키며 또한 잘 이용하고 있는가 하는 것을 말하는 것이다. 효과성의 차원은 보다 복잡한 평가 수준을 요하는 것으로 교육과정의 효과가 실제 개인과 기업의 생산성 증대에 얼마나 기여하는가에 대한 것이다.

이와 같은 사내대학의 교육과정 평가는 기존의 대학을 비롯한 일반학교 교육과정 평가와는 다른 몇 가지 차별성을 가지고 개념화시킬 수 있다. 앞서 본 연구에서 내린 교육과정 평가에 대한 정의를 바탕으로 하여 사내대학 교육과정 평가를 정의하면 다음과 같다. 사내대학 교육과정 평가란 고등전문 인력 양성이라는 사내대학의 교육목적을 달성하기 위하여 사내대학이 개발·시행·관리하는 교육과정의 전 과정에 걸쳐 이루어지는 의사결정에 필요한 정보를 수집·분석·제공하는 것이다. 이러한 평가를 통해 사내대학은 자체 교육과정의 질적 관리를 하게 되며, 이것은 직·간접적으로 산업체의 생산성 증대에 영향을 미칠 것이다.

결국, 사내대학 교육과정 평가는 특정한 유형의 새로운 평가방법론 개발 차원이라기보다는 평가의 대상인 사내대학 즉 기존의 교육체제와는 다른 신교육체제의 특수성을 교육과정 평가가 어떻게 흡수·반영하여 적응해야 되는가라는 차원에서 접근해야 할 것으로 생각된다. 또한 본 평가연구는 사내대학 교육과정의 지속적인 질 관리를 위해 유용하고 다양한 정보의 제공에 초점을 두고 있다. 따라서 이러한 목적을 성취하고 평가수행의 수월성과 객관성을 유지하기 위해서 평가의 주체는 교육과정의 개발과 관리를 담당하고 있는 사람과 평가전문가가 팀을 이루어 수행하는 것이 바람직할 것이다.

다. 사내대학 교육과정 평가의 영역 및 절차

앞서 교육과정 평가를 위한 절차를 교육과정 개발단계에 따른 절차와 교육과정 영역에 따른 절차로 구분하였는데, 본 연구에서는 교육과정 개발단계에 따른 절차를 중심으로 하고 영역에 따른 절차를 보완적으로 이용하였다. 전체 교육과정 평가 영역의 구분은 사내대학 교육과정의 개발단계에 따라 이루어지게 되며, 각 평가 영역에는 내용에 따라 평가요소가 구성되는 것이다. 또한 이러한 평가 영역은 사내대학 교육과정 담당자들에 대한 인터뷰와 FGI의 과정에서 수정·보완되었다. 이론적 고찰과 함께 인터뷰와 FGI 등 질적 방법론의 활용은 이미 사내대학 교육과정에 대한 Holt & McAllister(1996)와 Cotroneo(1991) 등의 연구에서 중요하게 사용된 방법이기도 하다.

사내대학 교육과정을 평가하기 위해서는 사내대학 특유의 교육과정 구성과 운영형식을 파악해야 하는데, 본 연구에서 사내대학 교육과정의 내용은 앞서 살펴본 Nadler(1973)가 제안하고 있는 직무훈련, 개인교육, 조직개발이란 3개의 구성 영역을 따르고 있다. 이는 사내대학이 기업이 경영상 요구하는 인력양성이란 목적뿐만 아니라 종업원 개개인의 고등교육 혹은 진학욕구를 충족시키고 조직의 영양화를 기하는 다목적형의 대학이라는 특성을 반영하고 있는 것이다.

그리고 전체 평가단계는 일반 교육과정 평가절차를 준용하고 있는데, 교육과정 개발은 일반적으로 교육목적의 결정, 계획, 예비실시, 현장검증, 실행, 질 관리(평가)의 단계를 거쳐 이루어진다(Lewy, 1977; 김호권, 1980; 이종승, 1987; 김인식 & 최호성, 1996). 또한 일반대학의 교육과정 평가를 위한 평가변인들은 교육목적, 교육과정의 설계, 교과 교육과정, 수업과정 등으로 구분된다(김동건, 1994; 박명섭, 1995).

반면, 기업에서의 교육과정 개발은 사업의 요구, 수행의 요구, 교육의 필요성, 교육기획, 교육과정의 설계, 교육과정의 실행, 교육성과 측정, 수행성과 평가, 사업성과 평가라는 단계들을 거쳐 운영된다고 볼 수 있다(나일주, 1994). 전반적인 체제는 일반적인 교육과정 개발과정과 비슷하나, 일반대학 혹은 학교 교육과정 개발과 다른 것은 산업체에 종사하는 성인을 대상으로 한 평생교육적 차원과 더불어 기업의 이윤추구와 관련된 부분 즉 기업의 요구와 그 실현에 부응하는 방향으로 추진된다는 점이다.

사내대학의 교육과정은 기업이 운영하는 고등교육기관이라는 측면에서 일반대학 혹은 일반학교의 교육과정 개발절차와 더불어 산업체의 사업적 요구를 반영하고 있는 형태로 운영되고 있다(Holt, 1997; Thompson, 1997). 교육과정 개발상의 이와 같은 특징은 사내대학의 존립근거이기도

한 것이다.

  이상의 교육과정 개발절차를 살펴볼 때 본 연구에서 제안하고 있는 사내대학 교육과정 평가의 전체 영역구성은 교육과정의 목적, 교육과정의 목표, 교육과정의 설계, 교육과정의 적용, 교육과정에서의 평가로 구분하고 있다. 이는 초기에 선행연구들(Lewy, 1977; 박도순, 1988; 김호권, 1980; 이종승, 1987; 김인식 & 최호성, 1996; 김동건, 1994; 박명섭, 1995)에서 밝히고 있는 교육과정 개발단계에 따른 평가 영역에 대한 사내대학 교육과정 담당자들의 의견이 반영되어 수정·보완되었다. 이들에 대한 의견 반영은 평가 영역의 기초구성을 위한 인터뷰와 구성된 평가 영역에 대한 의견을 구하는 FGI방법이 사용되었으며, FGI는 제안된 평가 영역에 대한 항목별 적절성과 수정사항에 대해 논의와 기술로 이루어졌다. 다음 [그림 Ⅱ-1]은 초기에 구성된 평가 영역과 FGI 결과에 따라 수정된 평가 영역을 나타내고 있다.

초기의 평가 영역 구성		FGI 이후 수정된 평가 영역
• 교육목표 • 교육과정 설계 • 교과 교육과정 • 수업과정 • 교육과정에서의 질 관리	➡	• 교육과정의 목적 • 교육과정의 목표 • 교육과정의 설계 • 교육과정의 적용 • 교육과정에서의 평가

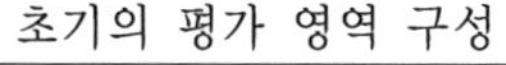

[그림 Ⅱ-1] 사내대학 교육과정 평가 영역 설정의 수정 과정

  즉 경영상의 요구와 이를 교육요구로 구체화하고 학습자의 특성을 파악하는 목적 수립 단계와 그 목적이 구체화되는 목표 결정 단계, 목표에 따라 구체적인 교육과정의 내용과 구성을 결정하는 설계 단계, 설계된 교육과정을 적용하는 단계, 그리고 마지막으로 교육과정 내에서의 여러 성취에 대한 평가 단계라는 5단계로 구분된다. 다음 [그림 Ⅱ-2]는 본 연구의 사내대학 교육과정 개발절차에 따른 평가 영역 설정을 보

여주고 있다.

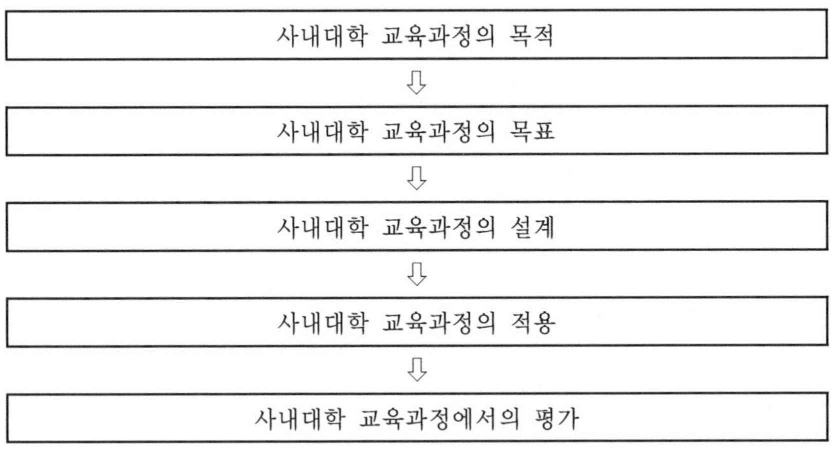

[그림 Ⅱ-2] 본 연구의 사내대학 교육과정 개발절차에 따른 평가 영역

이에 반해 일반대학의 교육과정 평가변인을 살펴보면, 몇 가지 조사 변인들로 구성되는데 이종승(1987)은 투입변인으로는 학생, 교수, 행정가 등의 특성, 학교의 시설 및 예산, 다양한 교수-학습 자료와 매체 등을, 과정변인으로는 교수의 교육방법, 학교 경영자의 행정방식, 교수와 학생 간의 상호 작용 양식 등을, 산출변인으로는 학생의 인지적·정의적·기능적 특성, 교수의 태도 등을 들고 있다.

사내대학의 교육과정 평가절차는 기업체 특유의 상황적 요인(경영상의 요구 등)과 교육과정 구성 영역(직무훈련, 개인교육, 조직개발), 그리고 교육이 사업성과에 미치는 효과(사업성과의 평가 등)라는 측면을 주축으로 하고, 더불어 고등교육기관으로서 일반대학의 교육과정 평가에서 볼 수 있는 기본적인 교육과정편성 절차의 특징도 함께 가지고 있는 것이다.

라. 사내대학 교육과정의 평가 영역별 평가요소 설정

앞서 사내대학 교육과정 평가의 영역을 교육과정 개발절차에 따라 다섯 가지로 구분하여 살펴보았다. 각 영역에 따른 평가요소들을 결정하기 위해서는 평가대상(target)으로 결정된 기관의 교육과정을 충분히 파악하고 있어야 하며, 교육과정의 개발과 운영에 참여하고 있는 관계자들의 의견수렴이 매우 중요하게 된다. 이를 위해서는 기본적으로 문서화된 교육과정 관련 자료를 수집·분석하는 것뿐만 아니라 교육과정 개발에 참여하는 이해당사자들의 전문적 의견수렴 절차를 거치는 것이 도움이 될 것이다.

1) 사내대학 교육과정 개발 및 운영 참여자에 대한 FGI

Allen(1996)은 사내대학 교육의 핵심요소를 추출하고 그 효과를 탐색하기 위하여 고용주와 사내대학의 학생인 종업원(직원)들에게 인터뷰를 통한 질적 조사를 하였는데, 인터뷰를 이용한 이유는 이해당사자들의 보다 생생한 의견을 수집하여 교육의 실체를 정확히 파악·분석하기 위함이다.

본 연구에서도 연구대상인 S사내대학의 교육과정 구성, 운영 및 현황에 관련된 문서화된 자료들에 대한 조사와 함께, 사내대학 교육과정 개발 담당자들에 대한 개별 인터뷰와 소규모의 FGI (focus group interview)를 병행하여 수정·보완하였다.

FGI를 실시한 결과 사내대학 교육과정에 대한 평가설계를 할 때 중요한 고려점들이 제기되었는데, 다음 〈표 Ⅱ-13〉은 그 고려사항들을 정리한 것이다.

<표 Ⅱ-13> FGI 결과

항 목	수렴내용
사내대학 교육과정의 특수성	·일반대학의 교육과정과 유사한 점이 많으나, 기업이 운영하는 대학인만큼 기업적 차원의 특수성과 차별성이 포함되어야 한다. ·교육과정의 내용 영역은 직무관련 교육, 교양교육, 종업원(조직원)으로서의 조직운영관련 교육 등이 구분되어 포함되어야 하며, 사내대학의 특성상 직무관련 교육에 중점을 두어야 한다. ·일반 기업교육과의 차별성을 고려해야 한다. 즉 사내대학도 엄연히 대학이므로 일반대학교육적(고등교육적) 측면이 있음을 간과해서는 안 된다. ·사내대학 간 운영 형태와 교육내용에 있어서의 차별성이 크므로 평가대상으로 선정된 사내대학의 특수성을 충분히 반영해야 한다.
일반대학과의 차별성	·사내대학의 운영이 일반대학에 비하여 상대적으로 소규모의 인원으로 이루어진다는 점을 감안하여, 지나치게 많은 평가 영역과 요소는 지양해야 한다. ·사내대학의 구성원들은 학생뿐만 아니라 교직원까지 소속기업의 종업원(직원)들로 되어 있기 때문에 일반대학과 달리 평가결과가 개개인의 인사상 문제에 민감하게 작용할 수도 있다. 따라서 가능한 한 평가결과에 대한 보완을 유지해야 하고, 관련자의 인사와 연결시키기보다는 교육과정의 개선을 주목적으로 이루어지는 것이 필요하다.
사내대학 평가 적용상의 고려점	·사내대학의 규모상 평가전문가를 따로 배치한다는 것은 사실상 쉬운 일이 아니기 때문에 평가에 대해 비전문가라 해도 쉽게 이해하고 이용할 수 있는 평가가 되어야 한다. ·사내대학은 교육과정 운영이 매우 신속하며, 일반대학에서의 방학과 같은 긴 휴지기(방학)가 없기 때문에 학기 중에 시간이 많이 소요되는 평가는 적절하지 못하다. ·평가에 대한 거부감을 줄이고 실질적으로 평가결과를 통한 개선이 이루어지기 위해서는 평가는 가능한 한 간소한 형식을 갖추어야 한다.

이상에서 지적한 고려사항을 염두에 두고 본 연구에서는 문헌조사와 FGI 결과를 토대로 사내대학 교육과정의 각 평가 영역에 따른 평가요소를 설정하였다.

2) 사내대학 교육과정 평가요소의 설정

사내대학 교육과정 평가를 구성하는 중요한 두 축은 기업 교육적 측면과 일반 고등교육적 측면이다. 기업 교육적 측면이란 사내대학을 설립한 기업의 성장을 도모하기 위한 인재양성전략과 이를 위한 교육과정의 개발이라고 하는 기업 교육적 방법론을 말하며, 일반 고등교육의 측면은 특성화된 또 다른 형태의 대학교육으로서 사내대학 교육과정을 바라보는 시각을 의미한다. 따라서 사내대학 교육과정을 평가하기 위해서는 기업교육에서 다루고 있는 교육과정개발 혹은 교육(교수)체제개발의 측면과 일반교육 프로그램 평가 모형의 절차를 함께 고려해야 한다.

앞서도 언급했듯이 교육과정 평가란 교육과정의 개선을 위해 학생의 학업성취 수준에서부터 교육 프로그램, 교육과정, 수업에 관련된 제반 요인들을 평가하는 일련의 체계적인 활동(교육평가연구회, 1994)이다. 따라서 이러한 교육과정의 평가를 교육과정의 위계적 구성과 그 개발단계에 따라 평가하기 위해서 평가체제는 교육과정의 개발절차에 부합하는 평가 영역과, 각 영역의 평가내용을 구성하는 평가요소, 그리고 실제적인 평가의 척도로 사용하게 되는 평가준거라고 하는 위계적 구조로 설계된다. 다음 [그림 Ⅱ-3]은 이러한 본 평가연구의 위계적 구성요소를 나타내고 있다.

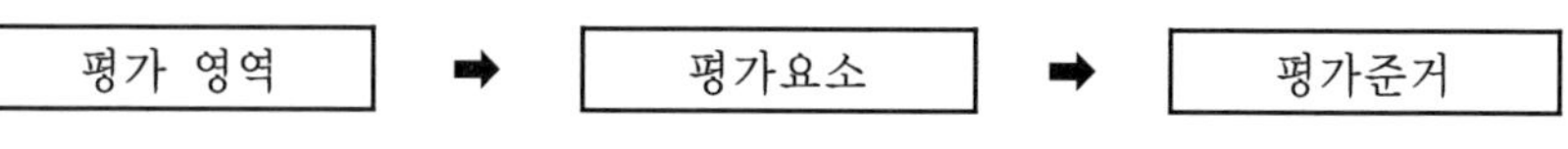

[그림 Ⅱ-3] 본 평가체제의 기본 구성요소

평가요소의 결정에서도 이론적 고찰과 함께 FGI를 통해 본 연구에서 초기에 설정한 평가요소에 대한 수정·보완이 이루어졌는데, 진술상의 문맥수정과 더불어 지나치게 일반대학교육과정의 측면에 치우친 것과 사내대학 교육의 궁극적인 목적에 부합되지 않는다고 의견이 모아진 내용들이 제외되었다. 부적절하다고 논의되어 최종적으로 제외된 평가요소들은 다음과 같다.

· 전체 졸업학점수의 적절성
· 교육과정이 회사에 대한 소속감을 고취시키기에 충분한지 여부
· 교양 과목 수의 적절성
· 신입생에 대한 오리엔테이션 프로그램의 적절성
· 학생자치 혹은 동아리 활동에 대한 지도가 잘 이루어지고 있는지 여부

다음은 교육 프로그램 평가 모형으로 제안되고 있는 평가절차(박도순, 1988; 배호순, 1994; Worthen & Sanders, 1987)와 사내대학의 특성이라고 할 수 있는 기업 교육적 측면(권대봉, 1994; 나일주, 1994; Nadler, 1973; Kirkpatrick, 1994)을 고려하여 본 연구에서 제안하고 있는 사내대학 교육과정의 평가 영역에 따른 평가요소에 대해 살펴보도록 하겠다.

첫째 영역은 사내대학 교육과정의 목적 결정과 관련된 부분으로, 교육이 필요하게 되는 상황(context)을 정확하고 합리적으로 파악하고 있는가를 판단하는 것이다. 물론 여기서의 '목적'이라 함은 '목표'와 구분되는 개념으로써 목적은 궁극적인 산출과 관련되는 일반적인 수준에서 진술되며, 목표는 목적의 구체적인 형태라고 할 수 있겠다(박도순, 1988). 즉 이 단계에서의 평가는 사내대학 교육과정이 왜 있어야 하는지에 대한 원초적인 근거를 파악하는 것으로서, 뒤이어 나오게 되는 교육과정의 목표와 설계를 결정하게 되는 출발점 혹은 구심점의 역할을 하게 되는 것이다. 본 영역을 구성하는 평가요소는 사내대학이 가지고 있는 기업적

특수성을 의미하는 요소들 즉 모기업의 사내대학 설립취지, 경영상의 요구(박준병, 1991; 박혜영, 1990; Allen, 1996; Wiggenhorn, 1990; Thompson, 1997), 교육요구 분석(Rossett & Arwady, 1987) 등과 더불어, 일반적인 교육과정 개발과정에서 보여주는 분명히 진술된 목적의 유무, 교육목적의 대표성, 교육과정 설계와의 연계성(박도순, 1988; 이종승, 1987; Stufflebeam, 1971; Stake, 1967) 등으로 되어 있다.

〈표 II-14〉 사내대학 교육과정의 평가 영역 1에 대한 평가요소

평가 영역 1. 사내대학 교육과정의 목적
평가요소 1. 사내대학 교육과정 목적 진술의 명확성
평가요소 2. 교육과정 목적의 사내대학 설립취지 반영
평가요소 3. 교육과정 목적의 모기업 경영상의 요구(needs) 반영 여부
평가요소 4. 사내대학 교육목적의 교육목표에 대한 대표성

두 번째 영역은 앞 단계의 교육과정 목적을 구체화시킨 교육과정의 목표 측면을 다루고 있다. 본 단계는 실질적이고 세부적인 사내대학 교육의 지향점을 나타내는 것으로 뒤이어 나오는 구체적인 교육과정의 설계와 실제적인 교육의 방법론을 결정하게 된다. 여기에 포함되는 평가요소는 목표의 명확한 진술과 목표의 근거가 되는 교육과정의 목적을 제대로 담고 있는가 하는 기본적인 요소(박도순, 1988; 이종승, 1987; Stufflebeam, 1971; Stake, 1967)와 함께 경영상의 요구를 실질적으로 달성하기에 적합한지와 학습자가 되는 종업원들의 특성에 적합하게 구성되어 있는지(나일주, 1997; 김순기, 1991; Thompson, 1997)를 평가하게 된다.

〈표 Ⅱ-15〉 사내대학 교육과정의 평가 영역 2에 대한 평가요소

평가 영역 2. 사내대학 교육과정의 목표
평가요소 1. 교육과정 목표 진술의 명확성
평가요소 2. 경영상의 요구를 토대로 한 교육요구 분석 여부
평가요소 3. 사내대학 학생(종업원)의 특성 분석 여부
평가요소 4. 교육목표의 성취가능성 여부

셋째 영역은 사내대학 교육과정의 설계이다. 이는 설정된 교육목적에 따라 구체적인 교육내용을 선정하고 구성하는 과정을 평가하는 것이다. 따라서 본 영역을 구성하는 평가요소에는 교육과정에 대한 설계과정의 합리성과 교육목표의 반영 여부(박도순, 1988; 이종승, 1987; 배호순, 1994; Stufflebeam, 1971; Stake, 1967)가 포함되며, 교과 교육과정의 내용과 편성이 사내대학이 추구하는 모기업 조직 내의 인적자원개발에 부응하는지(김진한, 1993; 박준병, 1991; Goldstein, 1986; Hannum & Hansen, 1989)를 평가하게 된다.

〈표 Ⅱ-16〉 사내대학 교육과정의 평가 영역 3에 대한 평가요소

평가 영역 3. 사내대학 교육과정의 설계
평가요소 1. 교육과정의 합리적인 설계에 위한 지침 마련 여부
평가요소 2. 교육과정 편성에서 사내대학 특유의 교육목표 반영 수준
평가요소 3. 전공의 이해를 돕기 위한 기초과목 편성의 적절성
평가요소 4. 모기업 인재개발전략의 교과 교육과정에의 반영 수준
평가요소 5. 직무훈련관련 교육과정 설계가 기업의 현업에서의 직무수행능력을 향상시키는 데 적절한지 여부
평가요소 6. 조직개발관련 교육과정 설계가 기업의 현업에서의 조직적응을 향상시키는 데 적절한지 여부
평가요소 7. 교육과정이 종업원의 개인적 진학 및 교육욕구를 충족시키고 있는지 여부

넷째 영역은 사내대학 교육과정의 적용 단계로서, 교육과정이 실제 시행될 때의 과정을 다루고 있다. 따라서 본 영역을 구성하는 평가요소는 교육과정이 계획된 대로 잘 적용되고 있는지(박도순, 1988; 배호순, 1994; Stake, 1973)와 교수-학습의 효과를 최대로 발휘하도록 제반 여건을 조성하고 있는가 하는 점들(권대봉, 1998; 나일주, 1994; Nadler, 1973; Hannum & Hansen, 1989)을 평가하게 되는 것이다.

<표 II-17> 사내대학 교육과정의 평가 영역 4에 대한 평가요소

평가 영역 4. 사내대학 교육과정의 적용
평가요소 1. 교육과정의 운영이 초기에 계획했던 대로 이루어지고 있는지 여부
평가요소 2. 전공교과의 수업은 현업의 상황과 적절히 연관되어 운영되는지 여부
평가요소 3. 교육과정이 시간계획 및 교수-학습의 효율적 방법을 명확히 제시하고 있는지 여부
평가요소 4. 교육과정은 교과에 적합한 교수(강사)를 배치하고 있는지 여부
평가요소 5. 교육과정의 각 교과를 학생들이 수월하게 학습하는지 여부
평가요소 6. 교육과정은 학생들의 자율적인 학습조직을 독려하는지 여부

다섯째 영역은 교육과정에서의 평가 부분으로서 교육과정을 통해 성취한 것이 무엇인지를 밝혀내는 부분이다. 본 영역을 구성하는 평가요소는 우선 기본적으로 교육과정의 목적과 목표를 얼마나 성취했는가와 그 결과의 활용 정도(박도순, 1988; 배호순, 1994; Worthen & Sanders, 1987), 그리고 사내대학 교육의 궁극적인 지향점이라고 할 수 있는 사업성과(생산성)에는 어느 정도 기여했는가(Cotroneo, 1991; Wiggenhorn, 1990; Phillips, 1991; Kirkpatrick, 1994)에 대한 요소들을 포함하고 있다.

〈표 Ⅱ-18〉 사내대학 교육과정의 평가 영역 5에 대한 평가요소

평가 영역 5. 사내대학 교육과정에서의 평가
평가요소 1. 체계적인 평가계획의 수립 여부
평가요소 2. 교육과정의 세 영역인 직무훈련, 개인교육, 조직개발에서의 교육목적 성취 수준
평가요소 3. 교육과정의 목표달성 정도에 대한 평가방법의 합리성
평가요소 4. 교육과정의 목표달성에 대한 평가결과가 교육과정의 개선을 위해 합리적으로 활용되고 있는지 여부
평가요소 5. 교육과정의 운영에서 의도되지 않은 성취의 확인
평가요소 6. 사내대학 교육과정의 모기업 사업성과(생산성 향상)에의 기여도

4. 사내대학 교육과정 평가체제의 설계

가. 평가 영역 1: 사내대학 교육과정의 목적

1) 평가요소 1: 사내대학 교육과정 목적 진술의 명확성

가) 평가의 근거

교육목적이란 구체적인 형태의 교육목표와 구분되는 개념으로써 교육의 궁극적인 산출과 관련된 일반적인 수준의 진술이라 할 수 있다(박도순, 1988). 목적이 비록 다소간의 모호성을 내포한다고 하여도 다음 단계로 구체화되는 교육목표의 설정을 위해서는 명확한 방향을 지시하고 있어야 하는 것은 물론이다. 궁극적인 교육의 산출이 무엇인지 분명할 때 이를 성취하기 위한 행동지침이 구체화될 수 있는 것이다. 이런 의미에서 사내대학 교육과정의 목적도 목표의 구체화를 명확히 이끌 정도

로 진술되어야 한다.

나) 평가의 목적

본 평가요소인 "사내대학 교육과정의 목적 진술의 명확성"을 평가함으로써 사내대학 교육이 궁극적으로 의도하고 있는 산출이 무엇인지가 명확하게 나타나 있는지를 파악하고, 다음 단계인 교육목표 구체화를 위한 정확한 방향을 제시하고 있는지를 알아보고자 하는 것이다.

다) 평가설계

(1) 평가준거
1-1. 사내대학 교육과정의 목적이 문서상 기술되어 있는가.
1-2. 사내대학 교육과정의 목적의 진술은 이해하기에 용이한가.
1-3. 사내대학 교육과정의 목적은 이를 통해 구체화된 목표를 세우기
    에 적합할 정도로 명확하게 진술되어 있는가.

(2) 평가 시 제한점
사내대학 교육과정 목적의 명확성을 객관적으로 평가하기 위해서는 문서상(서면으로) 진술된 목적을 근거로 하여야 하는데, 경영환경의 급격한 변화에 따라 경영전략상 긴급하게 설정된 목적이 문서상으로 진술되어(서면화) 있지 않은 경우는 평가하는 데 어려움이 있다.

(3) 평가에 필요한 정보
사내대학 교육과정 목적의 명확성을 평가하기 위해서는 문서상 진술된 교육목적을 확인하여야 하며, 각 교육목적을 부연 설명하고 있는 자료를 확보한다.

(4) 정보의 출처: 정보수집 방법

사내대학 설립기획안, 사내대학 교육과정 개발안, 사내대학요람, 사내대학 홍보 자료의 내용을 검토한다.

(5) 수집된 정보의 분석방법: 평가방법

각 평가준거에 대해 진술된 교육목적의 유무와 교육목적에 대한 의미전달의 수월성, 구성된 용어의 난해성, 문장의 난이도 등을 중심으로 한 이해용이성, 그리고 다음 단계인 구체적인 교육목표의 수립에의 연계 적절성 등에 대해 평점을 매기고 수집된 정보의 해석과 판단을 위한 서술적 방법을 이용하여 평가한다.

라) 평가결과의 보고

교육목적 진술의 명확성에 대해 각 평가준거에 따른 평가점수를 제시하고, 구체적인 명확성 판단은 서술적인 방법으로 보고한다.

2) 평가요소 2: 교육과정 목적의 사내대학 설립취지 반영

가) 평가의 근거

어떤 대학의 교육과정이든 그 대학의 설립이념과 취지를 반영하고 있고 또한 반영해야 하는 것이 당연하다 할 것이다. 특히 일반대학보다는 특성화 대학의 한 형태인 사내대학의 경우는 더욱 그러하다. 즉 사내대학의 설립취지인 고급산업인력 양성과 모기업의 인력개발전략을 포함한 미래경영전략은 사내대학의 교육과정에 충분히 반영되어야 한다(Allen, 1996; Wiggenhorn, 1990). 이는 사내대학 교육의 특성화를 반영할 뿐만 아니라 사내대학의 존립근거이기도 한 것이다.

나) 평가의 목적

본 평가요소인 "교육과정 목적의 사내대학 설립취지 반영" 수준을 평가함으로써 교육목적에 설립 주체인 모기업이 사내대학을 통해 추구하는 기본 이념과 방향을 반영하고 있는지를 알고자 하는 것이며, 이는 특성화 대학으로서의 사내대학의 이념과 그 설립취지가 교육목적에 수용되어 있는지를 파악하려는 것이다.

다) 평가설계

(1) 평가준거

2-1. 교육과정의 목적이 모기업의 인재양성 철학을 담고 있는가.

2-2. 교육과정의 목적이 모기업이 사내대학을 통해 성취하려는 경영목적을 반영하고 있는가.

2-3. 교육과정의 각 목적은 문서상에 진술된 설립취지의 내용을 반영하고 있는가.

(2) 평가 시 제한점

사내대학의 설립취지는 구체적으로 진술되어 있을 수도 있으나 그렇지 않은 경우 모기업의 인적자원개발에 관련된 경영전략을 반영한 자료를 확인하거나 사내대학 설립에 관여한 인사들을 통한 질적 자료에 의존해야 하는 한계가 있다.

(3) 평가에 필요한 정보

무엇보다도 사내대학의 설립취지에 관해 진술된 자료를 확인하는 것이 중요하며, 기술된 자료가 없는 경우 사내대학 설립에 관여한 인사의 인터뷰나 모기업의 인적자원개발 관련 자료를 검토한다.

(4) 정보의 출처: 정보수집 방법

사내대학 설립기획안, 사내대학요람, 사내대학의 각종 홍보 자료, 모기업의 인적자원개발 관련 경영전략 자료, 담당 인사와의 인터뷰를 통한 기술적 자료를 확인한다.

(5) 수집된 정보의 분석방법: 평가방법

각 평가준거에 대해 그 바람직한 정도를 평가하여 평점을 내고, 구체적인 설립취지의 반영 수준은 서술적인 방법으로 평가한다.

라) 평가결과의 보고

각 평가준거에 대한 평가점수를 제시하고, 그 구체적인 반영 여부와 수준에 대해서는 설립취지와 교육목적에 대한 서면 자료를 토대로 서술적으로 기록한 평가내용을 보고한다.

3) 평가요소 3: 교육과정 목적의 모기업 경영상의 요구(needs) 반영 여부

가) 평가의 근거

사내대학은 설립 주체인 모기업의 중장기 경영전략 및 인력개발전략의 범주하에 그 교육이 운영된다. 물론 일반대학에서와 같은 교양교육 차원의 내용이 포함되어 있지만 무엇보다도 그 교육과정의 내용은 모기업의 경영상 지향점을 반영하고 있는 것이다. 즉 사내대학은 모기업이 필요로 하는 인력양성에 대한 요구가 무엇인지 파악해야 하고 이를 교육과정의 중요한 방향타로 삼아야 한다(Allen, 1996). 따라서 사내대학 교육과정의 목적은 모기업의 경영상의 요구를 충분히 반영하여야 하는 것이다.

나) 평가의 목적

본 평가요소인 "교육과정 목적의 모기업 경영상의 요구 반영 여부"를 평가함으로써 사내대학 교육의 근간이라고 할 수 있는 교육목적이 모기업의 경영상의 요구를 반영하고 있는지를 확인하려는 것이며, 이를 통해 다음 단계인 구체적인 교육목표를 설정하는 데 합리적인 근거를 제공하는지 여부를 판단할 수 있을 것이다.

다) 평가설계

(1) 평가준거

3-1. 교육과정 목적 설정을 위한 모기업의 경영전략과 필요성에 관련한 자료가 있는가.

3-2. 교육과정 목적은 모기업의 전반적인 경영전략을 반영하고 있는가.

3-3. 교육과정 목적은 모기업의 인재양성계획을 반영하고 있는가.

3-4. 교육과정 목적은 모기업의 경영상의 전략적 요구를 신속하게 수용하고 있는가.

(2) 평가 시 제한점

교육과정 목적의 경영상 요구반영 여부를 평가함에 있어서 제한점이라고 할 수 있는 것은 모기업의 사업규모가 방대할 경우 경영상 요구에 관련된 자료를 신속히 혹은 충분히 파악하는 데 어려움이 있게 된다. 시장경제의 변화에 따라 모기업의 경영상의 요구도 분기별 혹은 보다 단기간 내에 시급한 필요로 인한 변동이 가능하다. 따라서 교육과정에 신속히 적용되는 경영상의 요구는 평가 자료로서 활용할 정도의 명백한 문서화 과정을 안 거쳤을 가능성이 존재하게 된다.

(3) 평가에 필요한 정보

초기에 교육내용과 교육목적을 선정할 때 이용한 모기업의 경영전략에 관련된 입안서, 계획서 등의 관련 자료를 중심으로 한 모기업의 주요 경영전략과 이를 성취하기 위해 사내교육에 요구하고 있는 내용과 교육과정의 각 교육목적들의 내용이 필요하다.

(4) 정보의 출처: 정보수집 방법

사내대학 자체 내에 보유하고 있는 기업의 홍보 자료와 사내대학의 기획 유관 부서가 보유하고 있는 경영전략, 인력개발전략 등과 사내대학교육을 통해 성취하고자 하는 모기업의 의도를 반영하는 서류, 사내대학 교육과정의 교육목적을 나타내는 계획안이나 대학요람을 확보한다.

(5) 수집된 정보의 분석방법: 평가방법

각 준거에 대해 배점에 따라 점수를 매기며, 그 구체적인 반영내용은 각종 자료의 출처를 밝히고 서술적인 방법으로 평가한다.

라) 평가결과의 보고

평가점수에 의한 평가를 하되 그와 같은 점수를 매기게 된 내용을 각 준거에 따라 구체적으로 진술함으로써 상세한 평가결과를 제시한다. 또한, 모기업의 경영상의 요구와 관련된 내용은 언제 입안된 내용인지 그 시기를 반영하고 변동가능성이 높은 경영전략과 관련된 것은 각주로 처리하여 첨가한다.

4) 평가요소 4: 사내대학 교육목적의 교육목표에 대한 대표성

가) 평가의 근거

교육목표는 교육목적의 구체화된 형태로서 학과와 교과 수준뿐만 아니라 그 하위 수준의 세부 영역에까지 설정되는 것이다. 따라서 교육목적은 이렇게 세부적인 단계까지 구체화되는 교육목표에 대해 대표성을 지녀야 한다(박도순, 1988). 교육목적이 그 하위단계로 구체화되는 교육목표들을 포괄할 때 이 각각의 교육목표의 성취를 통해 그 궁극적인 산출을 얻을 수 있는 것이다.

나) 평가의 목적

본 평가요소인 "사내대학 교육목적의 교육목표에 대한 대표성"을 평가함으로써 사내대학 교육목적이 그 하위 수준인 각각의 구체화된 교육목표를 포괄하는 대표성을 지니고 있는지를 파악하고자 하는 것이다.

다) 평가설계

(1) 평가준거

4-1. 문서상 각 교육목적에 따라 교육목표가 분류되어 기록되어 있는가.

4-2. 진술된 각 교육목표는 어떤 교육목적을 달성하기 위한 것인지 명확하게 구분되는가.

4-3. 진술된 교육목적을 달성하기 위해서 각각의 교육목표가 필수적인가.

(2) 평가 시 제한점

교육목적의 대표성을 확인하는 것은 뚜렷하게 객관적인 수치로 평가

하기 어려운 평가요소이다. 따라서 평가자의 주관적 평가에 의존하여야
하는 경우가 많다.

(3) 평가에 필요한 정보

명확하게 진술된 교육목적과 교육목표가 필요하다. 단, 중요하게 다뤄
지는 교육목적이 진술 자료로 되어 있지 않은 경우는 기획담당자 등 관
련 인사에 대한 인터뷰를 통해 해당 교육목적을 확인한다.

(4) 정보의 출처: 정보수집 방법

사내대학의 교육목적과 교육목표가 진술되어 있는 자체 홍보 자료나
대학요람, 혹은 교육과정 기획안 등에서 그 내용을 확인한다.

(5) 수집된 정보의 분석방법: 평가방법

각 평가준거에 대해 배점에 따라 평점을 매기고, 그 구체적인 평가내
용을 서술적으로 진술한다. 준거 4-2와 4-3에 대해서는 학생들에 의한
평정도 함께 실시하여 평가자의 평가와 함께 제시할 수 있다.

라) 평가결과의 보고

각 평가준거에 대해 평가한 평가점수를 평가자의 것과 학생 조사에
의한 평가결과를 함께 보고하고, 구체적인 교육목적의 대표성 여부에
대해 서술적으로 진술한 평가결과를 보고한다.

나. 평가 영역 2: 사내대학 교육과정의 목표

1) 평가요소 1: 교육과정 목표 진술의 명확성

가) 평가의 근거

교육목표는 목적과 달리 구체화된 성취행동을 나타낸다. 따라서 교육목표의 진술은 그것만으로 성취결과 혹은 성취행동이 무엇인지 드러나야 하며, 그를 통해 측정이 가능하여야 한다(Bloom, Hastings, & Madaus, 1971). 따라서 교육목표는 교육목적을 조작적으로 정의한 것으로서 목적과 달리 그 진술이 매우 명확해야 한다. 즉 목표 진술의 명료성은 이를 통해 구체적인 수업방법과 내용 및 평가방법까지 결정하게 되는 중요한 역할을 하게 되는 것이다.

나) 평가의 목적

본 평가요소인 "교육과정 목표 진술의 명확성"을 조사함으로써 사내대학 교육목표의 구체성과 이해용이성을 파악하고자 하는 것으로, 교육목표가 추구하고 있는 성취행동과 수준이 무엇인지를 분명히 진술하고 있는가를 알 수 있을 것이다.

다) 평가설계

(1) 평가준거
1-1. 사내대학 교육과정의 각 목표가 문서상에 진술되어 있는가.
1-2. 사내대학 교육과정의 각 목표는 그 의미가 무엇인지 이해하기에
    용이한가.

(2) 평가 시 제한점

사내대학의 규모가 커서 학과의 수나 운영되는 교과의 수가 방대할 경우에 구체화된 교육목표는 학과와 각 교과마다 매우 많으므로 모집단이라 할 수 있는 모든 교과를 전부 조사할 수 없게 된다. 따라서 전체 교과를 적절히 표집·선정하여 확인하여야 하는데, 이때 그 대표성 여부를 충분히 고려해야 한다.

(3) 평가에 필요한 정보

사내대학의 각 학과와 교과에 따라 문서상으로 진술된 교육목표가 필요하다.

(4) 정보의 출처: 정보수집 방법

교육목표는 주로 각 학과의 교육과정을 소개하고 있는 대학요람이나 교육과정 안내서에 정리되어 있으므로 이를 참조하고, 보다 세부적인 교육목표는 강의계획서를 검토한다.

(5) 수집된 정보의 분석방법: 평가방법

각 평가준거에 대해 배점에 따라 평점을 내고, 평가준거 1-2의 경우는 학생들과 교수의 평점도 함께 실시하여 같이 제시할 수 있다. 또한 그 구체적인 내용은 서술적인 방법으로 평가한다.

라) 평가결과의 보고

평가결과는 각 평가준거에 따라 평가자와 더불어 학생이나 교수의 평가결과를 함께 보고할 수 있으며 그 구체적인 평가내용을 서술적으로 진술하여 보고한다.

2) 평가요소 2: 경영상의 요구를 토대로 한 교육요구 분석 여부

가) 평가의 근거

요구 분석은 시초분석(front-end analysis), 요구사정(needs asse-ssment), 요구 분석(needs analysis), 격차분석(discrepancy analys-is) 등의 다양한 용어로 쓰이고 있다(허운나, 1993). 본고에서는 용어의 혼돈을 피하기 위하여 이를 '요구 분석'으로 통일하여 칭하기로 한다. 교육 프로그램이나 교육과정의 가장 이상적인 상태와 현실적인 상태의 차이를 요구라 하는데, 이러한 요구를 결정하는 과정을 바로 요구 분석이라 한다. 프로그램의 목표들이 적절치 못하거나 결함이 있는 경우 그 목표들을 수정하고, 타당한 목표를 만족시키는 데 필수적이고 유용한 도구들을 찾아내며, 이들 요구에 대한 중요도를 평정하는 등의 일을 말하는 것이다(교육평가연구회, 1994). 즉 사내대학의 교육목표가 사내대학을 통해 성취하려는 교육적 필요와 요구를 토대로 설정되었는지를 평가하는 것은 교육의 출발점이 타당성 있게 준비되었는지(Rossett & Arwady, 1987)를 가늠할 수 있게 된다.

나) 평가의 목적

본 평가요소인 "경영상의 요구를 토대로 한 교육요구 분석 여부"를 평가함으로써 사내대학의 교육목표가 그 이해관련자들의 요구(needs)를 합리적인 방법을 이용하여 반영하고 있는지를 알아보고자 하는 것이다. 이는 불필요한 교육을 줄이고 효율적인 교육목표 선정을 위한 중요한 구실을 하게 된다.

다) 평가설계

(1) 평가준거

2-1. 교육과정을 계획하기 위하여 요구 분석을 하는가.

2-2. 교육요구 분석은 모기업의 경영상의 요구를 적절히 반영하고 있
　　 는가.

2-3. 교육요구 분석은 사내대학의 주요 구성원인 교수와 학생의 요구
　　 를 적절히 반영하고 있는가.

2-4. 교육요구 분석결과는 교육과정 편성에 적절히 반영되고 있는가.

(2) 평가 시 제한점

교육과정의 편성 시 단순히 요구 분석의 결과만을 토대로 하는 것이
아니므로 교육요구 분석의 반영 수준이 어느 정도가 충분한가를 결정하
는 데 어려움이 있을 수 있으며, 평가준거 2-1에서 요구 분석이 비형식
적으로 이루어졌을 경우 나머지 평가준거를 조사하는 데 어려움이 있다.

(3) 평가에 필요한 정보

요구 분석 기획서나 담당자 인터뷰를 통해 교육요구 분석의 여부를
확인해야 하고, 그 반영 정도를 확인하기 위해서는 교육요구 분석의 결
과와 교육과정 기획회의록, 교육과정 편성에 관한 내용이 필요하다.

(4) 정보의 출처: 정보수집 방법

교육요구 분석의 여부를 판단하기 위해서는 요구 분석 계획서나 담당
자의 확인이 필요하며, 그 반영 정도를 평가하기 위해서는 교육요구 분
석결과를 정리한 중간 혹은 최종보고서, 교육과정 기획회의록, 그리고
교육과정 편성을 보여주는 대학요람이나 안내서를 확인한다.

(5) 수집된 정보의 분석방법: 평가방법

평가준거 2-1은 요구 분석의 여부만을 확인하는 것으로 담당자의 확인을 거치거나 요구 분석 계획서나 보고서의 존재를 확인한다. 나머지 평가준거에 대해서는 요구 분석결과보고서와 교육과정 기획회의내용, 그리고 교육과정 편성을 보여주는 대학요람 등을 비교 검토한다. 또한 교육기획 담당자들의 의견을 청취하여 평가점수를 매기고(이때 기획담당자나 교수의 평점을 실시하여 첨부할 수도 있다), 그 구체적인 내용에 대해서는 서술적인 방법으로 평가한다.

라) 평가결과의 보고

교육요구 분석의 존재 여부는 확인할 수 있는 문건이나 담당자를 확인하여 보고하고, 그 반영 수준에 대한 내용은 기본적으로 평가점수로 보고하며 반영내용은 서술적인 방법으로 상세히 보고한다. 여기에는 평가자 이외에 교육기획 담당자들의 평가점수와 의견도 함께 보고할 수 있다.

3) 평가요소 3: 사내대학 학생(종업원)의 특성 분석 여부

가) 평가의 근거

교육과정을 설계함에 있어서 교육에 참여하는 학습자에 대한 분석은 교육내용의 폭과 수준에 대한 결정뿐만 아니라 적절한 교수방법과 환경을 구성하는 데 중요한 역할을 하게 된다(나일주, 1997). 특히 사내대학 학생의 경우는 전형적인 성인학습자의 특성을 갖는데, 이는 교육대상이 사내 종업원(직원)이기 때문이다. 따라서 학생들의 연령은 대체로 다양하고, 그 출신과 배경, 그리고 사전 학습준비도 수준에 있어서도 매우 다르게 된다. 이러한 사내대학 학생의 특성은 교육과정 편성 이전에 학습자 특성에 관한 분석이 매우 필요함을 말해 주고 있는 것이다.

나) 평가의 목적

본 평가요소인 "사내대학 학생(종업원)의 특성 분석 여부"를 평가함
으로써 사내대학 교육목표가 그 학습자들의 특성을 적절히 반영하고자
하는 노력을 기울이고 있는가를 알아보고자 하는 것이다. 이는 다음 단
계로 진행되는 사내대학 교육과정의 구체화(편성)가 학습자들에게 적합
한지를 가늠하게 되는 중요한 척도의 역할을 하게 된다.

다) 평가설계

(1) 평가준거
3-1. 사내대학 학생들에 대한 특성 분석(학습자 분석)이 있었는가.
3-2. 사내대학 학생들의 특성 분석(학습자 분석)은 교육과정 편성에
    적절히 반영되고 있는가.

(2) 평가 시 제한점
사내대학에서 학습자 분석을 계량적인 방법이 아닌 질적 접근(관계자
회의 등)을 하였을 경우에는 그 반영 정도에 대한 판단을 내리는 데 있
어서 객관적인 자료를 토대로 하기 어려운 점이 있다.

(3) 평가에 필요한 정보
학습자 분석을 확인할 수 있는 서면 자료나 담당자의 확인이 필요하
며, 학습자 분석의 결과와 반영에 관한 내용을 확인하여야 한다.

(4) 정보의 출처: 정보수집 방법
학습자 분석의 여부는 학습자 특성 분석에 관한 계획서나 보고서, 또

는 경우에 따라서 담당자의 확인을 거칠 수 있다. 그리고 학습자 특성 분석의 반영 수준을 평가하기 위해서는 학습자 분석에 관한 결과보고서나 회의보고서, 그리고 교육과정 기획회의록을 확인한다.

(5) 수집된 정보의 분석방법: 평가방법

평가준거 3-1의 학습자 분석의 여부는 문서 자료나 혹은 담당자를 통해 확인하고, 그 반영 여부는 학습자 분석결과보고서나 회의보고서를 확인하여 이를 대학요람 등 교육과정의 편성을 보여주는 자료와 대조하여 판단한다. 이때 판단은 평점과 서술적인 방법의 두 가지로 나누어 평가하고 이는 평가자뿐만 아니라 교육기획 담당자와 교수에게도 평점과 의견청취를 하여 첨부할 수 있다.

라) 평가결과의 보고

학습자 분석 여부를 확인할 수 있는 문서상 자료나 담당자 인터뷰 내용을 정리하고, 반영 수준에 대한 평가자와 교육기획 담당자, 교수의 평가점수와 기술적 진술 자료를 제시할 수 있다.

4) 평가요소 4: 교육목표의 성취가능성 여부

가) 평가의 근거

교육목적을 구체화한 교육목표는 바로 교육내용으로 연결될 수 있어야 하고, 교육목표 자체가 평가를 위한 하나의 준거 혹은 기준의 역할을 할 수 있어야 한다. 즉 진술된 교육목표에서 이 교육을 통해 무엇을 성취할 것인지 그 변화된 모습을 나타내고 있어야 하는 것이다(Bloom, Hastings, & Madaus, 1971). 따라서 교육목표는 당연히 성취 혹은 변화가 가능해야 한다. 교육목표가 구체적인 성취 여부를 쉽게 판단하기 어려운 교육목적과 다른 차별성이 바로 여기에 있는 것이다.

나) 평가의 목적

본 평가요소인 "교육목표의 성취가능성 여부"를 조사함으로써 각 교육목표들이 사내대학의 교육을 통해 성취 혹은 변화해야 하는 모습을 구체적으로 담고 있어서 그의 성취가 실현가능한지를 판단하고자 하는 것이다.

다) 평가설계

(1) 평가준거

4-1. 진술된 교육목표는 해당 교육을 통해 성취 혹은 변화된 모습을 구체적으로 담고 있는가.

4-2. 진술된 교육목표는 해당 교육을 통해 학습자들이 현실적으로 성취 가능한가.

(2) 평가 시 제한점

아직 운영되지 않은 교육목표의 경우에는 그 성취가능성이 객관적인 자료보다도 평가자나 관련 담당자의 주관적 견해에 의존하게 될 수 있다.

(3) 평가에 필요한 정보

문서상에 진술된 교육목표를 검토하고, 보다 객관적인 자료를 얻기 위해서는 학생들의 실제 교육목표 성취 정도라고 할 수 있는 학업성적(학점)의 변화 혹은 분포를 확인한다.

(4) 정보의 출처: 정보수집 방법

각 학과와 세부 교육목표를 보여주는 대학요람이나 교육과정 안내서를 참고하며, 학생들의 성적기록 자료를 통한 성적의 증감을 확인할 수 있다.

(5) 수집된 정보의 분석방법: 평가방법

평가준거 4-1은 평점과 서술적인 방법을 통해 평가한다. 준거 4-2는 진술된 목표 자체에 대해 평가자와 학생이 함께 평점과 서술적 방법으로 평가하고, 또한 학생들의 성적을 성적기록표나 설문을 통해 조사하여(사내대학의 규모가 큰 경우에는 표집조사를 함) 학업성취 정도(분포)를 분석하며 탈락이나 낙제비율을 조사한다.

라) 평가결과의 보고

진술된 교육목적의 구체성과 실현가능성에 대한 평가점수를 기록하고 그러한 판단의 근거를 서술적인 방법을 통해 학생의 의견과 함께 보고할 수 있다. 또한 학생들의 학업성취 수준(분포)에 대한 보고를 평가자의 해석과 함께 보고한다.

다. 평가 영역 3: 사내대학 교육과정의 설계

1) 평가요소 1: 교육과정의 합리적인 설계를 위한 지침 마련 여부

가) 평가의 근거

교육과정을 교육목적과 세부 교육목표에 부합하도록, 그리고 의도한 성취를 극대화하도록 하기 위해서는 초기 설계단계의 합리성을 확보해야 한다(이성호, 1982). 이러기 위해서는 합리적 설계의 절차를 문서화하여 그 구체적인 지침을 두어야 한다. 이는 교육과정이나 교육 프로그램 개발자의 교체나 이들의 주관적인 판단에 의해 교육과정 설계가 좌우되는 일을 통제할 수 있으며, 개발상 문제가 있는 부분은 그 개선방향이 송환(feedback)되어 다시 수정된 기록으로 남김으로써 설계상의 체계성과 합리성을 지속적으로 유지할 수 있는 것이다.

나) 평가의 목적

본 평가요소인 "교육과정의 합리적인 설계를 위한 지침 마련 여부"를 평가함으로써 사내대학 교육과정을 기획하는 데 지속적인 합리성을 유지하고 있는가를 파악하고자 하는 것이다.

다) 평가설계

(1) 평가준거

1-1. 교육과정 설계에 관한 지침이 문서상 제시되어 있는가.

1-2. 교육과정을 설계할 때 일관된 체계성을 갖기 위해 노력하고 있는가.

(2) 평가 시 제한점

평가준거 1-1인 교육과정의 설계에 관한 지침이 문서상 제시되어 있지 않을 경우에는 교육과정의 설계를 일관된 체계성을 가지고 기획하였는지에 관한 내용은 담당자의 주관적 의견청취를 통해 할 수밖에 없게 된다.

(3) 평가에 필요한 정보

문서화되었거나 혹은 그렇지 않더라도 교육과정 설계 시 지켜야 할 지침에 관련된 내용의 확인이 필요하다.

(4) 정보의 출처: 정보수집 방법

교육과정 설계 시 지켜야 하는 지침과 관련된 서면화된 자료를 확인하고, 문서화되어 있지 않은 형태로 존재한다면 교육과정 기획담당자에게 직접 청취한다.

(5) 수집된 정보의 분석방법: 평가방법

평가준거 1-1은 교육과정의 지침을 나타내는 관련 서류의 유무를 확인하면 되고, 평가준거 1-2의 경우는 교육과정 기획 및 설계 회의록 등의 문서화된 내용을 검토하거나 문서화되어 있지 않은 경우에는 담당자의 인터뷰를 통해 설계 시 체계성에 관한 노력이 있었는지를 판단하여 평점하고 그 구체적인 내용은 서술적인 방법으로 평가한다.

라) 평가결과의 보고

교육과정 설계 시의 지침을 제시해 놓은 문서의 유무를 그 출처와 함께 보고하고, 설계 시 체계성을 유지하기 위해 얼마나 노력하였는지 여부에 대해서는 관련 문서와 기획담당자의 인터뷰를 통해서 확인하여 평가점수와 함께 서술적 방법으로 보고한다.

2) 평가요소 2: 교육과정 편성에서 사내대학 특유의 교육목적 반영 수준

가) 평가의 근거

사내대학의 교육과정이 일반대학의 교육과정과 차별성을 띠어야 하는 것은 당연하다 할 수 있다. 이는 그 설립취지나 교육목적에 있어서 서로 상이한 점이 많기 때문인데, 즉 사내대학은 산업체가 필요로 하는 산업인력으로서의 고등 기술인력을 길러내는 데 그 교육의 근간이 있는 것이다. 따라서 사내대학의 교육과정은 이러한 사내대학 특유의 교육목적을 충분히 반영할 때 그 교육의 의의를 갖는다고 할 수 있겠다(박준병, 1991; 박혜영, 1990; Allen, 1996).

나) 평가의 목적

본 평가요소인 "교육과정 편성에서 사내대학 특유의 교육목적 반영 수준"을 평가함으로써 사내대학이 궁극적으로 추구하고자 하는 교육목적(예를 들어, 고등 기술인력 양성 등)을 교육과정에 충분히 반영하고 있는지를 알아보고자 하는 것이다.

다) 평가설계

(1) 평가준거

2-1. 교육과정 편성 시에 사내대학의 특수성을 반영하고자 노력하고 있는가.

2-2. 편성된 교육과정에 사내대학이 추구하는 모기업이 필요로 하는 고등 기술인력 육성과 관련된 교과가 충분한가.

(2) 평가 시 제한점

사내대학의 규모나 학과의 수가 방대할 경우 교육과정 전체의 내용을 검토하기 어렵기 때문에, 교육과정에 사내대학의 특수한 교육목적에 대한 반영 여부를 주로 교과명에 의해 판단하기 쉽다.

(3) 평가에 필요한 정보

최초 교육과정 편성 시에 사내대학의 특수성을 반영하는 노력을 했는지에 관련된 당시 회의록이나 담당자의 진술을 확인하고 이미 편성된 전체 교과 교육과정의 내용을 검토한다.

(4) 정보의 출처: 정보수집 방법

교육과정 편성 시의 회의록이나 관련 서류를 확인하고 기획담당자의 진술을 확보하며, 대학요람 등 교과 교육과정 편성내용이 나와 있는 전체 교육과정을 검토한다.

(5) 수집된 정보의 분석방법: 평가방법

평가준거 2-1은 교육과정 편성 시의 회의록이나 관련 서류, 기획담당자의 진술 등을 통해 사내대학 특유의 교육목적(예, 모기업이 필요로 하는 고등 기술인력 양성 등)을 반영하려는 노력이나 시도를 얼마나 했는지 평점 및 기술하고, 준거 2-2의 경우는 대학요람 등 전체 교과 교육과정을 보여주는 자료를 토대로 사내대학의 특수성 즉 현업이 요구하는 고등 기술인력 양성에 관련된 교과의 비율이 충분한지를 판단하여 평점과 그 내용을 서술하여 평가한다.

라) 평가결과의 보고

우선 각 평가준거에 대해 평가점수를 기록하며, 평점의 근거와 구체적인 평가내용은 서술적인 방법으로 보고한다.

3) 평가요소 3: 전공의 이해를 돕기 위한 기초과목 편성의 적절성

가) 평가의 근거

사내대학은 기본적으로 자사 내에 있는 비진학 직원(종업원)들이 교육대상이 되며, 따라서 이러한 학생들의 특성 역시 대학진학 준비 위주의 인문계열보다는 대부분의 경우 실업계열 출신이 많은 것이 사실이다. 우리나라의 실업계가 기초적인 도구과목보다는 직업기술교육을 위주로 운영되는 현실을 감안할 때 사내대학 학생들이 대학 수준의 전공교과를 학습하는 데 충분한 기초지식에 대한 교육이 보다 필요하게 된다(김형주, 1998a; 박혜영, 1990). 이는 일반대학과는 차별화된 사내대학만의 독특한 특수성이라고 할 수 있는 것으로 기초과목의 중요성은 매우 크다 할 것이다.

나) 평가의 목적

본 평가요소인 "전공의 이해를 돕기 위한 기초과목 편성의 적절성"을 평가함으로써 사내대학 학생들의 교육 준비도에 따른 교육과정의 편성이 적절히 이루어져 있는가를 판단하고자 하는 것이다.

다) 평가설계

(1) 평가준거
3-1. 교육과정에 각 전공과목과 연관된 기초과목들이 편성되어 있는가.
3-2. 기초과목들은 전공과목의 이해를 돕기 위한 전공과 연관된 기초지식들로 구성되어 있는가.

(2) 평가 시 제한점
각 전공과목에 연계된 가장 적절한 기초과목이 무엇인지에 대한 것과 기초교과 내에 구성되어 있는 내용의 적절성을 판단하는 것은 그 전공영역에 대한 매우 전문적인 식견이 요구되는 것이기 때문에 평가자의 전문성만으로 판단하는 데는 한계가 있을 수 있다.

(3) 평가에 필요한 정보
교육과정에 편성되어 있는 전공과목과 기초과목에 대한 목록이 필요하고 각 교과의 내용을 파악할 수 있는 자료가 필요하다.

(4) 정보의 출처: 정보수집 방법

교육과정의 각 교과 편성을 보여주는 대학요람이나 교육과정 편성 자료를 확보하며, 교과의 내용을 간략히 소개하고 있는 대학요람을 검토하고, 보다 상세한 내용을 조사하기 위해서는 각 교과의 수업계획서를 확보한다.

(5) 수집된 정보의 분석방법: 평가방법

평가준거 3-1은 전공교과에 해당되는 기초과목을 확인하여 기초교과가 충분히 편성되어 있는지를 판단하고, 준거 3-2의 경우는 각 교과의 교육내용을 소개한 자료들을 검토함으로써 그 내용의 전공 연계성과 적절성을 판단한다. 이때 전문성을 요하는 전공교과의 경우는 해당 전공 교수나 강사의 협조를 얻는다.

라) 평가결과의 보고

전공과목에 따른 기초과목의 편성은 각 교과를 확인하여 보고하고, 편성의 충분성과 내용의 적절성에 대해서는 평가자가 각 교과의 내용검토를 통해 판단한 것을 평가점수와 함께 서술적 평가결과를 보고한다.

4) 평가요소 4: 모기업 인재개발전략의 교과 교육과정에의 반영 수준

가) 평가의 근거

교과 교육과정의 편성은 기본적으로 모기업의 인재개발전략이 충분히 반영되어 있어야 한다. 이는 사내대학교육의 특수성 때문이기도 한데, 사내대학은 비진학 종업원의 진학욕구 혹은 계속 교육적 욕구를 충족시키고 있기도 하지만 그보다 먼저 인재개발을 통한 모기업의 생산성 증대라는 측면을 강조하고 있기 때문이다(Allen, 1996; 박준병, 1991; 박혜영, 1990). 따라서 교과 교육과정에 모기업의 인재개발전략의 시기적 절한 반영은 사내대학 교육의 질을 결정하게 되는 매우 중요한 요소라고 할 수 있다.

나) 평가의 목적

본 평가요소인 "모기업 인재개발전략의 교과 교육과정에의 반영 수준"을 평가함으로써 사내대학 교육의 궁극적인 지향점인 인재양성을 통한 모기업의 생산성 증대를 위해 교과 교육과정이 적절히 편성되고 있는지를 알아보기 위한 것이다.

다) 평가설계

(1) 평가준거
4-1. 모기업의 인재양성전략이 문서상으로 제시되어 있는가.
4-2. 모기업의 인재양성전략이 교과 교육과정 편성 시에 적절히 반영되고 있는가.

(2) 평가 시 제한점
모기업의 인재양성전략에 관한 내용이 어느 정도의 구체성을 띠고 있는가는 산업체마다 다양할 수밖에 없으며 또한 이것이 문서화되어 있는 경우도 교육과정 편성 시 적절히 반영되었는가 하는 것은 객관적인 지표로 분석하기가 쉽지 않다.

(3) 평가에 필요한 정보
진술되어 있는 모기업의 인재양성전략에 관한 문건의 확보와 교과 교육과정의 편성 혹은 기획 회의록이나 편성 자료와 관련된 내용을 확인한다.

(4) 정보의 출처: 정보수집 방법

모기업의 인재양성전략이 진술되어 있는 문서와 교육과정 편성 혹은 기획 회의록과 이미 편성되어 있는 교과 교육과정 전체를 살펴볼 수 있는 대학요람이나 교육과정 편성에 관한 자료를 확인한다.

(5) 수집된 정보의 분석방법: 평가방법

일단 사내대학 내에 모기업의 인재양성전략에 관한 내용을 담고 있는 자료를 보유하고 있는가를 확인하고, 편성 시의 반영 여부는 회의록과 관련 기록문건을 확인하거나 담당자와의 인터뷰 자료를 통해 판단하여 평점하고 구체적인 내용은 서술적 방법으로 평가한다.

라) 평가결과의 보고

먼저 모기업의 인재양성전략에 관한 문건이 있는지 그리고 어떤 문서인지를 보고하고, 교과 교육과정 편성에의 반영 수준은 평가자의 평점과 함께 기술적인 방법에 의한 평가결과를 보고한다.

5) 평가요소 5: 직무훈련관련 교육과정 설계가 기업의 현업에서의 직무 수행능력을 향상시키기에 적절한지 여부

가) 평가의 근거

설립목적상 사내 직원(종업원)을 대상으로 하여 기업 교육적 특성을 갖게 되는 사내대학은 그 교육과정에서도 직무훈련과 관련된 내용이 핵심적인 부분이다(Nadler, 1979). 즉 모기업이나 관련 산업체의 생산성 증대와 연계되는 현업의 직무관련 교육을 제외한 사내대학의 교육과정은 생각할 수 없기 때문이다. 따라서 사내대학 교육과정에서 직무훈련과 관련된 편성의 적절성은 사내대학 교육의 질을 결정하는 매우 중요한 영향을 미치게 될 것이다.

나) 평가의 목적

본 평가요소인 "직무훈련관련 교육과정 설계가 기업의 현업에서의 직무수행능력을 향상시키기에 적절한지 여부"를 조사함으로써 사내대학 교육의 핵심요소인 현업의 직무와 연관된 교육과정이 적절히 편성되어 있는지를 판단하기 위함이다.

다) 평가설계

(1) 평가준거

5-1. 직무훈련관련 교과는 충분히 편성되어 있는가.

5-2. 직무훈련관련 교육과정은 현업의 실제 직무 상황과의 연계성이 적절한가.

(2) 평가 시 제한점

본 평가요소를 평가하기 위해서는 모기업의 업의 특성과 실제 현업의 직무 상황을 파악하고 있어야 정확한 판단을 할 수 있기 때문에, 모기업의 규모가 크고 업종이 다양할수록 평가자뿐만 아니라 사내대학 관계자도 현업의 각 업종이나 직무에 대해 충분히 파악하는 데 한계가 있을 수 있다.

(3) 평가에 필요한 정보

모기업의 업의 특성과 현업의 직무 유형, 그리고 교육과정의 편성내용 등을 파악한다.

(4) 정보의 출처: 정보수집 방법

회사홍보 자료와 사내연수용 자료 등을 검토하여 모기업의 업의 특성과 유형을 파악한다. 그리고 교육과정의 구성을 살펴보기 위해서는 대학요람이나 교육과정 편성 자료를 검토한다. 보다 실제적인 정보의 수집을 위해서는 현업 부서원에게 직접 수집하며, 해당 분야 전문가들의 판단도 확보할 수 있다.

(5) 수집된 정보의 분석방법: 평가방법

본 평가요소의 준거들을 평가하기 위해서는 모기업의 업의 특성과 함께 직무의 특성과 유형을 파악해야 하는데, 이를 위해서는 회사홍보 자료와 사내연수용 자료 등을 파악하고 이를 사내대학의 교과 교육과정 편성 자료나 대학요람의 편성표와 비교한다. 그리고 직무훈련과 연관된 교과 편성의 충분성과 현업 연계성을 판단하여 평점하고 그 근거로서 직무훈련관련 교과의 비율과 빈도를 제시할 수 있다. 경우에 따라서 평가자가 직무의 전문성을 일일이 판단하기 어려울 때는 해당 교과의 교수나 담당자의 의견을 수렴하여 평가한다.

라) 평가결과의 보고

우선 각 준거에 대한 평가자의 평가점수를 제시하고 그 근거로서의 서술적 평가결과를 보고한다.

6) 평가요소 6: 조직개발관련 교육과정 설계가 기업의 현업에서의 조직적응을 향상시키기에 적절한지 여부

가) 평가의 근거

사내대학뿐만 아니라 기업에서 수행하는 교육은 궁극적으로 생산성의 향상을 염두에 둔다고 할 수 있겠는데, 이는 단순히 직무와 관련된 교육으로서 만족시킬 수 있는 것이 아니다. 기업이나 산업체는 하나의 조직으로서 그리고 하위의 단위조직들의 통합으로서 존재하기 때문에 종사자들의 조직력 즉 자신이 속한 조직을 어떻게 효율적이고 효과적으로 운영하는가 하는 문제 역시 생산성을 결정하는 데 중요한 영향을 미치게 되는 것이다(Nadler, 1979). 따라서 조직개발과 관련된 교육과정은 사내대학의 중요한 교과 교육과정으로서 다루어져야 하는 것이다.

나) 평가의 목적

본 평가요소인 "조직개발관련 교육과정 설계가 기업의 현업에서의 조직적응을 향상시키기에 적절한지 여부"를 평가함으로써 기업의 생산성 향상에 영향을 미치는 조직운영의 효율성과 효과성을 극대화하는 데 사내대학 교육이 기여하고 있는지를 판단하고자 하는 것이다.

다) 평가설계

(1) 평가준거
6-1. 조직개발관련 교과는 충분히 편성되어 있는가.
6-2. 조직개발관련 교육과정은 현업의 실제 조직운영 상황과의 연계성이 적절한가.

(2) 평가 시 제한점
본 평가요소를 조사하기 위해서는 현업에서의 조직운영 지침과 조직풍토를 파악하고 있어야 하는데 모기업의 규모가 클 경우 이를 충분히 파악하는 데는 한계가 있을 수 있다.

(3) 평가에 필요한 정보

모기업의 조직운영지침이나 관례 혹은 조직풍토를 나타내는 자료나 직원들의 의견이 필요하고 사내대학의 교과 교육과정 편성내용도 필요하다.

(4) 정보의 출처: 정보수집 방법

모기업의 조직운영지침과 관례 혹은 조직풍토를 나타내고 있는 서면화된 자료, 예를 들어 사내연수 자료나 대외홍보 자료를 참조하고 현업 종사자들의 의견을 수집하여 사내대학의 교과 교육과정 편성내용과 비교한다.

(5) 수집된 정보의 분석방법: 평가방법

모기업의 조직운영지침과 관례 및 조직풍토와 관련된 자료를 검토하고 이를 사내대학 교과 교육과정 편성과 비교하여 그 충분성과 적절성에 대한 평점을 매기고 조직개발과 관련된 교과의 구성과 비율 및 빈도를 산출하여 제시할 수 있다. 이에 대해서는 현업 종사자와의 인터뷰를 통한 의견수렴과 이들의 평점도 함께 시행할 수 있다.

라) 평가결과의 보고

각 준거에 따른 평가점수를 보고하고 그 구체적인 분석결과를 제시한다. 평가자 이외에 현업종사자의 인터뷰 내용이나 평점결과를 추가하여 보고할 수 있다.

7) 평가요소 7: 교육과정이 종업원의 개인적 진학 및 교육욕구를 충족시키고 있는지 여부

가) 평가의 근거

사내대학의 교육은 기업 교육적 특성뿐만 아니라 비진학 취업자들의 진학욕구와 성인계속교육의 욕구를 충족시키는 데에도 기여하게 된다. 따라서 사내 종사자들의 일부가 학생이 되는 사내대학의 교육과정이 이러한 욕구를 만족시키기 위해서는 일반대학의 고등교육적 요소를 갖추고 있어야 한다(Nadler, 1973; 박혜영, 1990). 이는 사내대학이 일반 기업 내의 연수원과 차별화되는 점이기도 하다.

나) 평가의 목적

본 평가요소인 "교육과정이 종업원의 개인적 진학 및 교육욕구를 충족시키고 있는지 여부"를 조사함으로써 사내대학 교육이 비진학 종업원의 고등교육에의 욕구와 평생교육적 측면의 욕구를 만족시키는 데 기여하고 있는지를 판단하고자 하는 것이다.

다) 평가설계

(1) 평가준거

7-1. 교육과정에 일반대학의 고등교육적 요소가 적절히 편성되어 있는가.

7-2. 교육과정에 성인계속교육을 위한 요소가 적절히 편성되어 있는가.

(2) 평가 시 제한점

사내대학의 교육과정에서 사내 종업원의 진학욕구나 성인교육적 특성이 어느 정도 편성되는 것이 적절한가 하는 것은 평가대상인 각 사내대학과 그 모기업의 특수성에 좌우되기 때문에 일정한 기준을 갖기 어렵다.

(3) 평가에 필요한 정보

문서상 사내대학 교과 교육과정의 편성내용을 확인한다.

(4) 정보의 출처: 정보수집 방법

교과 교육과정의 구체적인 내용과 편성을 보기 위해서는 대학요람이나 편성 자료를 검토하고, 서면화되지 않은 교육과정 운영에 대해서는 담당자의 의견을 수집한다.

(5) 수집된 정보의 분석방법: 평가방법

대학요람이나 교육과정 편성 자료를 검토하여 고등교육적 요소와 성인교육적 요소가 적절히 반영된 교과들이 편성되어 있는지 그 적절성을 사내대학의 특수성을 감안하여 평점하며 그 구체적인 편성비율과 빈도를 산출하여 제시할 수 있다. 또한 서면화되지 않고 운영되고 있는 부분은 담당자의 인터뷰를 통해 파악하여 평가한다.

라) 평가결과의 보고

우선 각 준거에 대한 평가점수를 제시하고, 기술적 혹은 산술적 분석을 통한 평가결과를 함께 보고한다. 보고 시에는 평가대상인 해당 사내대학이나 모기업의 특수성을 함께 보고한다.

라. 평가 영역 4: 사내대학 교육과정의 적용

1) 평가요소 1: 교육과정의 운영이 초기에 계획했던 대로 이루어 지고 있는지 여부

가) 평가의 근거

교육과정의 편성과 운영 스케줄은 학기단위나 혹은 학년단위로 수립하게 된다. 실제 교육 상황에서 계획된 대로 교육과정이 적용되는가를 파악하는 것은 초기 계획안의 시행상 적합성과 운영의 수월성을 파악할 수 있게 한다(이종승, 1987; 박도순, 1988). 이는 다음 계획안 수립에 객관적인 송환(feedback) 자료로서 영향을 미치게 되며, 운영상의 문제점을 확인하여 개선하는 데 일조할 수 있게 된다.

나) 평가의 목적

본 평가요소인 "교육과정의 운영이 초기에 계획했던 대로 이루어지고 있는지 여부"를 평가함으로써 사내대학 교육과정의 편성과 운영계획이 실제 교육수행 상황에서 적절히 운영되고 있는지를 파악하고자 하는 것으로 즉각적인 개선과 차기 계획수립에서의 개선을 도모하기 위함이다.

다) 평가설계

(1) 평가준거

1-1. 계획했던 교육과정의 시간운영은 적절히 이루어지고 있는가.

1-2. 편성된 교과 교육과정은 빠짐없이 운영되고 있는가.

(2) 평가 시 제한점

교육과정의 운영이 초기에 계획했던 대로 이루어지고 있는지를 파악할 때 초기의 계획이 부실했을 경우는 정확한 판단을 하기 어렵게 된다.

(3) 평가에 필요한 정보

초기에 계획했던 교육과정 편성과 시간운영표를 파악하고 그에 따라 운영되어 왔는지에 대한 정보를 확인한다.

(4) 정보의 출처: 정보수집 방법

학기단위나 학년단위, 혹은 전 학년의 교육과정 편성표(혹은 계획표)와 운영 스케줄을 나타내는 대학요람이나 과정운영안 등의 자료를 확보하고 운영 실태에 대해서는 담당자의 의견을 수집한다.

(5) 수집된 정보의 분석방법: 평가방법

일단 시간계획표와 과정운영안 등을 검토하고 실제 교육과정 운영담당자의 인터뷰와 폐강 관련 보고서 등을 통해 평가한다. 이때 각 평가준거에 대해 담당자의 인터뷰 자료를 토대로 평점을 한다. 물론 교육과정 운영담당자가 평가자라면 바로 평가가 이루어질 수 있게 된다.

라) 평가결과의 보고

평가점수와 함께 그 운영결과에 대해 학기단위나 학년단위 혹은 그 밖의 세부적인 단위로 검토한 후 그에 대한 평점과 내용을 보고한다.

2) 평가요소 2: 전공교과의 수업은 현업의 상황과 적절히 연관되어 운영되는지 여부

가) 평가의 근거

사내대학에서의 전공교육이 일반대학과 다른 점은 기본적인 교육목적에 있다. 전공교육이 현업의 직무와 유관해야 하고 그 교수 상황 또한 이를 고려하여 진행되어야 하는 것이다(Heide, 1997). 즉 현업의 직무 상황과 전혀 관련짓지 않은 전공 수업은 일반대학과 다를 바가 없으며 이는 사내대학교육의 기본적인 취지와 배치되는 것이라고 할 수 있겠다.

나) 평가의 목적

본 평가요소인 "전공교과의 수업은 현업의 상황과 적절히 연관되어 운영되는지 여부"를 평가함으로써 전공교육이 현업의 직무능력을 개선·향상시키기 위해 효과적으로 교수되고 있는지를 파악하고자 하는 것이다.

다) 평가설계

(1) 평가준거

2-1. 전공교과의 이론 수업의 내용은 현업의 직무와 일치하는가.

2-2. 전공교과의 수업은 현업의 직무 상황에 응용할 수 있는 실습을 적절히 하는가.

(2) 평가 시 제한점

본 평가요소를 조사하기 위해서는 평가자가 전문적 식견뿐만 아니라 현업 직무에 대한 파악 역시 하고 있어야 하기 때문에 경우에 따라서는 평가자가 현업 종사자의 의견에 많은 부분 의존해야 하는 경우가 있다.

(3) 평가에 필요한 정보

전체 전공교과의 교육과정 편성내용과 전공교과의 수업내용 및 과정, 그리고 현업의 직무 상황에 대한 정보가 필요하다.

(4) 정보의 출처: 정보수집 방법

전공교과의 교육과정 편성에 나와 있는 대학요람이나 기타 편성 자료와 수업계획서, 그리고 담당교수와 학생들의 의견을 수집한다.

(5) 수집된 정보의 분석방법: 평가방법

평가준거 2-1과 2-2는 전공교과의 교육과정 편성 자료와 수업계획서의 내용을 검토하여 평점하고 그 구체적인 평가로서 이론과 실습의 비율 등을 분석·해석하여 전공수업의 현업유관성을 평가한다. 부가적으로 수업의 직접적인 당사자인 교수와 학생들에 대한 직접 조사를 통해 이들의 의견을 참고로 평가할 수도 있다.

라) 평가결과의 보고

각 평가준거에 대한 평가점수를 제시하고 분석치와 그에 대한 해석을 보고한다. 그리고 교수와 학생에게 직접 조사한 내용이 있다면 이를 정리하여 제시하고 그에 대한 평가내용을 보고한다.

3) 평가요소 3: 교육과정이 시간계획 및 교수 – 학습의 효율적 방법을 명확히 제시하고 있는지 여부

가) 평가의 근거

교육과정 운영에 대한 체계적인 계획 및 각 교과나 전공에 적합한 교육방법을 제시하고 있는가는 사내대학의 교육특성상 중요한 요소이다.

가르치는 강사에게 최대한의 자유를 허용하는 일반대학과 달리 모기업의 생산성 증대를 꾀하는 데 주목적이 있는 사내대학(Allen, 1996, 박혜영, 1990)은 이를 위해 필요한 실습시간이나 형식을 사전에 정해 두는 것이 효과적이기 때문이다. 예를 들어 강사 임의로 이론에 치우쳐 현업과 관련된 실습을 소홀히 하는 것을 방지하기 위함이기도 하다.

나) 평가의 목적

본 평가요소인 "교육과정이 시간계획 및 교수－학습의 효율적 방법을 제시하고 있는지 여부"를 평가함으로써 사내대학 교육의 목적을 성취하는 데 교육과정이 구체적인 교수·학습의 방향을 제시해 주고 있는가를 판단하고자 하는 것이다.

다) 평가설계

(1) 평가준거
3-1. 교육과정은 교과의 시간계획을 문서상 제시하고 있는가.
3-2. 교육과정은 교과의 교수·학습방법을 문서상 제시하고 있는가.

(2) 평가 시 제한점
문서상에 제시되었는지 여부를 확인하는 것에 그치지 않고 어느 정도 효율적으로 혹은 명확하게 제시되어 있는가를 판단하는 데는 기준이 모호할 수가 있다.

(3) 평가에 필요한 정보
학기단위나 학년단위의 교육과정 계획안 혹은 편성안 및 시행지침에 관한 내용을 검토한다.

114

(4) 정보의 출처: 정보수집 방법

대학요람이나 사전계획서 및 교육과정 시행지침서 등을 검토하여 학기단위나 학년단위의 교육과정 운영 및 편성에 관한 정보를 얻는다.

(5) 수집된 정보의 분석방법: 평가방법

교육과정 계획안이나 편성안에 각 교과나 전공이 시간계획이나 교수·학습방법에 관한 지침이 있는지를 확인하고, 그 구체적인 제시 내용에 대한 평가는 평점과 함께 서술적인 방법으로 한다.

라) 평가결과의 보고

교육과정에 시간계획안과 교수·학습방법에 관한 지침을 두고 있는지를 밝히고 그 수준과 내용에 대한 평가내용을 보고한다.

4) 평가요소 4: 교육과정은 교과목에 적합한 교수(강사)를 배치하고 있는지 여부

가) 평가의 근거

특정 교과를 얼마나 잘 가르칠 수 있느냐 하는 것은 가르치는 교수(강사)의 전공과 관심 분야가 교과의 특성과 일치하느냐에 달려있다고도 할 수 있겠다. 기본적으로는 교과와 교수의 전공이 일치하여야만 전문적 지식 기반하에서 가르칠 수 있을 것이고, 또한 교과가 교수의 관심 분야일 때 더욱 열의 있게 가르치는 것은 당연한 일인 것이다. 즉 교과 교육과정의 편성 시 각 교과에 전공과 관심 분야에 최적으로 일치하는 교수를 얼마나 적절히 배치하였느냐는 교육의 성패를 좌우할 정도로 중요한 영향을 미치는 사안이라 할 수 있다(이종승, 1987).

나) 평가의 목적

본 평가요소인 "교육과정은 교과목에 적합한 교수(강사)를 배치하고 있는지 여부"를 평가함으로써 교육의 성패를 좌우할 수 있는 교수의 선정과 배치가 얼마나 최적으로 되어 있는가를 파악하고자 하는 것이다.

다) 평가설계

(1) 평가준거

4-1. 교과목과 교수의 전공은 일치하는가.

4-2. 교과에 관해 교수는 적절한 전문지식을 갖고 있는가.

4-3. 교과에 대해 교수는 관심과 열의를 갖고 강의를 하는가.

(2) 평가 시 제한점

매우 전문화된 세부 전공교과에 대해 교수의 전공과의 일치도를 판단할 때는 평가자가 판단하기 어려운 경우가 있기 때문에 전문가나 담당자의 협조를 구해야 하고, 준거 4-3의 경우는 학생들의 의견을 수렴하여야 하는 데 편견을 최소화하기 위해서는 표집의 대표성을 유지해야 하는 어려움이 있다.

(3) 평가에 필요한 정보

교과목의 편성과 그에 따른 각 담당교수(강사)의 배치와 이들의 전공에 관한 내용이 필요하다. 또한 학생들의 강의에 대한 의견 및 평가에 관한 정보를 확인해야 한다.

(4) 정보의 출처: 정보수집 방법

교과 교육과정의 전체 구성이 나와 있는 대학요람이나 편성표를 참고하고 교직원 현황에 대한 내용은 대학요람이나 사내홍보책자 및 학기별

강사 편성표를 참조한다. 교수의 교과에 대한 관심과 열의를 확인하기 위해서는 학생의 강의평가결과나 학생의 의견을 직접 청취한다.

(5) 수집된 정보의 분석방법: 평가방법

준거 4-1의 경우는 교과 교육과정 편성표에 나와 있는 교과목과 담당 교수의 전공을 비교하여 그 일치 정도를 판단하여 평정한다. 준거 4-2와 4-3의 경우는 사내대학 자체에서 학생에 의한 강의평가를 실시하고 있다면 그 결과보고서를 통해 검토·분석하고, 그렇지 않다면 수강 학생들을 표집하여 그들의 의견을 수집하여 이를 토대로 평가한다.

라) 평가결과의 보고

각 평가준거의 평정점수를 보고하고 준거 4-2와 4-3의 경우는 학생의 강의평가결과를 보고하거나 평가자의 직접 조사결과를 기술하여 보고한다.

5) 평가요소 5: 교육과정의 각 교과를 학생들이 수월하게 학습하는지 여부

가) 평가의 근거

가르치는 각 교과는 학생들의 수준에 적절히 맞아야 한다. 단지 필요성이나 중요성만을 내세워 지나치게 어려운 교과를 선정한다면 학습 자체가 불가능하게 된다. 따라서 교과의 선정은 사내대학의 교육목적과 학과의 교육방향뿐만 아니라 학습자들의 사전 학습능력과 준비도를 고려하여 편성되어야 하는 것이다(박혜영, 1990; 한국교육개발원, 1978).

나) 평가의 목적

본 평가요소인 "교육과정의 각 교과를 학생들이 수월하게 학습하는지 여부"를 평가함으로써 사내대학 교육과정의 각 교과들은 학생들이 충분히 학습할 수 있는 것들로 편성되어 있는지 그 적절성을 파악하고자 하는 것이다.

다) 평가설계

(1) 평가준거

5-1. 교육과정에 편성된 각 교과의 교육목표를 학생들은 적절히 성취하고 있는가.

(2) 평가 시 제한점

본 평가요소는 학생들의 학업성취 수준을 알아보아야 하기 때문에 성적 공개와 관련된 사내대학의 협조가 없으면 평가수행이 곤란해진다.

(3) 평가에 필요한 정보

각 교과에 대한 학생들의 학업성취 수준과 학생들의 교과(수업)에 대한 의견에 관한 정보가 필요하다.

(4) 정보의 출처: 정보수집 방법

각 교과에 대한 학생들의 정기시험(중간고사, 기말고사 등) 성적(학점)을 나타내는 성적일람표와 강의평가결과보고서를 확인한다.

(5) 수집된 정보의 분석방법: 평가방법

이는 두 가지 방법이 있을 수 있는데 첫째는 각 교과에 대한 학생들의 평균성적(학점)을 산출하여 이를 교육목표와 비교한 후 Tuckman이 제시한 기준인 80%의 성취율이 있는지를 보아 그 완전학습의 정도를 판단하는 것이다. 둘째는 미국의 Phi Delta Kappa에서 제시하고 있는 방법으로 다음과 같은 공식으로 나타낼 수 있다.

$$요구되는\ 획득점수 = 2.77SD/\sqrt{N}$$

(SD: 처음 검사에서의 표준편차, N: 처음 검사에서의 학생 수)

즉 일차로 준거지향검사가 실시되고 일정한 기간 후에 다시 두 번째 준거검사가 실시되었다고 가정한다. 이 경우 동일한 대상에게 검사가 실시되었고, 그 두 번 검사의 평균과 변량이 같다면 위의 공식에 의해 (99%의 신뢰한계를 전제로) 두 검사 간의 실제적인 획득점수를 제시할 수 있는 것이다(박도순, 1988). 따라서 이를 통해 학업성취의 의미 있는 향상을 판단할 수 있게 된다.

라) 평가결과의 보고

각 교과의 교육목표와 정기적인 시험에서의 학생들의 평균성적을 산출하여 완전학습 기준율을 통한 분석이나 혹은 Tuckman의 공식을 통한 의미 있는 향상을 서술적인 해석과 함께 평가내용을 보고한다.

6) 평가요소 6: 교육과정은 학생들의 자율적인 학습조직을 독려하는지 여부

가) 평가의 근거

사내대학의 교육은 모기업에 의한 일방적인 연수나 훈련이 아니라 학생 개개인의 동기유발과 자기개발을 촉진시켜야 한다. 산업체의 조직운영도 팀제의 형태로 변화되어 가는 현실을 고려할 때 팀 학습 혹은 학습조직의 육성과 지원은 수동적인 학습을 벗어나 능동적이고 창의적인 학습성취를 이루는 데 기여할 수 있을 것이다(한준상, 1993).

나) 평가의 목적

본 평가요소인 "교육과정은 학생들의 자율적인 학습조직을 독려하는
지 여부"를 평가함으로써 사내대학 교육이 자율적인 학습조직을 통해
학생들 스스로의 능동적이고 창의적인 학습의욕과 동기유발을 촉진하고
있는지를 파악하고자 하는 것이다.

다) 평가설계

(1) 평가준거
6-1. 교육과정을 운영함에 있어서 학생들의 자율적인 스터디(study)
    그룹을 지원하고 있는가.
6-2. 교육과정을 운영함에 있어서 학생들의 동아리 활동을 지원하고
    있는가.

(2) 평가 시 제한점
실제 학생들의 자율적인 학습조직이나 동아리 활동에의 지원이 있는
지 유무를 확인하는 것 이외에 그 지원이 정말 효과적이었는가 하는 명
확한 기준을 제시하는 데 어려움이 있을 수 있다.

(3) 평가에 필요한 정보
학생들의 스터디 그룹이나 동아리 활동 현황과 이에 대한 사내대학의
지원활동에 대한 정보, 그리고 지원의 효과성에 대한 학생들의 의견이
필요하다.

(4) 정보의 출처: 정보수집 방법
학생관리부서에서 파악하고 있는 학생들의 스터디 활동과 동아리 현
황에 관한 자료와 사내대학의 지원 현황에 관한 서류를 확인하고, 경우

에 따라서는 학생들을 직접 조사하여 파악한다.

(5) 수집된 정보의 분석방법: 평가방법

학생관리부서에서 파악하고 있는 학생들의 스터디 활동과 동아리 현황에 관한 자료와 사내대학의 지원 현황에 관한 서류를 확인하여 그 적절성을 평정하고 어떤 활동과 지원이 있었는지를 서술적으로 방법으로 평가한다. 또한 그 지원의 효과성에 대한 학생들의 의견은 직접 표집 조사한 결과를 토대로 평정 및 해석적 방법을 통해 평가한다.

라) 평가결과의 보고

학생들이 자율적으로 스터디 활동이나 동아리 활동을 하고 있는지 유무를 보고하고, 한다면 어떤 활동들을 하는지, 그리고 그에 대한 사내대학의 지원은 어떠한지를 기술하여 평정점수와 함께 보고한다. 또한 지원의 효과성에 대해 학생들로부터의 조사결과를 기술하여 보고한다.

마. 평가 영역 5: 사내대학 교육과정에서의 평가

1) 평가요소 1: 체계적인 평가계획의 수립 여부

가) 평가의 근거

사전에 평가계획을 세우고 있는가 하는 것은 교육 혹은 수업의 방향성과 교수–학습의 방법을 결정하는 데 중요한 역할을 하게 된다. 또한 체계적인 평가를 위해서 사전에 평가계획을 수립하는 것은 필수적이라고 할 수 있겠다.

나) 평가의 목적

본 평가요소인 "체계적인 평가계획의 수립 여부"를 평가함으로써 교육과정 혹은 수업이 체계적인 계획하에 교육의 질과 학습자들의 성취수준을 관리하고 있는지를 파악하고자 하는 것이다.

다) 평가설계

(1) 평가준거

1-1. 교육과정의 전반적인 평가지침을 세워놓고 있는가.

1-2. 각 교과는 사전에 혹은 강의계획서(syllabus)에 평가계획을 밝히고 있는가.

(2) 평가 시 제한점

단순히 평가계획을 수립했음의 여부를 판단하는 것 이외에 평가계획의 짜임새나 실효성의 문제는 각 교과마다 혹은 전공이나 학과마다 달라질 수 있는 것으로 평가자가 모든 전공의 평가계획을 판단하는 데는 어려움이 있다.

(3) 평가에 필요한 정보

교육과정 편성이나 수업계획 시의 평가지침 및 평가계획의 수립 여부와 내용을 확인할 수 있어야 한다.

(4) 정보의 출처: 정보수집 방법

교육과정 안내 자료와 각 교과의 강의계획서를 통해 평가계획의 수립 여부와 내용을 확인한다.

122

(5) 수집된 정보의 분석방법: 평가방법

준거 1-1의 경우는 교육과정 편성 및 운영지침을 그리고 준거 1-2는 전체 교과 중에서 표집·선정하여 그 강의계획서(syllabus)를 검토함으로써 전반적인 평가지침을 세워놓고 있는지 확인하고 그 내용의 체계성과 짜임새에 대해 평점과 함께 서술적 방법으로 평가한다.

라) 평가결과의 보고

우선 각 준거에 따라 평가지침과 평가계획이 수립되어 있는지 그 유무를 보고하고, 다음으로 각 평가계획의 내용과 형식에 대한 평가내용을 보고한다.

2) 평가요소 2: 교육과정의 세 영역인 직무훈련, 개인교육, 조직 개발에서의 교육목적 성취 수준

가) 평가의 근거

앞서 이론적 배경에서도 살펴보았듯이 사내대학의 교육과정은 직무훈련, 개인교육, 조직개발이라는 세 영역으로 구분할 수 있다(Nadler, 1979). 물론 세부적인 교과들이 각각의 영역을 구성하고 있지만, 전반적인 측면에서 영역별 교육목적이 어느 정도 성취되었는지를 파악한다면 전체 교육과정의 질을 판단하는 데 중요한 역할을 할 수 있을 것이다.

나) 평가의 목적

본 평가요소인 "교육과정의 세 영역인 직무훈련, 개인교육, 조직개발에서의 교육목적 성취 수준"을 평가함으로써 사내대학 교육과정의 질을 주요 구성 영역별로 확인하고자 하는 것이다.

다) 평가설계

(1) 평가준거

2-1. 교육과정 중 직무훈련 영역의 교육목적은 성취되었는가.

2-2. 교육과정 중 개인교육 영역의 교육목적은 성취되었는가.

2-3. 교육과정 중 조직개발 영역의 교육목적은 성취되었는가.

(2) 평가 시 제한점

본 평가요소에 대한 평가를 위해서는 교육과정 개발 시에 세 영역에 대한 4단계 검사(교육과정 적용 전, 적용 중, 적용 후, 현업 복귀 후)를 개발해야 되는데, 이에 대한 비용과 시간이 추가로 소요된다.

(3) 평가에 필요한 정보

개발된 검사에 의한 4단계 평가에서 나온 학생들의 점수와 과정 이수 중의 성적(학점)이 필요하다.

(4) 정보의 출처: 정보수집 방법

개발된 검사의 실시결과와 원 자료, 그리고 참고로 학생들의 성적(학점)을 알 수 있는 성적일람표나 데이터베이스를 확보한다.

(5) 수집된 정보의 분석방법: 평가방법

교육과정 개발 시에 개발한 직무훈련, 개인교육, 조직개발의 세 영역에 대한 검사를 교육과정 적용 전과 적용 중, 적용 후, 그리고 졸업 후 현업 복귀 후로 구분하여 실시한다. 전체 학생을 평가대상으로 할 수 없는 경우, 표집을 하되 대표성이 유지되도록 체계적으로 하고 각 평균 점수들 간의 변화를 파악하기 위해서는 반복측정식 설계(repeated measure design)로 분석한다.

라) 평가결과의 보고

개발된 4단계 검사결과의 기초 통계치를 제시하고 반복측정분석에 의한 결과 및 해석을 보고한다.

3) 평가요소 3: 교육과정의 목표달성 정도에 대한 평가방법의 합리성

가) 평가의 근거

학생들의 교육목표달성을 평가하는 것은 공정성과 합리성에 기초하여 이루어져야 한다(이종승, 1987). 합리적인 평가방법이 확보될 때 정확한 결과가 나오는 것이고, 이를 통해 교수-학습개선의 기초 자료를 얻을 수 있는 것이다. 따라서 교육목표에 따른 교육방법의 다양성과 합리성의 확보는 매우 중요하다 할 것이다.

나) 평가의 목적

본 평가요소인 "교육과정의 목표달성 정도에 대한 평가방법의 합리성"을 평가함으로써 적절한 평가방법의 적용과 그 다양성을 검토하기 위함이고, 이로써 평가결과의 정확성과 활용가능성을 높이고자 하는 것이다.

다) 평가설계

(1) 평가준거

3-1. 교과특성에 적합한 평가방법을 사용하고 있는가.

3-2. 평가결과는 학생들의 학습개선을 위해 학생들에게 적절히 송환(feedback)되고 있는가.

(2) 평가 시 제한점

평가방법의 합리성 혹은 다양성 문제를 접근할 때 그 방법이 교과특성에 적합하게 운영되고 있는지를 검토해야 하는데, 매우 전문화된 교과인 경우 평가자가 이를 파악하는 데 어려움이 있을 수 있다.

(3) 평가에 필요한 정보

각 교과에서 사용하고 있는 평가방법에 대한 정보가 필요하다.

(4) 정보의 출처: 정보수집 방법

대개의 경우 평가방법은 각 교과의 강의계획서에 나와 있는 평가계획을 검토한다. 서면화되어 있지 않은 경우는 교수나 학생에 대한 조사를 이용한다.

(5) 수집된 정보의 분석방법: 평가방법

각 교과의 강의 계획서에 나와 있는 평가방법을 검토하고 이를 교과특성과 비교하여 그 평가방법의 적합성과 다양성, 그리고 학생들의 학습개선을 위해 사용되는 활용 수준을 판단하여 평점하고, 사용하고 있는 평가방법을 제시하며 구체적인 평가내용을 기록한다.

라) 평가결과의 보고

각 준거에 따른 평가점수를 보고하고 사용하고 있는 평가방법을 비롯한 그에 대한 평가내용을 보고한다.

4) 평가요소 4: 교육과정의 목표달성에 대한 평가결과가 교육과정의 개선을 위해 합리적으로 활용되고 있는지 여부

가) 평가의 근거

본 평가요소는 교육과정 평가를 하는 핵심적인 기능을 나타내고 있는 것으로, 평가결과가 교육과정의 질을 관리하는 데 송환(feedback)되지 않는다면 교육과정 평가를 하는 의미가 없어지게 되는 것이다. 교육목표달성에 대한 평가결과가 교육과정의 개선에 얼마나 효과적으로 반영되느냐에 따라 교육과정의 개선과 발전이 결정될 수 있는 것이다.

나) 평가의 목적

본 평가요소인 "교육과정의 목표달성에 대한 평가결과가 교육과정의 개선을 위해 합리적으로 활용되고 있는지 여부"를 평가함으로써 사내대학 교육과정의 개선과 발전을 통해 지속적인 질 관리를 하고자 하는 것이다.

다) 평가설계

(1) 평가준거

4-1. 목표달성 정도에 대한 평가결과는 체계적으로 정리되어 있는가.

4-2. 목표달성 정도에 대한 평가결과는 다음 단계(학기, 학년)의 교육과정 편성에 참고 자료로 활용되는가.

(2) 평가 시 제한점

평가결과가 다음 단계의 교육과정 편성에 송환(feedback)되고 있는지 혹은 그 활용되는 수준은 다음에 편성된 교과 교육과정의 목록만으로는 잘 나타나지 않는 경우가 있게 된다. 이는 교육과정의 개선이 단순히 교과를 바꾸거나 새로운 교과를 추가하는 것만으로 그치는 것이 아니라 시간운영, 과정운영방법, 평가지침 등 매우 폭넓고 복잡하게 적용될 수 있기 때문이다. 따라서 직접 편성과 운영을 담당한 사람들의 편견 없는 의견과 가시적인 관련 자료를 제공받는 데 어려움이 있을 수 있다.

(3) 평가에 필요한 정보

교육목표 달성에 관한 평가결과가 정리되어 있는지 혹은 데이터베이스화되어 있는지에 관한 확인과 이들이 다음 단계의 교육과정 개선에 활용되고 있는지에 관한 정보가 필요하다.

(4) 정보의 출처: 정보수집 방법

평가결과가 정리되어 있는 자료철이나 컴퓨터 파일 혹은 프로그램을 확인하고, 개선을 위한 송환(feedback) 여부와 그 반영 수준은 교육과정 편성 시의 회의록이나 담당자들을 통해 직접 수집한다.

(5) 수집된 정보의 분석방법: 평가방법

준거 4-1의 경우는 평가결과가 정리되어 있는 자료철이나 컴퓨터 파일 혹은 프로그램의 유무를 확인하고 어떤 형식으로 보관되어 열람되고 있는지를 확인한다. 그리고 준거 4-2의 경우, 평가결과의 송환(feedback) 여부와 반영 수준은 교육과정 편성 시 회의록을 검토하거나 그 담당자들에 대한 인터뷰나 설문조사를 통해 수집하여 얻은 자료를 토대로 평가자가 평점·해석한다.

라) 평가결과의 보고

평가결과가 정리되어 있는 자료철이나 컴퓨터 파일 혹은 프로그램의 유무를 확인하고 어떤 형식으로 보관되어 열람되고 있는지를 보고한다.

그리고 평가결과의 송환 여부와 반영 수준은 회의록에 대한 평가결과와 그 담당자들을 통해 얻은 정보를 토대로 판단한 평가점수와 평가내용을 보고한다.

5) 평가요소 5: 교육과정의 운영에서 의도되지 않은 성취의 확인

가) 평가의 근거

교육과정을 운영할 때 초기에 계획하거나 의도했던 것들의 성취 여부와 그 수준을 파악하는 것은 교육과정이 질을 판단하기 위한 중요한 정보가 된다(박도순, 1988). 더불어 의도하지 않았던 성취가 있다면 이를 파악하여 송환(feedback) 정보로 활용해야 한다. 교육과정의 적용상 문제점을 파악하는 것뿐만 아니라 실제 적용상 계획하지 않은 성취를 파악하는 것은 다음 단계의 교육과정 편성에 중요한 자료로 활용할 수 있기 때문이다.

나) 평가의 목적

본 평가요소인 "교육과정의 운영에서 의도되지 않은 성취의 확인"을 평가함으로써 사내대학 교육과정의 시행에서 발생하는 성취 관련 정보를 수집하여 다음의 교육과정 편성에 중요한 정보로서 활용하고자 하는 것이다.

다) 평가설계

(1) 평가준거
5-1. 교육과정의 운영에서 적용되지 못했던 점이나 문제점이 있는가.
5-2. 교육과정의 운영함에 있어서 계획하지 않았던 성취 혹은 향상이 있는가.

(2) 평가 시 제한점

본 평가요소에서는 교육과정 운영상 발생한 여러 성취와 문제에 대해 의도된 것과 그렇지 않은 것을 분명하게 구분해 주는 객관적인 기준을 세우는 데 어려움이 있다.

(3) 평가에 필요한 정보

평가를 하기 위한 단위 기간에 대한 교육과정의 시간계획(스케줄)과 전체 운영계획, 그리고 이를 적용한 후 나타난 결과에 대한 정보가 필요하다.

(4) 정보의 출처: 정보수집 방법

평가 대상 기간 동안의 교육과정의 시간운영계획안과 전체 운영계획안, 그리고 교육과정 운영이 끝난 후의 학기말 혹은 학년말 과정운영 결과보고서 혹은 운영담당자의 소견을 수집한다.

(5) 수집된 정보의 분석방법: 평가방법

우선 평가대상이 되는 단위기간 동안의 운영계획안과 운영 후의 관련 보고서를 비교 검토하여 의도하지 않은 문제와 성취를 확인한다. 그리고 운영을 맡고 있는 담당자들에 대한 인터뷰나 설문조사를 통해 얻은 자료를 토대로 해석한다.

라) 평가결과의 보고

운영계획과 운영 후 결과보고서를 비교·검토하여 확인된 비의도적 성취와 문제를 정리하고, 담당자 인터뷰의 내용과 해석을 보고한다.

6) 평가요소 6: 사내대학 교육과정의 모기업 사업성과(생산성 향상)에의 기여도

가) 평가의 근거

사내대학 교육의 궁극적인 목적은 종업원들의 진학욕구 및 성인교육적 욕구를 충족시켜 주는 측면도 있지만 무엇보다도 사내대학을 운영하고 있는 모기업의 사업성과 혹은 생산성의 극대화를 꾀하고자 하는 데 있다(Allen, 1996; 박준병, 1991; 박혜영, 1990). 즉 모기업의 생산성 향상을 위한 인재양성 기능의 한 축으로서의 사내대학 교육이 기여하지 못한다면 그 설립의 근거와 이유를 상실하게 되는 것이다.

나) 평가의 목적

본 평가요소인 "사내대학 교육과정의 모기업 사업성과(생산성 향상)에의 기여도"를 평가함으로써 사내대학 교육의 궁극적인 목적인 모기업의 사업성과 혹은 생산성의 극대화를 도모하는 데 어느 정도 기여하는가를 파악하고자 하는 것이다.

다) 평가설계

(1) 평가준거

6-1. 사내대학의 학생들은 졸업 후 직무성적(고과)이 향상되었는가.

6-2. 사내대학의 학생들은 졸업 후 개인의 진학 및 교육적 욕구를 만족시켰다고 인식하는가.

6-3. 사내대학의 학생들은 졸업 후 조직적응을 더 잘하는가.

6-4. 사내대학의 학생들은 자신의 직무에서 생산성이 향상되었는가.

(2) 평가 시 제한점

사내대학 교육을 통한 생산성의 향상 여부를 판가름하는 것은 사내대학의 매우 중요한 목적이지만 가장 측정하기 어려운 평가요소이다. 왜냐하면 직무 혹은 회사의 생산성을 결정하는 요인은 종업원(직원)에 대한 교육뿐만 아니라 경영전략 등 여러 복잡한 요인들의 영향을 받게 마련이기 때문이다.

(3) 평가에 필요한 정보

본 평가요소를 파악하기 위해서는 사내대학 학생들의 입학 이전과 졸업 이후의 직무 성과 및 인사고과(평정) 자료와 자기개발과 조직적응에 대한 직접 조사 자료 및 상하위 관련 인사를 통한 정보가 필요하다.

(4) 정보의 출처: 정보수집 방법

사내대학 학생들의 입학 전과 졸업 후 현업에서의 직무 성과표, 인사고과(평정) 자료를 확보하고, 자기개발과 조직적응에 대한 당사자 및 상하위 연결 직급자의 직접 조사를 통하여 정보를 얻는다.

(5) 수집된 정보의 분석방법: 평가방법

준거 6-1은 졸업생들이 사내대학 입학 전과 졸업 후의 단위 기간별 직무성적 혹은 고과를 사전·사후 차이검증 설계를 통하여 분석한다. 준거 6-2는 입학 전과 졸업 후에 교육만족도 조사를 통해 개인들이 사내대학 교육이 개인의 진학 및 평생교육의 욕구를 충족시켰는지를 확인한다. 준거 6-3 역시 입학 전과 졸업 후를 비교하는 것으로 부서에 배치되어 근무하고 있는 졸업생들에게 직접 조직적응에 관한 조사 혹은 검사를 실시하고 그 상사와 부하직원에 대한 조사도 병행한다. 준거 6-4는 개인이 달성한 직무 혹은 사업실적을 입학 전과 입학 후에 대한 비교를 통하여 분석한다. 이상의 네 가지 평가준거의 분석은 사내대학 학생과 일반 종업원 간의 실험집단·통제집단 간 설계를 사용하거나 사내 대학 학생들의 사전·사후 차이검증(paired T-test 혹은 repeated measure) 방법을 사용할 수 있다.

라) 평가결과 보고

우선 각 준거에 대한 원점수를 비롯한 기초 통계치를 제시하고 차이 검증 분석에 대한 결과 및 해석을 보고한다.

Ⅲ. 연구 방법

　　본 연구는 사내대학 교육과정 평가에 대한 이론적 고찰과 경험적 타당화 과정, 그리고 실제 평가의 적용을 통해 사내대학 교육과정의 평가체제를 개발하기 위한 것이다. 그 구체적인 연구 방법에 관해 살펴보면 다음과 같다.

1. 연구 절차

　　사내대학 교육과정의 평가체제를 개발하기 위한 본 연구는 이론적 고찰과 함께 개념적 평가체제의 구안, 평가체제의 경험적 검증, 개발된 평가체제에 의한 평가수행 및 유용성 분석을 주 내용으로 하고 있다. 그 구체적인 연구 절차를 살펴보면 다음과 같다.

　　첫째는 이론적 고찰로서, 문헌을 통해 사내대학의 개념과 배경, 교육과정의 특징, 그리고 교육과정 평가에 관련된 평가 모형과 이론들을 검토하여 사내대학의 교육과정에 대한 평가체제 개발의 이론적 기반을 구축하는 것이다. 둘째는 사내대학 교육과정을 평가하기 위한 체제를 구안하는 것으로 이론적 고찰과 사내대학 관련 전문가들의 FGI를 토대로 하여 사내대학 교육과정 평가의 평가 영역 및 평가요소에 따라 구체적인 평가설계를 하는 것이다. 셋째는 구안된 평가체제에 대한 타당화로서 전문가 집단(평가전문가와 사내대학 교육과정 전문가)에 대한 타당화 조사를 하여 분석하게 된다. 이러한 타당화 과정과 함께 전문가들에

134

의한 평가 영역, 평가요소, 평가준거에 대한 가중치와 배점을 조사하게 된다. 넷째는 타당화된 평가체제의 적용인데, 이를 위해 실제 국내 S그룹의 사내대학을 대상으로 그 교육과정을 평가하는 것이다. 이러한 적용의 과정은 구안된 평가설계의 실효성 확보를 위해 필수적인 과정으로서 실제 적용상의 여러 문제를 파악하게 한다. 다섯째는 평가의 적용시 즉 평가수행상의 유용성을 파악하는 것이다. 이를 통해 실제 적용가능성과 수월성에 관련된 정보를 얻게 된다. 다음 [그림 Ⅲ-1]은 이상과 같이 살펴본 본 연구의 전체 절차를 도식화하여 나타낸 것이다.

이론적 고찰
사내대학과 교육과정 평가관련 문헌 고찰

⇩

사내대학 평가체제 개발
이론적 고찰 및 FGI를 토대로 사내대학의 교육과정 평가설계

⇩

평가체제의 타당화와 가중치 분석
설계된 평가체제에 대해 전문가 집단(평가전문가 & 사내대학 교육과정전문가)에 의한 논리적 타당화와 가중치 및 배점 분석

⇩

평가체제의 적용
타당화를 거쳐 개발된 평가체제를 사내대학 교육과정의 평가에 적용하는 것으로 실제 평가수행

⇩

평가수행상의 유용성 분석
구안된 평가체제의 적용에서 평가수행상의 유용성 파악

[그림 Ⅲ-1] 본 연구의 절차

2. 표집

가. 평가체제의 개발과 타당화를 위한 표집

본 연구에서는 평가체제의 구안을 위해 인터뷰와 FGI가, 그리고 구안된 평가체제에 대한 타당화를 위해 전문가 조사가 이루어졌다. 우선 인터뷰는 사내대학 교육과정의 특성을 파악하고 그에 따른 평가체제 개발의 기초 자료 수집을 위해서 사내대학 교직원 2명과 평가전문가 2명을 대상으로 이루어졌고, FGI는 사내대학 교직원 및 교직원 유경험자 총 6명을 대상으로 실시되었다.

그리고 설계된 평가체제의 타당화 조사는 관련 분야 전문가들에게 실시되었다. 이는 본 연구에서 개발한 평가체제가 평가 영역, 평가요소, 평가준거에 따라 구분되고, 각 평가설계는 평가의 절차와 방법론, 그리고 보고방법 등의 논리적 체제로 구성되었기 때문에 이의 타당성 검토를 위해서는 관련 영역에 대한 전문적 식견을 갖춘 전문가가 요구되는 것이다.

표집의 구성은 교육평가를 전공한 박사과정 수료 이상의 평가전문가 집단을 구성하였고 가급적 박사학위가 있는 전문가들 위주로 조사를 하였다. 또한 사내대학의 교육과정이란 특수성을 고려해야 하기 때문에 사내대학을 연구하거나 실제 사내대학의 교육과정 편성 및 기획과 관련된 경력이 있는 전문가들에 대해서도 조사가 이루어졌다. 즉 본 연구의 타당화 분석은 평가전문가와 사내대학 교육과정 전문가라는 두 전문가 집단에게 실시되었고, 평가 영역, 평가요소, 평가준거에 대한 가중치 및 환산배점 산출을 위한 조사도 함께 실시되었다.

전체 표집의 구성은 다음 〈표 Ⅲ-1〉과 같이 총 30명의 전문가들로 구성되어 있다.

<표 Ⅲ-1> 본 연구의 평가체제 타당화를 위한 표집

조사 대상	표집 수
평가전문가	15명(박사수료 4명, 박사 11명)
사내대학 교육과정 전문가	15명(국내 7개 기업의 사내대학)
합 계	30명

나. 평가체제 적용을 위한 연구 대상

본 연구에서는 개발된 평가체제를 적용하게 되는데 즉 실제 사내대학 교육과정에 대한 평가를 수행하게 된다. 이를 위해 국내 S사내대학의 교육과정을 대상으로 본 연구의 평가체제를 적용하도록 하겠다.

그럼 평가체제 적용대상인 S사내대학에 대해 살펴보면 다음과 같다. S사내대학은 1996년 7월 개설하여 1997년 3월부터 S그룹에 종사하는 종업원(직원)을 대상으로 입학생을 받았다. 학생들은 S사내대학에서의 재학기간 동안 기숙사 생활을 하며 전일제로 교육을 받고, 학생과 직원의 신분을 겸하게 된다. 교육은 2년 6학기제, 졸업학점은 140학점으로 학과는 경상계열 1개 학과와 이공계열 4개 학과가 개설되어 있다. 총 정원은 225명이며, 교직원은 전임교수 20명, 실습강사 7명으로 구성된 전임교원(겸직 교수를 포함하면 총 51명)과 기획 및 관리인력 13명으로 구성되어 있다. 다음 <표 Ⅲ-2>는 S사내대학의 전반적인 운영 형태를 보여주고 있다.

<표 Ⅲ-2> 본 조사대상인 S사내대학의 운영 형태

정원(명)	전임교원(명)	교육기획 관리요원	개설학과	학기제	졸업학점	교육형태
1학년: 100 2학년: 125	전임교수: 20 실습강사: 7	13명	경상계열 1개 학과 이공계열 4개 학과	2년3학기제	140학점	전일제 교육 기숙사 생활

3. 분석 도구

본 연구의 분석 도구는 연구 절차에 따라 다음과 같이 세 가지로 구분된다.

첫째는 교육과정의 평가 영역과 평가요소 및 그에 따른 평가설계를 확정하기 위하여 전문가 집단에 의한 논리적 타당성을 검토하는 것이다. 이때 각 평가 영역별 요소에 따라 제시된 평가의 근거, 평가의 목적, 평가준거, 평가 시 제한점, 평가에 필요한 정보, 정보의 출처(정보수집 방법), 수집된 정보의 분석방법(평가방법), 평가결과의 보고 등을 검토한다. 평가 영역 및 요소, 그리고 그에 따른 평가설계의 타당성은 Smith(1963)의 평가설계 타당성 여섯 요인인 평가문제의 중요성, 평가문제의 분명성, 평가목적의 구체성, 평가절차의 명확성, 평가설계의 적절성, 예상되는 제한변인의 제시로 구분되어 각각에 대해 Likert식 5단계 척도로 이루어졌다. 척도의 해석은 1점이 매우 타당치 않음, 2점이 별로 타당치 않음, 3점이 보통임, 4점이 타당함, 5점이 매우 타당함을 나타내고 이러한 해석은 원효헌(1997) 등의 내용타당도 해석방법을 준용하였다.

둘째는 개발된 평가 영역, 평가요소, 평가준거 각각에 대한 가중치와 배점을 조사하는 것이다. 이는 앞서 타당화 조사 때와 같은 전문가 집단에 의한 조사로서 평가 영역, 평가요소, 그리고 평가준거에 따라 총합이 100%가 되도록 그 가중치를 배정하도록 하였다.

셋째는 교육과정 평가의 적용을 통한 경험적 타당성을 검토하기 위한 것으로 정성적 방법과 정량적 방법을 사용하여 실시하였다. 정성적 방법은 기술적(descriptive) 방법이 주가 되고, 정량적 방법은 사내대학 구성원인 학생, 기획담당자, 교수 각 2인씩 선정하여 주어진 평가준거에 대해 5점 만점의 평점을 매기도록 하였다.

넷째는 교육과정 평가수행상의 유용성으로서 평가의 수행가능성, 평가의 용이성, 평가절차와 평가방법의 적절성, 평가 제한점 제시의 적절성(Smith, 1963)으로 구분하여 분석되었다.

4. 분석 방법

본 연구에서의 분석 방법은 연구문제에 따라 다음과 같은 다섯 가지로 구분된다.

우선 평가 영역과 평가요소를 확인하는 연구문제 Ⅰ에 대해서는 이론적 고찰과 문헌조사와 함께 사내대학 관련자들에 대한 인터뷰와 초점집단면접(FGI)을 토대로 이루어졌다.

둘째는 평가 영역과 요소, 그리고 준거에 대해 타당화를 하는 연구문제 Ⅱ를 위한 것으로 전문가 집단의 논리적 타당성 검증에 대한 기술통계치를 분석하였다. 논리적 타당성은 앞서 밝힌 바와 같이 평가문제의 중요성, 평가문제의 분명성, 평가목적의 구체성, 평가절차의 명확성, 평가설계의 적절성, 예상되는 제한변인의 제시 등 여섯 가지 하위변인으로 구분되어 분석되며, 이는 전체 타당성 점수와 함께 평가전문가, 사내대학 교육과정 전문가의 점수도 구분하여 분석된다.

셋째는 평가 영역, 요소 및 준거의 가중치와 배점을 알아보는 연구문제 Ⅲ을 위한 것으로 다음과 같은 분석과정을 거쳤다. 가중치 분석은 전문가들에 의해 조사된 가중치 원점수를 평가 영역, 평가요소, 평가준거의 각 첫 번째 항목을 기준점(10점)으로 하여 나머지 항목의 상대적 점수를 산출하였고, 배점은 0점 이하의 소수점 점수가 없도록 하기 위해 전체 5개 평가 영역의 총점을 500점으로 하여 앞서 산출된 가중치를 토대로 평가 영역, 평가요소, 평가준거의 순으로 환척하였다.

넷째는 교육과정을 실제 평가하여 경험적 타당성을 검토하는 연구문제 Ⅳ를 위한 것으로 평가설계 각각에서 제시한 평가절차, 평가방법론에 따라 실제 평가를 수행하여 그 결과를 분석·기술·종합하였다. 즉 본 평가체제를 가지고 S사내대학의 교육과정에 대한 평가를 수행하는 것으로 주 평가자인 연구자가 본 연구에서 제시하고 있는 평가설계에 따라 정성적 방법과 정량적 방법을 상호 보완적으로 이용하여 수행하였다.

다섯째는 본 연구에서 제안하고 있는 교육과정 평가체제의 적용상 유용성을 알아보는 연구문제 Ⅴ를 위한 것으로서 본 연구자가 주축이 되어 평가자의 관점에서 평가수행상의 유용성을 분석하였다.

이상과 같이 살펴본 각 연구문제에 대한 통계적 분석은 DOS용 통계분석 package인 SPSS/PC＋와 Window용 package인 SPSSWIN을 이용하여 수행되었다.

Ⅳ. 연구 결과 및 해석

1. 사내대학 교육과정 평가체제의 타당화

여기서는 본 연구에서 개발한 평가체제에 대한 타당성에 대한 조사 결과를 살펴볼 것이다. 사내대학의 교육과정에 대한 본 평가체제는 각각의 평가설계가 매우 구체적인 수준에서 그리고 많은 분량으로 구성되어 있기 때문에 이에 대한 타당화는 해당 분야의 전문가들에 의한 논리적 타당도로 조사되었다.

또한 타당성 조사는 Smith(1963)의 평가설계 타당성에 관한 여섯 요인인 평가문제의 중요성, 평가문제의 분명성, 평가목적의 구체성, 평가절차의 명확성, 평가설계의 적절성, 예상되는 제한변인의 제시로 구성되어 있다. 이는 개발된 각 평가설계의 내용을 전문가들이 검토하고 판단하게 된다. 타당성의 정도는 Likert식 5단 평정척에 의해 수행되었고, 점수가 높을수록 타당성이 높다는 것을 나타낸다. 즉 1점이 매우 타당치 않음, 2점이 별로 타당치 않음, 3점이 보통임, 4점이 타당함, 5점이 매우 타당함을 나타내고 이러한 해석은 원효헌(1997) 등의 내용타당도 해석 방법을 준용하였다. 타당성 판단 점수는 전체 평균점수와 함께 두 전문가 집단인 평가전문가와 사내대학 교육과정 전문가의 점수를 같이 제시하고 있다.

가. 평가문제의 중요성

다음에서는 각각의 타당성 요인에 대한 분석결과를 살펴보도록 하겠다. 다음 〈표 Ⅳ-1〉은 첫 번째 타당성 요인인 평가문제의 중요성을 알아보기 위한 것으로 본 개발체제를 구성하고 있는 각각의 평가요소가 사내대학의 교육과정을 평가하는 데 중요한 것인가를 묻고 있는 것으로 그 타당성 판단 점수를 평가요소별로 정리하여 보여주고 있다. 이때의 점수 해석은 1점은 전혀 중요치 않다, 2점은 별로 중요치 않다, 3점은 보통이다, 4점은 조금 중요하다, 5점은 매우 중요하다를 의미한다.

<표 Ⅳ-1> 평가요소의 중요성

(괄호 안은 SD)

항 목	전 체	평가 전문가	사내대 Curri. 전문가
평가 영역 1. 사내대학 교육과정의 목적	4.77	4.80	4.74
요소 1. 사내대학 교육과정 목적 진술의 명확성	4.82 (.25)	4.93 (.18)	4.70 (.25)
요소 2. 교육과정 목적의 사내대학 설립취지 반영	4.66 (.55)	4.68 (.59)	4.63 (.52)
요소 3. 교육과정 목적의 모기업 경영상의 요구(needs) 반영 여부	4.74 (.45)	4.73 (.54)	4.75 (.37)
요소 4. 사내대학 교육목적의 교육목표에 대한 대표성	4.86 (.29)	4.85 (.35)	4.87 (.23)
평가 영역 2. 사내대학 교육과정의 목표	4.76	4.77	4.75
요소 1. 교육과정 목표 진술의 명확성	4.69 (.45)	4.78 (.36)	4.60 (.52)
요소 2. 경영상의 요구를 토대로 한 교육요구 분석 여부	4.86 (.36)	4.85 (.46)	4.87 (.23)
요소 3. 사내대학 학생(종업원)의 특성 분석 여부	4.86 (.29)	4.90 (.21)	4.82 (.36)
요소 4. 교육목표의 성취가능성 여부	4.63 (.46)	4.55 (.60)	4.70 (.25)
평가 영역 3. 사내대학 교육과정의 설계	4.59	4.56	4.63
요소 1. 교육과정의 합리적인 설계를 위한 지침 마련 여부	4.59 (.49)	4.70 (.54)	4.48 (.44)
요소 2. 교육과정 편성에서 사내대학 특유의 교육목표 반영 수준	4.66 (.49)	4.67 (.53)	4.65 (.46)
요소 3. 전공의 이해를 돕기 위한 기초과목 편성의 적절성	4.72 (.36)	4.60 (.42)	4.83 (.24)
요소 4. 모기업 인재개발전략의 교과 교육과정에의 반영 수준	4.65 (.40)	4.58 (.32)	4.72 (.47)
요소 5. 직무훈련관련 교육과정 설계가 기업의 현업에서의 직무수행능력을 향상시키는 데 적절한지 여부	4.81 (.45)	4.72 (.60)	4.90 (.21)
요소 6. 조직개발관련 교육과정 설계가 기업의 현업에서의 조직적응을 향상시키는 데 적절한지 여부	4.32 (.62)	4.42 (.57)	4.23 (.67)
요소 7. 교육과정이 종업원의 개인적 진학 및 교육욕구를 충족시키고 있는지 여부	4.41 (.65)	4.22 (.74)	4.60 (.52)

144

항 목	전 체	평가 전문가	사내대 Curri. 전문가
평가 영역 4. 사내대학 교육과정의 적용	4.61	4.62	4.59
요소 1. 교육과정의 운영이 초기에 계획했던 대로 이루어지고 있는지 여부	4.83 (.30)	5.00 (.00)	4.65 (.35)
요소 2. 전공교과의 수업은 현업의 상황과 적절히 연관되어 운영되는지 여부	4.68 (.51)	4.35 (.57)	5.00 (.00)
요소 3. 교육과정이 시간계획 및 교수-학습의 효율적 방법을 명확히 제시하고 있는지 여부	4.48 (.54)	4.48 (.57)	4.48 (.53)
요소 4. 교육과정은 교과에 적합한 교수(강사)를 배치하고 있는지 여부	4.90 (.20)	4.93 (.18)	4.87 (.23)
요소 5. 교육과정의 각 교과를 학생들이 수월하게 학습하는지 여부	4.53 (.50)	4.47 (.69)	4.60 (.21)
요소 6. 교육과정은 학생들의 자율적인 학습조직을 독려하는지 여부	4.21 (.54)	4.47 (.58)	3.95 (.34)
평가 영역 5. 사내대학 교육과정에서의 평가	4.68	4.79	4.58
요소 1. 체계적인 평가계획의 수립 여부	4.78 (.25)	4.77 (.26)	4.80 (.25)
요소 2. 교육과정의 세 영역인 직무훈련, 개인교육, 조직개발에서의 교육목적 성취 수준	4.60 (.55)	4.80 (.45)	4.40 (.58)
요소 3. 교육과정의 목표달성 정도에 대한 평가방법의 합리성	4.77 (.31)	4.83 (.24)	4.72 (.36)
요소 4. 교육과정의 목표달성에 대한 평가결과가 교육과정의 개선을 위해 합리적으로 활용되고 있는지 여부	4.87 (.22)	4.97 (.13)	4.77 (.26)
요소 5. 교육과정의 운영에서 의도되지 않은 성취의 확인	4.46 (.50)	4.67 (.53)	4.25 (.37)
요소 6. 사내대학 교육과정의 모기업의 사업성과(생산성 향상)에의 기여도	4.61 (.50)	4.67 (.53)	4.55 (.47)

이상의 〈표 Ⅳ-1〉에 나타난 바와 같이 모든 평정점수가 4.00 이상으로 나타났는데, 이는 본 개발체제에 있어서 모든 평가요소가 사내대학의 교육과정을 평가하는 데 중요하다는 것을 나타내고 있는 것이다.

또한 각 평가 영역별로 살펴보면 평가 영역 1인 사내대학 교육과정의 목적(4.77)이 가장 중요한 것으로 나타났다. 전문가 집단별로 살펴볼 때,

평가전문가는 평가 영역 1인 '사내대학 교육과정의 목적'(4.80)을, 그리고 사내대학 교육과정 전문가는 평가 영역 2인 '사내대학 교육과정의 목표'(4.75)를 가장 중요한 것으로 보고 있다. 특히, 평가전문가 집단은 평가 영역 4의 평가요소 1인 '교육과정의 운영이 초기에 계획했던 대로 이루어지고 있는지 여부'(5.00)를 가장 중요하다고 판단한 반면, 사내대학 교육과정 전문가는 같은 평가 영역의 평가요소 2인 '전공교과의 수업은 현업의 상황과 적절히 연관되어 운영되는지 여부'(5.00)를 가장 중요한 평가문제로 판단하고 있음을 알 수 있다.

나. 평가문제의 분명성

두 번째 평가체제 타당성 요인인 평가문제의 분명성에 대한 것은 두 가지로 구분되는데, 첫째는 제시된 평가요소는 정확히 어떤 것을 평가하려는지 분명하게 나타내고 있는가이고, 둘째는 평가요소에 설정된 평가준거들은 평가요소를 평가하는 데 적합한가에 대한 것이다. 다음에서 그 각각에 대해 살펴보도록 하겠다.

1) 평가요소는 정확히 어떤 것을 평가하려는지 분명하게 나타내고 있는가

여기서는 본 평가설계에 있어서 평가요소들은 어떤 것을 평가하고자 하는지 정확히 나타내고 있는가를 알아보고자 하는 것으로 다음 〈표 Ⅳ-2〉는 각 평가요소의 명확성에 대한 타당성 분석결과를 보여주고 있다.

<표 Ⅳ-2> 평가요소의 명확성

(괄호 안은 SD)

항 목	전 체	평가 전문가	사내대 Curri. 전문가
평가 영역 1. 사내대학 교육과정의 목적	4.66	4.65	4.66
요소 1. 사내대학 교육과정 목적 진술의 명확성	4.60 (.33)	4.62 (.34)	4.58 (.32)
요소 2. 교육과정 목적의 사내대학 설립취지 반영	4.73 (.45)	4.78 (.36)	4.67 (.53)
요소 3. 교육과정 목적의 모기업 경영상의 요구(needs) 반영 여부	4.60 (.33)	4.50 (.37)	4.70 (.25)
요소 4. 사내대학 교육목적의 교육목표에 대한 대표성	4.70 (.41)	4.70 (.54)	4.70 (.25)
평가 영역 2. 사내대학 교육과정의 목표	4.67	4.74	4.59
요소 1. 교육과정 목표 진술의 명확성	4.68 (.46)	4.68 (.47)	4.68 (.47)
요소 2. 경영상의 요구를 토대로 한 교육요구 분석 여부	4.78 (.37)	4.82 (.47)	4.73 (.26)
요소 3. 사내대학 학생(종업원)의 특성 분석 여부	4.57 (.37)	4.67 (.24)	4.47 (.45)
요소 4. 교육목표의 성취가능성 여부	4.65 (.43)	4.80 (.25)	4.50 (.52)
평가 영역 3. 사내대학 교육과정의 설계	4.57	4.55	4.60
요소 1. 교육과정의 합리적인 설계를 위한 지침 마련 여부	4.46 (.52)	4.57 (.55)	4.35 (.48)
요소 2. 교육과정 편성에서 사내대학 특유의 교육목표 반영 수준	4.57 (.37)	4.47 (.45)	4.67 (.24)
요소 3. 전공의 이해를 돕기 위한 기초과목 편성의 적절성	4.67 (.43)	4.73 (.26)	4.60 (.56)
요소 4. 모기업 인재개발전략의 교과 교육과정에의 반영 수준	4.57 (.47)	4.53 (.39)	4.60 (.56)
요소 5. 직무훈련관련 교육과정 설계가 기업의 현업에서의 직무수행능력을 향상시키는 데 적절한지 여부	4.58 (.48)	4.45 (.62)	4.70 (.25)
요소 6. 조직개발관련 교육과정 설계가 기업의 현업에서의 조직적응을 향상시키는 데 적절한지 여부	4.38 (.48)	4.27 (.55)	4.50 (.37)
요소 7. 교육과정이 종업원의 개인적 진학 및 교육욕구를 충족시키고 있는지 여부	4.79 (.31)	4.80 (.25)	4.78 (.36)

항 목	전 체	평가 전문가	사내대 Curri. 전문가
평가 영역 4. 사내대학 교육과정의 적용	4.66	4.70	4.63
요소 1. 교육과정의 운영이 초기에 계획했던 대로 이루어지고 있는지 여부	4.72 (.31)	4.73 (.26)	4.72 (.36)
요소 2. 전공교과의 수업은 현업의 상황과 적절히 연관되어 운영되는지 여부	4.76 (.31)	4.72 (.36)	4.80 (.25)
요소 3. 교육과정이 시간계획 및 교수-학습의 효율적 방법을 명확히 제시하고 있는지 여부	4.63 (.50)	4.72 (.47)	4.53 (.53)
요소 4. 교육과정은 교과에 적합한 교수(강사)를 배치하고 있는지 여부	4.90 (.20)	4.97 (.13)	4.83 (.24)
요소 5. 교육과정의 각 교과를 학생들이 수월하게 학습하는지 여부	4.52 (.56)	4.53 (.61)	4.50 (.52)
요소 6. 교육과정은 학생들의 자율적인 학습 조직을 독려하는지 여부	4.46 (.45)	4.52 (.46)	4.40 (.45)
평가 영역 5. 사내대학 교육과정에서의 평가	4.62	4.69	4.54
요소 1. 체계적인 평가계획의 수립 여부	4.77 (.31)	4.82 (.36)	4.73 (.26)
요소 2. 교육과정의 세 영역인 직무훈련, 개인교육, 조직개발에서의 교육목적 성취 수준	4.45 (.54)	4.63 (.43)	4.27 (.59)
요소 3. 교육과정의 목표달성 정도에 대한 평가방법의 합리성	4.66 (.39)	4.70 (.25)	4.62 (.50)
요소 4. 교육과정의 목표달성에 대한 평가결과가 교육과정의 개선을 위해 합리적으로 활용되고 있는지 여부	4.75 (.36)	4.78 (.36)	4.72 (.36)
요소 5. 교육과정의 운영에서 의도되지 않은 성취의 확인	4.40 (.62)	4.50 (.73)	4.30 (.50)
요소 6. 사내대학 교육과정의 모기업의 사업성과(생산성 향상)에의 기여도	4.68 (.30)	4.72 (.36)	4.63 (.23)

이때 점수의 해석은 앞서 평가문제의 중요성에서와 마찬가지로 1점은 전혀 분명치 않다, 2점은 별로 분명치 않다, 3점은 보통이다, 4점은 조금 분명하다, 5점은 매우 분명하다를 의미한다. 이상의 〈표 Ⅳ-2〉에 나타난

바와 같이 모든 평가요소에 대한 명확성 판단 평정 값은 4.00 이상으로 나타났는데, 이는 본 평가체제에서 설정하고 있는 각각의 평가요소들이 정확히 어떤 것을 평가하고자 하는지를 분명히 나타내고 있다는 것을 의미하고 있는 것이다.

2) 평가요소에 설정된 평가준거들은 평가요소를 조사하기에 적합한가

이는 각 평가요소에 대한 평가설계에서 설정된 평가준거들이 해당 평가요소를 조사하는 데 적합한지에 대한 것으로 다음 〈표 Ⅳ-3〉은 각 요소별로 타당성 평정점수를 보여주고 있다. 각 평가요소에 설정된 평가준거는 앞서 살펴본 사내대학 평가체제의 개발을 참고하면 되겠다. 여기서도 1점은 전혀 적합지 않다, 2점은 별로 적합지 않다, 3점은 보통이다, 4점은 적합하다, 5점은 매우 적합함을 의미하는 것이다.

평가준거의 적합성에 대한 타당성 결과는 〈표 Ⅳ-3〉에 나타나 있는 바와 같이 대부분의 경우 4.00 이상으로 나타났다. 이는 평가체제에 있어서 평가준거들이 각 평가요소를 평가하기에 적합함을 의미하고 있는 것이다. 다만, 평가전문가들의 타당성 판단에 있어서 평가 영역 3의 요소 7에 설정된 평가준거인 '교육과정에 일반대학의 고등교육적 요소가 적절히 편성되어 있는가'와 '교육과정에 성인계속교육을 위한 요소가 적절히 편성되어 있는가', 그리고 평가 영역 5의 요소 3에 설정된 평가준거인 '교과특성에 적합한 평가방법을 사용하고 있는가'와 '평가결과는 학생들의 학습개선을 위해 학생들에게 적절히 송환(feedback)되고 있는가'의 경우는 각각 3.85와 3.95로서 상대적으로 다소 싼 평정 값을 나타내었다. 그러나 전체 평정 값에서는 모든 평가요소에서 평가준거가 적합하게 설정된 것으로 분석되었다.

<표 Ⅳ-3> 평가준거의 적합성

(괄호 안은 SD)

항 목	전 체	평가 전문가	사내대 Curri. 전문가
평가 영역 1. 사내대학 교육과정의 목적	4.47	4.48	4.45
요소 1. 사내대학 교육과정 목적 진술의 명확성	4.42 (.52)	4.48 (.57)	4.35 (.48)
요소 2. 교육과정 목적의 사내대학 설립취지 반영	4.55 (.44)	4.73 (.26)	4.37 (.52)
요소 3. 교육과정 목적의 모기업 경영상의 요구(needs) 반영 여부	4.27 (.55)	4.07 (.57)	4.47 (.45)
요소 4. 사내대학 교육목적의 교육목표에 대한 대표성	4.63 (.43)	4.65 (.46)	4.60 (.42)
평가 영역 2. 사내대학 교육과정의 목표	4.33	4.27	4.39
요소 1. 교육과정 목표 진술의 명확성	4.23 (.49)	3.92 (.39)	4.53 (.39)
요소 2. 경영상의 요구를 토대로 한 교육요구 분석 여부	4.38 (.40)	4.32 (.54)	4.45 (.19)
요소 3. 사내대학 학생(종업원)의 특성 분석 여부	4.35 (.52)	4.35 (.57)	4.35 (.48)
요소 4. 교육목표의 성취가능성 여부	4.37 (.49)	4.50 (.37)	4.23 (.56)
평가 영역 3. 사내대학 교육과정의 설계	4.28	4.18	4.38
요소 1. 교육과정의 합리적인 설계를 위한 지침 마련 여부	4.21 (.57)	4.12 (.64)	4.30 (.50)
요소 2. 교육과정 편성에서 사내대학 특유의 교육목표 반영 수준	4.23 (.51)	4.07 (.52)	4.40 (.45)
요소 3. 전공의 이해를 돕기 위한 기초과목 편성의 적절성	4.35 (.63)	4.40 (.65)	4.30 (.62)
요소 4. 모기업 인재개발전략의 교과 교육과정에의 반영 수준	4.30 (.53)	4.25 (.60)	4.35 (.48)
요소 5. 직무훈련관련 교육과정 설계가 기업의 현업에서의 직무수행능력을 향상시키는 데 적절한지 여부	4.48 (.48)	4.22 (.52)	4.73 (.26)
요소 6. 조직개발관련 교육과정 설계가 기업의 현업에서의 조직적응을 향상시키는 데 적절한지 여부	4.28 (.52)	4.37 (.36)	4.20 (.64)
요소 7. 교육과정이 종업원의 개인적 진학 및 교육욕구를 충족시키고 있는지 여부	4.13 (.58)	3.85 (.69)	4.40 (.26)

항 목	전 체	평가 전문가	사내대 Curri. 전문가
평가 영역 4. 사내대학 교육과정의 적용	4.36	4.28	4.44
요소 1. 교육과정의 운영이 초기에 계획했던 대로 이루어지고 있는지 여부	4.29 (.50)	4.23 (.52)	4.35 (.48)
요소 2. 전공교과의 수업은 현업의 상황과 적 절히 연관되어 운영되는지 여부	4.38 (.52)	4.42 (.57)	4.35 (.48)
요소 3. 교육과정이 시간계획 및 교수 – 학습 의 효율적 방법을 명확히 제시하고 있는지 여부	4.27 (.60)	4.10 (.67)	4.43 (.48)
요소 4. 교육과정은 교과에 적합한 교수(강 사)를 배치하고 있는지 여부	4.68 (.37)	4.62 (.45)	4.73 (.26)
요소 5. 교육과정의 각 교과를 학생들이 수월 하게 학습하는지 여부	4.23 (.68)	4.17 (.74)	4.30 (.62)
요소 6. 교육과정은 학생들의 자율적인 학습 조직을 독려하는지 여부	4.33 (.46)	4.15 (.49)	4.50 (.37)
평가 영역 5. 사내대학 교육과정에서의 평가	4.34	4.28	4.41
요소 1. 체계적인 평가계획의 수립 여부	4.48 (.54)	4.42 (.70)	4.55 (.30)
요소 2. 교육과정의 세 영역인 직무훈련, 개 인교육, 조직개발에서의 교육목적 성 취 수준	4.38 (.62)	4.60 (.52)	4.15 (.65)
요소 3. 교육과정의 목표달성 정도에 대한 평 가방법의 합리성	4.29 (.63)	3.95 (.62)	4.63 (.43)
요소 4. 교육과정의 목표달성에 대한 평가결 과가 교육과정의 개선을 위해 합리적 으로 활용되고 있는지 여부	4.39 (.56)	4.17 (.65)	4.62 (.34)
요소 5. 교육과정의 운영에서 의도되지 않은 성취의 확인	4.08 (.65)	4.12 (.77)	4.05 (.53)
요소 6. 사내대학 교육과정의 모기업의 사업 성과(생산성 향상)에의 기여도	4.43 (.49)	4.42 (.57)	4.45 (.41)

다. 평가목적의 구체성

세 번째 타당성 판단 요인은 평가목적이 구체적으로 제시되었는가 하는 것이다. 다음 〈표 Ⅳ-4〉는 본 평가체제에서 설정하고 있는 평가목적의 구체성에 대한 타당성 판단 점수를 나타내고 있다. 각 요소에 설정된 평가목적은 앞서의 평가체제 개발 부분에 나와 있으며 여기서는 다시 제시하지 않겠다. 〈표 Ⅳ-4〉는 각 요소별로 평가목적의 구체성에 대한 타당성 평정 값을 보여주고 있다. 여기서도 1점은 전혀 구체적이 않다, 2점은 별로 구체적이지 않다, 3점은 보통이다, 4점은 구체적이다, 5점은 매우 구체적이다는 것을 의미한다.

평가 영역에 따른 전체 타당성 점수를 살펴보면, 평가 영역 1인 '사내대학 교육과정의 목적'이 가장 높은 평정 값을 나타냈다. 평가요소별로는 평가전문가의 경우 평가 영역 4의 요소 1인 '교육과정의 운영이 초기에 계획했던 대로 이루어지고 있는지 여부'(4.93)를, 그리고 사내대학 교육과정 전문가의 경우 평가 영역 3의 요소 5인 '직무훈련관련 교육과정 설계가 기업의 현업에서의 직무수행 능력을 향상시키는 데 적절한지 여부'(4.77)에 가장 높은 평정 값을 나타내고 있다.

전체적으로 보았을 때, 모든 평가요소에서 4.00 이상의 평정 값을 나타내고 있음을 알 수 있다. 이는 모든 평가요소가 구체적으로 평가목적을 제시하고 있다는 것을 의미하고 있는 것이다. 따라서 평가목적의 구체적 제시에 대해 타당함을 보여주고 있다 할 것이다.

〈표 Ⅳ-4〉 평가목적의 구체성

(괄호 안은 SD)

항 목	전 체	평가 전문가	사내대 Curri. 전문가
평가 영역 1. 사내대학 교육과정의 목적	4.62	4.68	4.55
요소 1. 사내대학 교육과정 목적 진술의 명확성	4.43 (.56)	4.58 (.49)	4.27 (.59)
요소 2. 교육과정 목적의 사내대학 설립취지 반영	4.67 (.35)	4.75 (.37)	4.58 (.32)
요소 3. 교육과정 목적의 모기업 경영상의 요 구(needs) 반영 여부	4.71 (.40)	4.72 (.36)	4.70 (.45)
요소 4. 사내대학 교육목적의 교육목표에 대한 대표성	4.67 (.35)	4.68 (.36)	4.65 (.35)
평가 영역 2. 사내대학 교육과정의 목표	4.58	4.68	4.48
요소 1. 교육과정 목표 진술의 명확성	4.52 (.42)	4.47 (.50)	4.58 (.32)
요소 2. 경영상의 요구를 토대로 한 교육요구 분석 여부	4.72 (.31)	4.82 (.36)	4.63 (.23)
요소 3. 사내대학 학생(종업원)의 특성 분석 여부	4.56 (.35)	4.72 (.36)	4.40 (.26)
요소 4. 교육목표의 성취가능성 여부	4.52 (.37)	4.73 (.26)	4.30 (.34)
평가 영역 3. 사내대학 교육과정의 설계	4.57	4.61	4.53
요소 1. 교육과정의 합리적인 설계를 위한 지 침 마련 여부	4.64 (.39)	4.73 (.26)	4.55 (.47)
요소 2. 교육과정 편성에서 사내대학 특유의 교육목표 반영 수준	4.48 (.53)	4.62 (.50)	4.33 (.53)
요소 3. 전공의 이해를 돕기 위한 기초과목 편 성의 적절성	4.50 (.51)	4.57 (.55)	4.43 (.48)
요소 4. 모기업 인재개발전략의 교과 교육과정 에의 반영 수준	4.57 (.58)	4.72 (.47)	4.42 (.65)
요소 5. 직무훈련관련 교육과정 설계가 기업의 현업에서의 직무수행 능력을 향상시키 는 데 적절한지 여부	4.72 (.41)	4.67 (.53)	4.77 (.26)
요소 6. 조직개발관련 교육과정 설계가 기업의 현업에서의 조직적응을 향상시키는 데 적절한지 여부	4.57 (.37)	4.55 (.42)	4.58 (.32)
요소 7. 교육과정이 종업원의 개인적 진학 및 교육욕구를 충족시키고 있는지 여부	4.52 (.52)	4.40 (.58)	4.63 (.43)

항　　목	전　체	평가 전문가	사내대 Curri. 전문가
평가 영역 4. 사내대학 교육과정의 적용	4.60	4.69	4.51
요소　1. 교육과정의 운영이 초기에 계획했던 대로 이루어지고 있는지 여부	4.66 (.47)	4.93 (.18)	4.38 (.51)
요소　2. 전공교과의 수업은 현업의 상황과 적절히 연관되어 운영되는지 여부	4.68 (.30)	4.72 (.36)	4.63 (.23)
요소　3. 교육과정이 시간계획 및 교수-학습의 효율적 방법을 명확히 제시하고 있는지 여부	4.56 (.41)	4.58 (.44)	4.53 (.39)
요소　4. 교육과정은 교과에 적합한 교수(강사)를 배치하고 있는지 여부	4.74 (.31)	4.80 (.25)	4.68 (.36)
요소　5. 교육과정의 각 교과를 학생들이 수월하게 학습하는지 여부	4.51 (.54)	4.52 (.59)	4.50 (.52)
요소　6. 교육과정은 학생들의 자율적인 학습조직을 독려하는지 여부	4.47 (.46)	4.60 (.42)	4.35 (.48)
평가 영역 5. 사내대학 교육과정에서의 평가	4.58	4.67	4.49
요소 1. 체계적인 평가계획의 수립 여부	4.68 (.30)	4.73 (.26)	4.62 (.34)
요소 2. 교육과정의 세 영역인 직무훈련, 개인교육, 조직개발에서의 교육목적 성취 수준	4.48 (.53)	4.72 (.36)	4.23 (.56)
요소 3. 교육과정의 목표달성 정도에 대한 평가방법의 합리성	4.61 (.38)	4.50 (.37)	4.72 (.36)
요소 4. 교육과정의 목표달성에 대한 평가결과가 교육과정의 개선을 위해 합리적으로 활용되고 있는지 여부	4.63 (.50)	4.78 (.47)	4.47 (.50)
요소 5. 교육과정의 운영에서 의도되지 않은 성취의 확인	4.45 (.48)	4.60 (.42)	4.30 (.50)
요소 6. 사내대학 교육과정의 모기업의 사업성과(생산성 향상)에의 기여도	4.65 (.34)	4.72 (.36)	4.58 (.32)

라. 평가절차의 명확성

여기서는 평가체제의 타당성 요인 세 번째인 평가절차의 명확성에 대해 살펴보도록 하겠다. 평가절차의 명확성에 관한 타당성 조사는 세 가지로 구분되는데, 첫째는 평가절차가 분명하게 제시되었는가, 둘째는 본 평가설계에 의해 평가가 수행가능한가, 셋째는 본 평가요소는 평가하기에 용이한가이다.

1) 평가절차는 분명하게 제시되었는가

이는 각 평가요소에 대한 설계에서 평가절차가 분명하게 제시되어 있는가를 살펴보고자 하는 것으로 다음 〈표 Ⅳ-5〉는 요소별 타당성 평정 값을 보여주고 있다.

사내대학 교육과정 전문가들의 경우, 평가 영역 1의 요소 1인 '사내대학 교육과정 목적 진술의 명확성'과 평가 영역 5의 요소 5인 '교육과정의 운영에서 의도되지 않은 성취의 확인'에서 평정 값이 모두 3.90으로 나타나 상대적으로 다소 싼 평정 값을 보인 것을 제외하고는 대부분의 경우에 있어서 4.00 이상의 높은 평정 값을 나타내고 있다. 즉 각 평가요소에 대한 평가설계에서 제시하고 있는 평가절차가 대체로 타당하다는 것을 의미하고 있는 것이다.

그리고 개별 평가요소별 평가절차 제시의 분명성을 살펴볼 때, 전체 평정 값에서는 평가 영역 5의 요소 4인 '교육과정이 목표달성에 대한 평가결과가 교육과정의 개선을 위해 합리적으로 활용되고 있는지 여부'(4.63)가, 평가전문가 집단의 경우는 평가 영역 3의 요소 3인 '전공의 이해를 돕기 위한 기초과목 편성의 적절성'(4.72)과 평가 영역 4의 요소 5인 '교육과정의 각 교과를 학생들이 수월하게 학습하는지 여부'(4.72), 그리고 사내대학 교육과정 전문가 집단의 경우는 평가 영역 2의 요소 2인 '경영상의 요구를 토대로 한 교육요구 분석 여부'(4.68)가 가장 높은 타당성 평정 값을 나타내고 있음을 알 수 있다.

<표 Ⅳ-5> 평가절차의 분명한 제시

(괄호 안은 SD)

항　　목	전　체	평가 전문가	사내대 Curri. 전문가
평가 영역 1. 사내대학 교육과정의 목적	4.29	4.37	4.21
요소 1. 사내대학 교육과정 목적 진술의 명확성	4.01 (.53)	4.12 (.68)	3.90 (.31)
요소 2. 교육과정 목적의 사내대학 설립취지 반영	4.40 (.36)	4.40 (.26)	4.40 (.45)
요소 3. 교육과정 목적의 모기업 경영상의 요구 (needs) 반영 여부	4.37 (.33)	4.43 (.31)	4.30 (.34)
요소 4. 사내대학 교육목적의 교육목표에 대한 대표성	4.38 (.58)	4.52 (.62)	4.25 (.52)
평가 영역 2. 사내대학 교육과정의 목표	4.40	4.41	4.39
요소 1. 교육과정 목표 진술의 명확성	4.31 (.55)	4.42 (.57)	4.20 (.53)
요소 2. 경영상의 요구를 토대로 한 교육요구 분 석 여부	4.39 (.57)	4.10 (.61)	4.68 (.36)
요소 3. 사내대학 학생(종업원)의 특성 분석 여부	4.50 (.53)	4.58 (.57)	4.42 (.49)
요소 4. 교육목표의 성취가능성 여부	4.40 (.51)	4.55 (.47)	4.25 (.52)
평가 영역 3. 사내대학 교육과정의 설계	4.40	4.39	4.40
요소 1. 교육과정의 합리적인 설계를 위한 지침 마련 여부	4.47 (.33)	4.53 (.39)	4.40 (.26)
요소 2. 교육과정 편성에서 사내대학 특유의 교 육목표 반영 수준	4.55 (.44)	4.57 (.50)	4.53 (.39)
요소 3. 전공의 이해를 돕기 위한 기초과목 편 성의 적절성	4.53 (.61)	4.72 (.36)	4.33 (.74)
요소 4. 모기업 인재개발전략의 교과 교육과정 에의 반영 수준	4.41 (.55)	4.40 (.45)	4.42 (.65)
요소 5. 직무훈련관련 교육과정 설계가 기업의 현업에서의 직무수행 능력을 향상시키 는 데 적절한지 여부	4.43 (.37)	4.32 (.39)	4.55 (.30)
요소 6. 조직개발관련 교육과정 설계가 기업의 현업에서의 조직적응을 향상시키는 데 적절한지 여부	4.09 (.50)	4.03 (.48)	4.15 (.53)
요소 7. 교육과정이 종업원의 개인적 진학 및 교육욕구를 충족시키고 있는지 여부	4.30 (.47)	4.20 (.48)	4.40 (.45)

항　　목	전　체	평가 전문가	사내대 Curri. 전문가
평가 영역 4. 사내대학 교육과정의 적용	4.34	4.36	4.32
요소 1. 교육과정의 운영이 초기에 계획했던 대로 이루어지고 있는지 여부	4.32 (.60)	4.42 (.61)	4.23 (.60)
요소 2. 전공교과의 수업은 현업의 상황과 적절히 연관되어 운영되는지 여부	4.35 (.47)	4.35 (.48)	4.35 (.48)
요소 3. 교육과정이 시간계획 및 교수-학습의 효율적 방법을 명확히 제시하고 있는지 여부	4.23 (.51)	4.17 (.64)	4.30 (.34)
요소 4. 교육과정은 교과에 적합한 교수(강사)를 배치하고 있는지 여부	4.38 (.50)	4.38 (.51)	4.38 (.51)
요소 5. 교육과정의 각 교과를 학생들이 수월하게 학습하는지 여부	4.48 (.62)	4.72 (.60)	4.23 (.56)
요소 6. 교육과정은 학생들의 자율적인 학습조직을 독려하는지 여부	4.27 (.50)	4.13 (.53)	4.40 (.45)
평가 영역 5. 사내대학 교육과정에서의 평가	4.39	4.48	4.19
요소 1. 체계적인 평가계획의 수립 여부	4.44 (.44)	4.53 (.53)	4.35 (.31)
요소 2. 교육과정의 세 영역인 직무훈련, 개인교육, 조직개발에서의 교육목적 성취 수준	4.34 (.65)	4.63 (.52)	4.05 (.64)
요소 3. 교육과정의 목표달성 정도에 대한 평가방법의 합리성	4.40 (.42)	4.45 (.51)	4.35 (.31)
요소 4. 교육과정의 목표달성에 대한 평가결과가 교육과정의 개선을 위해 합리적으로 활용되고 있는지 여부	4.63 (.50)	4.45 (.41)	4.18 (.57)
요소 5. 교육과정의 운영에서 의도되지 않은 성취의 확인	4.08 (.48)	4.27 (.42)	3.90 (.48)
요소 6. 사내대학 교육과정의 모기업의 사업성과(생산성 향상)에의 기여도	4.43 (.51)	4.57 (.50)	4.30 (.50)

2) 본 평가설계에 의해 평가가 수행가능한가

이는 각 평가요소에 대한 평가설계가 과연 실제 수행가능할 것인지를 알아보고자 하는 것이다. 다음 〈표 Ⅳ-6〉은 그 타당성 평정 값을 평가요소별로 나타내고 있다. 여기서 1점은 전혀 수행가능하지 않다, 2점은 별로 수행가능하지 않다, 3점은 보통이다, 4점은 수행가능하다, 5점은 매우 수행가능함을 의미한다.

〈표 Ⅳ-6〉에 나타난 결과에서 알 수 있듯이 대부분의 평정 값은 4.00 이상을 나타내고 있다. 즉 대부분의 평가요소에 대한 평가설계는 수행 가능하다는 것을 보여주고 있는 것이다. 다만 전체 점수에 있어서 평가 영역 3의 요소 6인 '조직개발관련 교육과정 설계가 기업의 현업에서의 조직적응을 향상시키는 데 적절한지 여부'와 평가 영역 5의 요소 5인 '교육과정의 운영에서 의도되지 않은 성취의 확인'이 각각 3.95와 3.99로 나타나 상대적으로 다소 싼 평정 값을 보였다. 평가전문가의 경우는 평가 영역 3의 평가요소 6(3.85)에서, 그리고 사내대학 교육과정 전문가의 경우는 평가 영역 5의 평가요소 5(3.97)와 평가요소 6인 '사내대학 교육 과정의 모기업의 사업성과(생산성 향상)에의 기여도'(3.92)에서 다소 싼 평정 값을 나타내었다.

그리고 전체 타당성 평정 값에서는 평가 영역 4의 요소 4인 '교육과 정은 교과에 적합한 교수(강사)를 배치하고 있는지 여부'(4.54)가 가장 높은 평정 값을 나타냈으며, 평가전문가는 평가 영역 5의 요소 1인 '체계적인 평가계획의 수립 여부'(4.67)를 그리고 사내대학 교육과정 전문 가는 평가 영역 4의 요소 2인 '전공교과의 수업은 현업의 상황과 적절히 연관되어 운영되는지 여부'(4.63)에 가장 높은 평정 값을 나타내었다.

<표 Ⅳ-6> 평가설계에 따른 평가의 수행가능성

(괄호 안은 SD)

항　　목	전　체	평가 전문가	사내대 Curri. 전문가
평가 영역 1. 사내대학 교육과정의 목적	4.41	4.51	4.32
요소 1. 사내대학 교육과정 목적 진술의 명확성	4.43 (.43)	4.55 (.30)	4.30 (.50)
요소 2. 교육과정 목적의 사내대학 설립취지 반영	4.43 (.39)	4.57 (.18)	4.30 (.50)
요소 3. 교육과정 목적의 모기업 경영상의 요구 (needs) 반영 여부	4.40 (.42)	4.40 (.40)	4.40 (.45)
요소 4. 사내대학 교육목적의 교육목표에 대한 대표성	4.38 (.58)	4.50 (.47)	4.27 (.66)
평가 영역 2. 사내대학 교육과정의 목표	4.38	4.37	4.39
요소 1. 교육과정 목표 진술의 명확성	4.44 (.52)	4.47 (.57)	4.42 (.49)
요소 2. 경영상의 요구를 토대로 한 교육요구 분석 여부	4.33 (.58)	4.15 (.61)	4.50 (.52)
요소 3. 사내대학 학생(종업원)의 특성 분석 여부	4.45 (.56)	4.50 (.56)	4.40 (.58)
요소 4. 교육목표의 성취가능성 여부	4.31 (.55)	4.37 (.60)	4.25 (.52)
평가 영역 3. 사내대학 교육과정의 설계	4.27	4.25	4.29
요소 1. 교육과정의 합리적인 설계를 위한 지침 마련 여부	4.32 (.65)	4.47 (.71)	4.17 (.57)
요소 2. 교육과정 편성에서 사내대학 특유의 교 육목표 반영 수준	4.29 (.40)	4.28 (.46)	4.30 (.34)
요소 3. 전공의 이해를 돕기 위한 기초과목 편 성의 적절성	4.50 (.62)	4.60 (.56)	4.40 (.69)
요소 4. 모기업 인재개발전략의 교과 교육과정 에의 반영 수준	4.22 (.49)	4.08 (.49)	4.35 (.48)
요소 5. 직무훈련관련 교육과정 설계가 기업의 현업에서의 직무수행 능력을 향상시키 는 데 적절한지 여부	4.42 (.38)	4.28 (.41)	4.55 (.30)
요소 6. 조직개발관련 교육과정 설계가 기업의 현업에서의 조직적응을 향상시키는 데 적절한지 여부	3.95 (.49)	3.85 (.58)	4.05 (.38)
요소 7. 교육과정이 종업원의 개인적 진학 및 교육욕구를 충족시키고 있는지 여부	4.21 (.47)	4.22 (.43)	4.20 (.53)

항 목	전 체	평가 전문가	사내대 Curri. 전문가
평가 영역 4. 사내대학 교육과정의 적용	4.39	4.37	4.41
요소 1. 교육과정의 운영이 초기에 계획했던 대로 이루어지고 있는지 여부	4.35 (.61)	4.28 (.72)	4.42 (.49)
요소 2. 전공교과의 수업은 현업의 상황과 적절히 연관되어 운영되는지 여부	4.44 (.55)	4.25 (.60)	4.63 (.43)
요소 3. 교육과정이 시간계획 및 교수-학습의 효율적 방법을 명확히 제시하고 있는지 여부	4.37 (.57)	4.23 (.70)	4.50 (.37)
요소 4. 교육과정은 교과에 적합한 교수(강사)를 배치하고 있는지 여부	4.54 (.43)	4.60 (.42)	4.48 (.44)
요소 5. 교육과정의 각 교과를 학생들이 수월하게 학습하는지 여부	4.40 (.61)	4.47 (.69)	4.33 (.53)
요소 6. 교육과정은 학생들의 자율적인 학습조직을 독려하는지 여부	4.24 (.62)	4.38 (.59)	4.10 (.65)
평가 영역 5. 사내대학 교육과정에서의 평가	4.24	4.31	4.16
요소 1. 체계적인 평가계획의 수립 여부	4.46 (.52)	4.67 (.44)	4.25 (.52)
요소 2. 교육과정의 세 영역인 직무훈련, 개인교육, 조직개발에서의 교육목적 성취 수준	4.25 (.49)	4.30 (.46)	4.20 (.53)
요소 3. 교육과정의 목표달성 정도에 대한 평가방법의 합리성	4.28 (.43)	4.27 (.51)	4.30 (.34)
요소 4. 교육과정의 목표달성에 대한 평가결과가 교육과정의 개선을 위해 합리적으로 활용되고 있는지 여부	4.30 (.47)	4.30 (.46)	4.30 (.50)
요소 5. 교육과정의 운영에서 의도되지 않은 성취의 확인	3.99 (.59)	4.02 (.64)	3.97 (.55)
요소 6. 사내대학 교육과정의 모기업의 사업성과(생산성 향상)에의 기여도	4.18 (.40)	4.27 (.42)	3.92 (.39)

3) 본 평가요소는 평가하기에 용이한가

이는 앞서 살펴본 평가의 수행가능성과는 달리 평가수행이 얼마나 용이한가를 알아보고자 하는 것이다. 다음 〈표 Ⅳ-7〉이 바로 이런 평가의 용이성에 대한 타당성 평정 값을 보여주고 있다. 여기서 1점은 전혀 용이하지 않다, 2점은 별로 용이하지 않다, 3점은 보통이다, 4점은 조금 용이하다, 5점은 매우 용이함을 의미한다.

〈표 Ⅳ-7〉의 결과에 나와 있는 바와 같이 분석결과는 대체로 4.00 이상의 평정 값을 보이고 있다. 다만, 전체 평정 값에서 평가 영역 3의 요소 6인 '조직개발관련 교육과정 설계가 기업의 현업에서의 조직적응을 향상시키는 데 적절한지 여부'(3.78)와 평가 영역 5의 요소 2인 '교육과정의 세 영역인 직무훈련, 개인교육, 조직개발에서의 교육목적 성취 수준'(3.93), 요소 5인 '교육과정의 운영에서 의도되지 않은 성취의 확인'(3.78), 요소 6인 '사내대학 교육과정의 모기업의 사업성과(생산성 향상)에의 기여도'(3.83)에서 상대적으로 다소 싼 평정 값을 보였다.

이와 같이 평가의 용이성에 있어서 다소 싼 평정 값을 보인 것은 평가요소에 대한 평가방법론의 난이도와 평가대상이 무엇이냐에 따라 그리고 평가 자료의 접근가능성 등의 요인이 함께 작용한 것으로 추정할 수 있겠다. 그러나 본 분석결과는 대부분의 평가요소들이 본 연구에서 개발된 평가설계에 따라 수행이 용이하다는 것을 보여주고 있다.

<표 Ⅳ-7> 평가의 용이성

(괄호 안은 SD)

항　　목	전　체	평가 전문가	사내대 Curri. 전문가
평가 영역 1. 사내대학 교육과정의 목적	4.13	4.07	4.19
요소 1. 사내대학 교육과정 목적 진술의 명확성	4.07 (.54)	3.93 (.54)	4.20 (.53)
요소 2. 교육과정 목적의 사내대학 설립취지 반영	4.16 (.63)	4.45 (.51)	3.87 (.63)
요소 3. 교육과정 목적의 모기업 경영상의 요구 (needs) 반영 여부	4.21 (.58)	4.02 (.64)	4.40 (.45)
요소 4. 사내대학 교육목적의 교육목표에 대한 대표성	4.08 (.65)	3.90 (.60)	4.27 (.66)
평가 영역 2. 사내대학 교육과정의 목표	4.22	4.13	4.29
요소 1. 교육과정 목표 진술의 명확성	4.33 (.63)	4.28 (.65)	4.37 (.63)
요소 2. 경영상의 요구를 토대로 한 교육요구 분석 여부	4.06 (.52)	3.93 (.58)	4.18 (.44)
요소 3. 사내대학 학생(종업원)의 특성 분석 여부	4.19 (.54)	4.12 (.53)	4.27 (.55)
요소 4. 교육목표의 성취가능성 여부	4.28 (.52)	4.20 (.57)	4.35 (.48)
평가 영역 3. 사내대학 교육과정의 설계	4.16	4.17	4.14
요소 1. 교육과정의 합리적인 설계를 위한 지침 마련 여부	4.22 (.66)	4.38 (.65)	4.05 (.64)
요소 2. 교육과정 편성에서 사내대학 특유의 교 육목표 반영 수준	4.22 (.42)	4.13 (.49)	4.30 (.34)
요소 3. 전공의 이해를 돕기 위한 기초과목 편 성의 적절성	4.47 (.59)	4.68 (.47)	4.25 (.63)
요소 4. 모기업 인재개발전략의 교과 교육과정 에의 반영 수준	4.16 (.48)	4.17 (.44)	4.15 (.53)
요소 5. 직무훈련관련 교육과정 설계가 기업의 현업에서의 직무수행 능력을 향상시키 는 데 적절한지 여부	4.19 (.43)	4.22 (.43)	4.17 (.44)
요소 6. 조직개발관련 교육과정 설계가 기업의 현업에서의 조직적응을 향상시키는 데 적절한지 여부	3.78 (.38)	3.60 (.35)	3.95 (.34)
요소 7. 교육과정이 종업원의 개인적 진학 및 교육욕구를 충족시키고 있는지 여부	4.06 (.54)	4.03 (.60)	4.08 (.49)

162

항 목	전 체	평가 전문가	사내대 Curri. 전문가
평가 영역 4. 사내대학 교육과정의 적용	4.33	4.34	4.33
요소 1. 교육과정의 운영이 초기에 계획했던 대로 이루어지고 있는지 여부	4.33 (.65)	4.28 (.78)	4.37 (.52)
요소 2. 전공교과의 수업은 현업의 상황과 적절히 연관되어 운영되는지 여부	4.26 (.56)	4.17 (.64)	4.35 (.48)
요소 3. 교육과정이 시간계획 및 교수-학습의 효율적 방법을 명확히 제시하고 있는지 여부	4.45 (.58)	4.35 (.67)	4.55 (.47)
요소 4. 교육과정은 교과에 적합한 교수(강사)를 배치하고 있는지 여부	4.46 (.59)	4.42 (.61)	4.50 (.60)
요소 5. 교육과정의 각 교과를 학생들이 수월하게 학습하는지 여부	4.38 (.58)	4.48 (.61)	4.28 (.55)
요소 6. 교육과정은 학생들의 자율적인 학습조직을 독려하는지 여부	4.13 (.67)	4.32 (.72)	3.95 (.58)
평가 영역 5. 사내대학 교육과정에서의 평가	4.00	3.88	4.12
요소 1. 체계적인 평가계획의 수립 여부	4.34 (.54)	4.43 (.56)	4.25 (.52)
요소 2. 교육과정의 세 영역인 직무훈련, 개인교육, 조직개발에서의 교육목적 성취 수준	3.93 (.61)	3.65 (.53)	4.22 (.57)
요소 3. 교육과정의 목표달성 정도에 대한 평가방법의 합리성	4.04 (.54)	3.92 (.61)	4.17 (.44)
요소 4. 교육과정의 목표달성에 대한 평가결과가 교육과정의 개선을 위해 합리적으로 활용되고 있는지 여부	4.08 (.58)	3.80 (.55)	4.35 (.48)
요소 5. 교육과정의 운영에서 의도되지 않은 성취의 확인	3.78 (.46)	3.75 (.52)	3.80 (.41)
요소 6. 사내대학 교육과정의 모기업의 사업성과(생산성 향상)에의 기여도	3.83 (.46)	3.75 (.52)	3.92 (.39)

마. 평가설계의 적절성

평가체제 타당성 요인의 다섯 번째는 평가설계의 적절성에 대한 것이다. 이는 두 가지로 구분되는데 첫째는 평가요소에 맞춰 평가절차는 적절하게 설계되었는가이고, 둘째는 평가요소를 조사하는 데 평가방법은 적절한가이다. 다음에서 그 각각에 대해 살펴보도록 하겠다.

1) 평가요소에 맞춰 평가절차는 적절하게 설계되었는가

여기서는 본 평가체제의 각 평가요소에서 평가절차가 적절하게 설계되어 있는지를 살펴보고자 하는 것이다. 다음 〈표 Ⅳ-8〉은 이에 대한 타당성 평정결과를 보여주고 있다. 여기서 1점은 매우 적절치 않다, 2점은 별로 적절치 않다, 3점은 보통이다, 4점은 적절하다, 5점은 매우 적절하다를 의미한다.

〈표 Ⅳ-8〉의 결과에서 알 수 있듯이 모든 평가요소는 4.00 이상의 평정 값을 나타내고 있다. 이는 평가요소에 따라 평가절차가 적절하게 설계되어 있다는 것을 의미하고 있는 것이다.

전체 점수로 살펴볼 때, 평가 영역 4의 요소 4인 '교육과정은 교과에 적합한 교수(강사)를 배치하고 있는지 여부'(4.56)가 가장 높은 평정 값을 나타냈다. 그리고 평가전문가들의 경우는 평가 영역 3의 요소 3인 '전공의 이해를 돕기 위한 기초과목 편성의 적절성'(4.63)을, 그리고 사내대학 교육과정 전문가는 평가 영역 1의 요소 3인 '교육과정 목적의 모기업 경영상의 요구(needs) 반영 여부'(4.60)와 평가 영역 2의 요소 2인 '경영상의 요구를 토대로 한 교육요구 분석 여부'(4.60)에 가장 높은 평정 값을 나타내었다.

〈표 Ⅳ-8〉 평가요소에 따른 평가절차의 적절성

(괄호 안은 SD)

항 목	전 체	평가 전문가	사내대 Curri. 전문가
평가 영역 1. 사내대학 교육과정의 목적	4.31	4.22	4.41
요소 1. 사내대학 교육과정 목적 진술의 명확성	4.26 (.53)	4.10 (.53)	4.42 (.49)
요소 2. 교육과정 목적의 사내대학 설립취지 반영	4.35 (.40)	4.35 (.31)	4.35 (.48)
요소 3. 교육과정 목적의 모기업 경영상의 요구 (needs) 반영 여부	4.41 (.53)	4.22 (.57)	4.60 (.42)
요소 4. 사내대학 교육목적의 교육목표에 대한 대표성	4.23 (.47)	4.22 (.43)	4.25 (.52)
평가 영역 2. 사내대학 교육과정의 목표	4.35	4.31	4.41
요소 1. 교육과정 목표 진술의 명확성	4.31 (.51)	4.35 (.31)	4.27 (.66)
요소 2. 영상의 요구를 토대로 한 교육요구 분 석 여부	4.38 (.60)	4.17 (.68)	4.60 (.42)
요소 3. 사내대학 학생(종업원)의 특성 분석 여부	4.40 (.44)	4.35 (.48)	4.45 (.41)
요소 4. 교육목표의 성취가능성 여부	4.33 (.50)	4.37 (.52)	4.30 (.50)
평가 영역 3. 사내대학 교육과정의 설계	4.28	4.29	4.27
요소 1. 교육과정의 합리적인 설계를 위한 지침 마련 여부	4.36 (.59)	4.50 (.60)	4.22 (.57)
요소 2. 교육과정 편성에서 사내대학 특유의 교 육목표 반영 수준	4.32 (.46)	4.32 (.39)	4.33 (.53)
요소 3. 전공의 이해를 돕기 위한 기초과목 편 성의 적절성	4.51 (.60)	4.63 (.43)	4.38 (.72)
요소 4. 모기업 인재개발전략의 교과 교육과정 에의 반영 수준	4.23 (.47)	4.10 (.39)	4.37 (.52)
요소 5. 직무훈련관련 교육과정 설계가 기업의 현업에서의 직무수행 능력을 향상시키 는 데 적절한지 여부	4.28 (.50)	4.30 (.46)	4.27 (.55)
요소 6. 조직개발관련 교육과정 설계가 기업의 현업에서의 조직적응을 향상시키는 데 적절한지 여부	4.12 (.50)	4.17 (.44)	4.07 (.57)
요소 7. 교육과정이 종업원의 개인적 진학 및 교육욕구를 충족시키고 있는지 여부	4.17 (.50)	4.05 (.38)	4.28 (.59)

항　　목	전 체	평가 전문가	사내대 Curri. 전문가
평가 영역 4. 사내대학 교육과정의 적용	4.36	4.34	4.38
요소 1. 교육과정의 운영이 초기에 계획했던 대로 이루어지고 있는지 여부	4.39 (.52)	4.42 (.53)	4.37 (.52)
요소 2. 전공교과의 수업은 현업의 상황과 적절히 연관되어 운영되는지 여부	4.19 (.48)	4.10 (.39)	4.28 (.55)
요소 3. 교육과정이 시간계획 및 교수－학습의 효율적 방법을 명확히 제시하고 있는지 여부	4.43 (.57)	4.32 (.65)	4.55 (.47)
요소 4. 교육과정은 교과에 적합한 교수(강사)를 배치하고 있는지 여부	4.56 (.48)	4.58 (.44)	4.53 (.53)
요소 5. 교육과정의 각 교과를 학생들이 수월하게 학습하는지 여부	4.40 (.55)	4.28 (.63)	4.52 (.46)
요소 6. 교육과정은 학생들의 자율적인 학습조직을 독려하는지 여부	4.18 (.50)	4.33 (.53)	4.03 (.43)
평가 영역 5. 사내대학 교육과정에서의 평가	4.26	4.32	4.20
요소 1. 체계적인 평가계획의 수립 여부	4.40 (.51)	4.45 (.55)	4.35 (.48)
요소 2. 교육과정의 세 영역인 직무훈련, 개인교육, 조직개발에서의 교육목적 성취 수준	4.28 (.56)	4.37 (.47)	4.20 (.64)
요소 3. 교육과정의 목표달성 정도에 대한 평가방법의 합리성	4.33 (.38)	4.35 (.43)	4.30 (.34)
요소 4. 교육과정의 목표달성에 대한 평가결과가 교육과정의 개선을 위해 합리적으로 활용되고 있는지 여부	4.16 (.48)	4.12 (.44)	4.20 (.53)
요소 5. 교육과정의 운영에서 의도되지 않은 성취의 확인	4.07 (.43)	4.12 (.44)	4.02 (.43)
요소 6. 사내대학 교육과정의 모기업의 사업성과(생산성 향상)에의 기여도	4.32 (.44)	4.48 (.44)	4.15 (.39)

2) 평가요소를 조사하는데 평가방법은 적절한가

이는 각 평가요소에 대한 본 평가설계에 제시되어 있는 평가방법의 적절성을 알아보고자 하는 것이다. 다음 〈표 Ⅳ-9〉는 그 타당성 평정결과를 보여주고 있다. 여기서의 점수해석은 앞서 살펴본 평가절차의 적절성에서와 동일하다.

〈표 Ⅳ-9〉의 타당성 평정결과에서 알 수 있듯이 전체 평정 값에 있어서 평가 영역 3의 요소 6인 '조직개발관련 교육과정 설계가 기업의 현업에서의 조직적응을 향상시키는 데 적절한지 여부'와 평가 영역 5의 요소 5인 '교육과정의 운영에서 의도되지 않은 성취의 확인'이 각각 3.91과 3.98로 상대적으로 다소 싼 평정 값을 나타낸 것을 제외하고는 대체로 4.00 이상의 높은 평정 값을 보이고 있다. 결국, 각 평가요소의 설계에서 제시하고 있는 평가방법이 대체로 적절하다는 것을 의미하고 있는 것이다.

평가요소별로 살펴보면, 전체 평정 값의 경우 평가 영역 4의 요소 4인 '교육과정은 교과에 적합한 교수(강사)를 배치하고 있는지 여부'(4.57)를, 평가전문가의 경우는 평가 영역 1의 요소 2인 '교육과정 목적의 사내대학 설립취지 반영'(4.57)을, 그리고 사내대학 교육과정 전문가의 경우는 평가 영역 4의 요소 4(4.60)에 가장 높은 평정 값을 나타내었다.

〈표 Ⅳ-9〉 평가방법의 적절성

(괄호 안은 SD)

항　　목	전　체	평가 전문가	사내대 Curri. 전문가
평가 영역 1. 사내대학 교육과정의 목적	4.33	4.39	4.27
요소 1. 사내대학 교육과정 목적 진술의 명확성	4.38 (.43)	4.48 (.24)	4.28 (.55)
요소 2. 교육과정 목적의 사내대학 설립취지 반영	4.35 (.49)	4.57 (.18)	4.13 (.61)
요소 3. 교육과정 목적의 모기업 경영상의 요구 (needs) 반영 여부	4.29 (.47)	4.27 (.42)	4.32 (.54)
요소 4. 사내대학 교육목적의 교육목표에 대한 대표성	4.29 (.54)	4.22 (.43)	4.37 (.63)
평가 영역 2. 사내대학 교육과정의 목표	4.29	4.25	4.31
요소 1. 교육과정 목표 진술의 명확성	4.33 (.55)	4.32 (.39)	4.33 (.68)
요소 2. 경영상의 요구를 토대로 한 교육요구 분석 여부	4.29 (.63)	4.08 (.77)	4.50 (.37)
요소 3. 사내대학 학생(종업원)의 특성 분석 여부	4.35 (.54)	4.38 (.55)	4.32 (.54)
요소 4. 교육목표의 성취가능성 여부	4.18 (.58)	4.25 (.63)	4.10 (.53)
평가 영역 3. 사내대학 교육과정의 설계	4.18	4.19	4.17
요소 1. 교육과정의 합리적인 설계를 위한 지침 마련 여부	4.22 (.69)	4.35 (.77)	4.08 (.61)
요소 2. 교육과정 편성에서 사내대학 특유의 교 육목표 반영 수준	4.28 (.61)	4.27 (.66)	4.30 (.58)
요소 3. 전공의 이해를 돕기 위한 기초과목 편 성의 적절성	4.36 (.71)	4.35 (.67)	4.37 (.76)
요소 4. 모기업 인재개발전략의 교과 교육과정 에의 반영 수준	4.16 (.52)	4.17 (.44)	4.15 (.61)
요소 5. 직무훈련관련 교육과정 설계가 기업의 현업에서의 직무수행 능력을 향상시키 는 데 적절한지 여부	4.25 (.57)	4.23 (.60)	4.27 (.55)
요소 6. 조직개발관련 교육과정 설계가 기업의 현업에서의 조직적응을 향상시키는 데 적절한지 여부	3.91 (.43)	3.93 (.45)	3.88 (.42)
요소 7. 교육과정이 종업원의 개인적 진학 및 교육욕구를 충족시키고 있는지 여부	4.08 (.54)	4.03 (.60)	4.13 (.49)

항 목	전 체	평가 전문가	사내대 Curri. 전문가
평가 영역 4. 사내대학 교육과정의 적용	4.32	4.30	4.33
요소 1. 교육과정의 운영이 초기에 계획했던 대로 이루어지고 있는지 여부	4.33 (.48)	4.30 (.58)	4.37 (.36)
요소 2. 전공교과의 수업은 현업의 상황과 적절히 연관되어 운영되는지 여부	4.28 (.48)	4.27 (.55)	4.28 (.41)
요소 3. 교육과정이 시간계획 및 교수-학습의 효율적 방법을 명확히 제시하고 있는지 여부	4.37 (.49)	4.30 (.62)	4.43 (.31)
요소 4. 교육과정은 교과에 적합한 교수(강사)를 배치하고 있는지 여부	4.57 (.45)	4.53 (.49)	4.60 (.42)
요소 5. 교육과정의 각 교과를 학생들이 수월하게 학습하는지 여부	4.25 (.62)	4.07 (.71)	4.43 (.48)
요소 6. 교육과정은 학생들의 자율적인 학습조직을 독려하는지 여부	4.10 (.62)	4.35 (.67)	3.85 (.45)
평가 영역 5. 사내대학 교육과정에서의 평가	4.23	4.27	4.18
요소 1. 체계적인 평가계획의 수립 여부	4.38 (.48)	4.40 (.45)	4.37 (.52)
요소 2. 교육과정의 세 영역인 직무훈련, 개인교육, 조직개발에서의 교육목적 성취 수준	4.34 (.60)	4.48 (.53)	4.20 (.64)
요소 3. 교육과정의 목표달성 정도에 대한 평가방법의 합리성	4.12 (.48)	4.07 (.53)	4.17 (.44)
요소 4. 교육과정의 목표달성에 대한 평가결과가 교육과정의 개선을 위해 합리적으로 활용되고 있는지 여부	4.20 (.56)	4.30 (.58)	4.10 (.53)
요소 5. 교육과정의 운영에서 의도되지 않은 성취의 확인	3.98 (.50)	4.00 (.52)	3.95 (.50)
요소 6. 사내대학 교육과정의 모기업의 사업성과(생산성 향상)에의 기여도	4.35 (.37)	4.40 (.40)	4.30 (.34)

바. 예상되는 제한변인의 제시

평가를 수행함에 있어서 일정한 제한점이나 장애요인이 존재할 수 있다. 이를 사전에 미리 파악할 수 있다면 실제 평가수행에 있어서 많은 도움을 줄 수가 있다. 여기서는 바로 이러한 평가수행상의 제한변인을 평가설계에 적절하게 제시하고 있는가 알아보고자 하는 것이다. 다음 〈표 Ⅳ-10〉은 그 평정결과를 보여주고 있다. 점수의 해석은 앞서 살펴본 평가설계의 적절성에서와 동일하다.

〈표 Ⅳ-10〉의 타당성 평정결과에 나타나 있듯이 평가 영역 3의 요소 1인 '교육과정의 합리적인 설계를 위한 지침 마련 여부'(3.96)를 제외하고는 모든 평가요소에서 4.00 이상의 높은 평정 값을 보이고 있다.

각 평가요소별로 살펴보면, 전체 평정의 경우 평가 영역 1의 요소 3인 '교육과정 목적의 모기업 경영상의 요구(needs) 반영 여부'(4.61)를, 평가전문가의 경우는 평가 영역 5의 요소 4인 '교육과정의 목표달성에 대한 평가결과가 교육과정의 개선을 위해 합리적으로 활용되고 있는지 여부'(4.70)를, 그리고 사내대학 교육과정 전문가의 경우는 평가 영역 2의 요소 2인 '경영상의 요구를 토대로 한 교육요구 분석 여부'(4.58)에 가장 높은 평정점수를 나타내었다.

결국, 본 평가체제에서 각 요소의 평가설계에 제시되어 있는 평가수행상의 제한점은 적절하다는 것을 알 수 있겠다.

170

〈표 Ⅳ-10〉 평가 제한점의 적절성

(괄호 안은 SD)

항　　목	전　체	평가 전문가	사내대 Curri. 전문가
평가 영역 1. 사내대학 교육과정의 목적	4.35	4.49	4.20
요소 1. 사내대학 교육과정 목적 진술의 명확성	4.22 (.63)	4.38 (.69)	4.05 (.53)
요소 2. 교육과정 목적의 사내대학 설립취지 반영	4.43 (.58)	4.63 (.52)	4.22 (.57)
요소 3. 교육과정 목적의 모기업 경영상의 요구 (needs) 반영 여부	4.61 (.43)	4.75 (.37)	4.47 (.45)
요소 4. 사내대학 교육목적의 교육목표에 대한 대표성	4.14 (.63)	4.22 (.70)	4.07 (.57)
평가 영역 2. 사내대학 교육과정의 목표	4.28	4.24	4.33
요소 1. 교육과정 목표 진술의 명확성	4.27 (.56)	4.22 (.57)	4.33 (.57)
요소 2. 경영상의 요구를 토대로 한 교육요구 분석 여부	4.52 (.53)	4.47 (.69)	4.58 (.32)
요소 3. 사내대학 학생(종업원)의 특성 분석 여부	4.32 (.59)	4.25 (.63)	4.38 (.55)
요소 4. 교육목표의 성취가능성 여부	4.02 (.61)	4.02 (.63)	4.03 (.60)
평가 영역 3. 사내대학 교육과정의 설계	4.27	4.35	4.18
요소 1. 교육과정의 합리적인 설계를 위한 지침 마련 여부	3.96 (.52)	4.08 (.49)	3.83 (.53)
요소 2. 교육과정 편성에서 사내대학 특유의 교 육목표 반영 수준	4.35 (.57)	4.35 (.67)	4.35 (.48)
요소 3. 전공의 이해를 돕기 위한 기초과목 편 성의 적절성	4.23 (.57)	4.17 (.70)	4.28 (.41)
요소 4. 모기업 인재개발전략의 교과 교육과정 에의 반영 수준	4.38 (.52)	4.52 (.59)	4.23 (.43)
요소 5. 직무훈련관련 교육과정 설계가 기업의 현업에서의 직무수행 능력을 향상시키 는 데 적절한지 여부	4.43 (.51)	4.52 (.55)	4.35 (.48)
요소 6. 조직개발관련 교육과정 설계가 기업의 현업에서의 조직적응을 향상시키는 데 적절한지 여부	4.13 (.48)	4.27 (.55)	4.00 (.37)
요소 7. 교육과정이 종업원의 개인적 진학 및 교육욕구를 충족시키고 있는지 여부	4.39 (.56)	4.57 (.50)	4.22 (.57)

항 목	전 체	평가 전문가	사내대 Curri. 전문가
평가 영역 4. 사내대학 교육과정의 적용	4.38	4.39	4.37
요소 1. 교육과정의 운영이 초기에 계획했던 대로 이루어지고 있는지 여부	4.49 (.51)	4.48 (.64)	4.50 (.37)
요소 2. 전공교과의 수업은 현업의 상황과 적절히 연관되어 운영되는지 여부	4.43 (.51)	4.53 (.61)	4.33 (.39)
요소 3. 교육과정이 시간계획 및 교수-학습의 효율적 방법을 명확히 제시하고 있는지 여부	4.46 (.50)	4.50 (.52)	4.42 (.49)
요소 4. 교육과정은 교과에 적합한 교수(강사)를 배치하고 있는지 여부	4.47 (.51)	4.40 (.61)	4.53 (.39)
요소 5. 교육과정의 각 교과를 학생들이 수월하게 학습하는지 여부	4.15 (.57)	4.00 (.72)	4.30 (.34)
요소 6. 교육과정은 학생들의 자율적인 학습조직을 독려하는지 여부	4.30 (.57)	4.45 (.59)	4.15 (.53)
평가 영역 5. 사내대학 교육과정에서의 평가	4.43	4.50	4.35
요소 1. 체계적인 평가계획의 수립 여부	4.48 (.52)	4.52 (.55)	4.45 (.51)
요소 2. 교육과정의 세 영역인 직무훈련, 개인교육, 조직개발에서의 교육목적 성취 수준	4.43 (.55)	4.57 (.59)	4.30 (.50)
요소 3. 교육과정의 목표달성 정도에 대한 평가방법의 합리성	4.30 (.47)	4.22 (.57)	4.38 (.35)
요소 4. 교육과정의 목표달성에 대한 평가결과가 교육과정의 개선을 위해 합리적으로 활용되고 있는지 여부	4.59 (.45)	4.70 (.45)	4.48 (.44)
요소 5. 교육과정의 운영에서 의도되지 않은 성취의 확인	4.22 (.45)	4.30 (.46)	4.13 (.44)
요소 6. 사내대학 교육과정의 모기업의 사업성과(생산성 향상)에의 기여도	4.53 (.53)	4.68 (.47)	4.37 (.56)

2. 평가 영역 · 요소 · 준거의 가중치 및 환산 배점

타당한 평가 영역, 요소, 준거의 설정과 더불어 그 각각의 가중치를 결정하고 그에 따른 실제 평가수행에서 사용되는 배점을 환척하는 것은 필수적인 일이다. 여기서는 바로 이런 가중치와 환산 배점을 앞서 살펴본 전문가 집단(사내대학 교직원 15명, 평가전문가 15명 총 30명)에 대한 조사를 통해 알아보고자 하는 것이다.

가중치에 대한 분석은 우선 총합이 100%가 되도록 각 평가 영역, 요소, 준거별로 전문가들이 설정하도록 했으며, 이에 대한 평균치를 중심으로 한 원점수를 산출하였다. 그리고 각 첫 번째 평가 영역, 평가요소, 평가준거에 기준점 10점을 배정하여 나머지 것들에 대한 상대적인 가중치를 분석하였다. 따라서 첫 번째 10점을 중심으로 10점 이상이나 10점 이하로 각 가중치는 분포하게 되는 것이다. 또한 배점은 전체 500점 만점으로 하여 앞서 분석된 가중치에 따른 환산척을 평가 영역, 평가요소, 평가준거의 순으로 산출하였다.

다음 〈표 Ⅳ-11〉은 우선 평가 영역에 대해 산출한 가중치 및 환산 배점을 보여주고 있다. 여기서는 가중치의 원점수 평균치가 첫 번째 항목인 '사내대학 교육과정의 목적'에서 가장 낮게 나왔다. 따라서 원점수의 환척 시에 첫 번째 항목인 '교육과정의 목적'이 기준점 10점으로 설정되었다.

〈표 Ⅳ-11〉 평가 영역에 따른 가중치 및 환산 배점

항 목	가중치 (평가 영역 1이 기준점: 10점)	배점 (500점 만점 환산척)
평가 영역 1. 사내대학 교육과정의 목적	10.00	57
평가 영역 2. 사내대학 교육과정의 목표	15.08	86
평가 영역 3. 사내대학 교육과정의 설계	19.11	110
평가 영역 4. 사내대학 교육과정의 적용	26.19	150
평가 영역 5. 사내대학 교육과정에서의 평가	16.83	97

〈표 Ⅳ-12〉 평가요소에 따른 가중치 및 환산 배점

항 목	가중치 (평가요소 1이 기준점: 10점)	배점 (500점 만점 환산척)
평가 영역 1. 사내대학 교육과정의 목적		
요소 1. 사내대학 교육과정 목적 진술의 명확성	10.00	14
요소 2. 교육과정 목적의 사내대학 설립취지 반영	10.31	15
요소 3. 교육과정 목적의 모기업 경영상의 요구 (needs) 반영 여부	11.58	17
요소 4. 사내대학 교육목적의 교육목표에 대한 대 표성	7.97	11
평가 영역 2. 사내대학 교육과정의 목표		
요소 1. 교육과정 목표 진술의 명확성	10.00	19
요소 2. 경영상의 요구를 토대로 한 교육요구 분석 여부	13.91	26
요소 3. 사내대학 학생(종업원)의 특성 분석 여부	12.64	23
요소 4. 교육목표의 성취가능성 여부	9.96	18
평가 영역 3. 사내대학 교육과정의 설계		
요소 1. 교육과정의 합리적인 설계를 위한 지침 마 련 여부	10.00	10
요소 2. 교육과정 편성에서 사내대학 특유의 교육 목표 반영 수준	14.78	16
요소 3. 전공의 이해를 돕기 위한 기초과목 편성의 적절성	11.51	12
요소 4. 모기업 인재개발전략의 교과 교육과정에의 반영 수준	14.72	16
요소 5. 직무훈련관련 교육과정 설계가 기업의 현 업에서의 직무수행 능력을 향상시키는 데 적절한지 여부	21.36	23
요소 6. 조직개발관련 교육과정 설계가 기업의 현 업에서의 조직적응을 향상시키는 데 적절 한지 여부	15.89	17
요소 7. 교육과정이 종업원의 개인적 진학 및 교육 욕구를 충족시키고 있는지 여부	14.87	16

항 목	가중치 (평가요소 1이 기준점: 10점)	배점 (500점 만점 환산척)
평가 영역 4. 사내대학 교육과정의 적용		
요소 1. 교육과정의 운영이 초기에 계획했던 대로 이루어지고 있는지 여부	10.00	24
요소 2. 전공교과의 수업은 현업의 상황과 적절히 연관되어 운영되는지 여부	12.86	30
요소 3. 교육과정이 시간계획 및 교수-학습의 효 율적 방법을 명확히 제시하고 있는지 여부	11.47	27
요소 4. 교육과정은 교과에 적합한 교수(강사)를 배치하고 있는지 여부	11.83	28
요소 5. 교육과정의 각 교과를 학생들이 수월하게 학습하는지 여부	9.50	22
요소 6. 교육과정은 학생들의 자율적인 학습조직을 독려하는지 여부	8.11	19
평가 영역 5. 사내대학 교육과정에서의 평가		
요소 1. 체계적인 평가계획의 수립 여부	10.00	14
요소 2. 교육과정의 세 영역인 직무훈련, 개인교육, 조직개발에서의 교육목적 성취 수준	14.83	21
요소 3. 교육과정의 목표달성 정도에 대한 평가방 법의 합리성	9.69	13
요소 4. 교육과정의 목표달성에 대한 평가결과가 교육과정의 개선을 위해 합리적으로 활용 되고 있는지 여부	13.40	19
요소 5. 교육과정의 운영에서 의도되지 않은 성취 의 확인	6.91	10
요소 6. 사내대학 교육과정의 모기업의 사업성과 (생산성 향상)에의 기여도	14.56	20

각 평가요소에 대한 가중치와 환산 배점은 앞서 산출한 평가 영역별 가중치와 환산 배점을 토대로 하여 산출하였다. 이상의 〈표 Ⅳ-12〉는 전체 27개 평가요소에 대해 산출된 가중치와 환산 배점을 보여주고 있다. 앞서 설명한 대로 가중치 산정은 첫 번째 평가요소를 기준점으로 삼았다.

그리고 각 평가요소의 평가설계상에 설정된 평가준거에 대한 가중치와 환산 배점을 역시 앞서 산출한 평가요소에 대한 가중치와 환산 배점을 토대로 하여 산출하였다. 배점의 총점을 500점으로 한 이유는 배점의 최하위 단계인 이 평가준거에서 0점 이하의 소수점 점수가 나오는 것을 피하기 위해 적정 수준을 산정했기 때문이다. 다음 〈표 Ⅳ-13〉부터 〈표 Ⅳ-17〉은 전체 5개 평가 영역별로 각 평가요소의 설계 내에 설정된 평가준거의 가중치 및 환산 배점의 산출치를 보여주고 있다.

<표 Ⅳ-13> 평가 영역 1의 각 요소에 설정된 평가준거의 가중치 및 환산 배점

항 목	가중치 (평가준거 1이 기준점: 10점)	배점 (500점 만점 환산척)
요소 1. 사내대학 교육과정 목적 진술의 명확성		
1-1. 사내대학 교육과정의 목적이 문서상 기술되어 있는가.	10.00	4
1-2. 사내대학 교육과정의 목적의 진술은 이해하기 에 용이한가.	10.89	4
1-3. 사내대학 교육과정의 목적은 이를 통해 구체 화된 목표를 세우기에 적합할 정도로 명확하 게 진술되어 있는가.	16.33	6
요소 2. 교육과정 목적의 사내대학 설립취지 반영		
2-1. 교육과정의 목적이 모기업의 인재양성 철학을 담고 있는가.	10.00	5
2-2. 교육과정의 목적이 모기업이 사내대학을 통해 성취하려는 경영목적을 반영하고 있는가.	10.01	5
2-3. 교육과정의 각 목적은 문서상에 진술된 설립 취지의 내용을 반영하고 있는가.	9.47	5
요소 3. 교육과정 목적의 모기업 경영상의 요구(needs) **반영 여부**		
3-1. 교육과정 목적 설정을 위한 모기업의 경영전 략과 필요성에 관련한 자료가 있는가.	10.00	3
3-2. 교육과정 목적은 모기업의 전반적인 경영전략 을 반영하고 있는가.	16.24	5
3-3. 교육과정 목적은 모기업의 인재양성계획을 반 영하고 있는가.	17.69	6
3-4. 교육과정 목적은 모기업의 경영상의 전략적 요구를 신속하게 수용하고 있는가.	11.13	3
요소 4. 사내대학 교육목적의 교육목표에 대한 대표성		
4-1. 문서상 각 교육목적에 따라 교육목표가 분류 되어 기록되어 있는가.	10.00	3
4-2. 진술된 각 교육목표는 어떤 교육목적을 달성 하기 위한 것인지 명확하게 구분되는가.	13.91	4
4-3. 진술된 교육목적을 달성하기 위해서 각각의 교육목표가 필수적인가.	14.31	4

〈표 Ⅳ-14〉 평가 영역 2의 각 요소에 설정된 평가준거의 가중치 및 환산 배점

항　　목	가중치 (평가준거 1이 기준점: 10점)	배점 (500점 만점 환산척)
요소 1. 교육과정 목표 진술의 명확성		
1-1. 사내대학 교육과정의 각 목표가 문서상에 진술되어 있는가.	10.00	8
1-2. 사내대학 교육과정의 각 목표는 그 의미가 무엇인지 이해하기에 용이한가.	15.15	11
요소 2. 경영상의 요구를 토대로 한 교육요구 분석 여부		
2-1. 교육과정을 계획하기 위하여 요구 분석을 하는가.	10.00	5
2-2. 교육요구 분석은 모기업의 경영상의 요구를 적절히 반영하고 있는가.	12.26	6
2-3. 교육요구 분석은 사내대학의 주요 구성원인 교수와 학생의 요구를 적절히 반영하고 있는가.	14.05	7
2-4. 교육요구 분석결과는 교육과정 편성에 적절히 반영되고 있는가.	18.06	8
요소 3. 사내대학 학생(종업원)의 특성 분석 여부		
3-1. 사내대학 학생들에 대한 특성 분석(학습자 분석)이 있었는가.	10.00	10
3-2. 사내대학 학생들의 특성 분석(학습자 분석)은 교육과정 편성에 적절히 반영되고 있는가.	12.87	13
요소 4. 교육목표의 성취가능성 여부		
4-1. 진술된 교육목표는 해당 교육을 통해 성취 혹은 변화된 모습을 구체적으로 담고 있는가.	10.00	8
4-2. 진술된 교육목표는 해당 교육을 통해 학습자들이 현실적으로 성취 가능한가.	11.54	10

178

<표 Ⅳ-15> 평가 영역 3의 각 요소에 설정된 평가준거의 가중치 및 환산 배점

항 목	가중치 (평가준거 1이 기준점: 10점)	배점 (500점 만점 환산척)
요소 1. 교육과정의 합리적인 설계에 위한 지침 마련 여부		
1-1. 교육과정 설계에 관한 지침이 문서상 제시되어 있는가.	10.00	4
1-2. 교육과정을 설계할 때 일관된 체계성을 갖기 위해 노력하고 있는가.	17.01	6
요소 2. 교육과정 편성에서 사내대학 특유의 교육목표 반영 수준		
2-1. 교육과정 편성 시에 사내대학의 특수성을 반영하고자 노력하고 있는가.	10.00	8
2-2. 편성된 교육과정에 사내대학이 추구하는 모기업이 필요로 하는 고등 기술인력 육성과 관련된 교과가 충분한가.	10.69	8
요소 3. 전공의 이해를 돕기 위한 기초과목 편성의 적절성		
3-1. 교육과정에 각 전공과목과 연관된 기초과목들이 편성되어 있는가.	10.00	6
3-2. 기초과목들은 전공과목의 이해를 돕기 위한 전공과 연관된 기초지식들로 구성되어 있는가.	11.04	6
요소 4. 모기업 인재개발전략의 교과 교육과정에의 반영 수준		
4-1. 모기업의 인재양성전략이 문서상으로 제시되어 있는가.	10.00	4
4-2. 모기업의 인재양성전략이 교과 교육과정 편성 시에 적절히 반영되고 있는가.	25.57	12
요소 5. 직무훈련관련 교육과정 설계가 기업의 현업에서의 직무수행 능력을 향상시키는 데 적절한지 여부		
5-1. 직무훈련관련 교과는 충분히 편성되어 있는가.	10.00	9
5-2. 직무훈련관련 교육과정은 현업의 실제 직무상황과의 연계성이 적절한가.	15.07	14
요소 6. 조직개발관련 교육과정 설계가 기업의 현업에서의 조직적응을 향상시키는 데 적절한지 여부		
6-1. 조직개발관련 교과는 충분히 편성되어 있는가.	10.00	7
6-2. 조직개발관련 교육과정은 현업의 실제 조직운영 상황과의 연계성이 적절한가.	13.56	10
요소 7. 교육과정이 종업원의 개인적 진학 및 교육욕구를 충족시키고 있는지 여부		
7-1. 교육과정에 일반대학의 고등교육적 요소가 적절히 편성되어 있는가.	10.00	7
7-2. 교육과정에 성인계속교육을 위한 요소가 적절히 편성되어 있는가.	14.58	9

〈표 Ⅳ-16〉 평가 영역 4의 각 요소에 설정된 평가준거의 가중치 및 환산배점

항　　목	가중치 (평가준거 1이 기준점: 10점)	배점 (500점 만점 환산척)
요소 1. 교육과정의 운영이 초기에 계획했던 대로 이루어지고 있는지 여부		
1-1. 계획했던 교육과정의 시간운영은 적절히 이루어지고 있는가.	10.00	11
1-2. 편성된 교과 교육과정은 빠짐없이 운영되고 있는가.	12.62	13
요소 2. 전공교과의 수업은 현업의 상황과 적절히 연관되어 운영되는지 여부		
2-1. 전공교과의 이론 수업의 내용은 현업의 직무와 일치하는가.	10.00	11
2-2. 전공교과의 수업은 현업의 직무 상황에 응용할 수 있는 실습을 적절히 하는가.	18.13	19
요소 3. 교육과정이 시간계획 및 교수-학습의 효율적 방법을 명확히 제시하고 있는지 여부		
3-1. 교육과정은 교과의 시간계획을 문서상 제시하고 있는가.	10.00	10
3-2. 교육과정은 교과의 교수·학습방법을 문서상 제시하고 있는가.	16.15	17
요소 4. 교육과정은 교과에 적합한 교수(강사)를 배치하고 있는지 여부		
4-1. 교과목과 교수의 전공은 일치하는가.	10.00	6
4-2. 교과에 관해 교수는 적절한 전문지식을 갖고 있는가.	19.74	12
4-3. 교과에 대해 교수는 관심과 열의를 갖고 강의를 하는가.	17.91	10
요소 5. 교육과정의 각 교과를 학생들이 수월하게 학습하는지 여부		
5-1. 교육과정에 편성된 각 교과의 교육목표를 학생들은 적절히 성취하고 있는가.	10.00	22
요소 6. 교육과정은 학생들의 자율적인 학습조직을 독려하는지 여부		
6-1. 교육과정을 운영함에 있어서 학생들의 자율적인 스터디(study) 그룹을 지원하고 있는가.	10.00	11
6-2. 교육과정을 운영함에 있어서 학생들의 동아리 활동을 지원하고 있는가.	7.80	8

<표 IV-17> 평가 영역 5의 각 요소에 설정된 평가준거의 가중치 및 환산 배점

항　　목	가중치 (평가준거 1이 기준점: 10점)	배점 (500점 만점 환산척)
요소 1. 체계적인 평가계획의 수립 여부		
1-1. 교육과정의 전반적인 평가지침을 세워놓고 있는가.	10.00	7
1-2. 각 교과는 사전에 혹은 강의계획서(syllabus)에 평 가계획을 밝히고 있는가.	10.87	7
요소 2. 교육과정의 세 영역인 직무훈련, 개인교육, 조 직개발에서의 교육목적 성취 수준		
2-1. 교육과정 중 직무훈련 영역의 교육목적은 성취되었는가.	10.00	8
2-2. 교육과정 중 개인교육 영역의 교육목적은 성취되었는가.	8.55	7
2-3. 교육과정 중 조직개발 영역의 교육목적은 성취되었는가.	7.81	6
요소 3. 교육과정의 목표달성 정도에 대한 평가방법의 합리성		
3-1. 교과특성에 적합한 평가방법을 사용하고 있는가.	10.00	6
3-2. 평가결과는 학생들의 학습개선을 위해 학생들에게 적절히 송환(feedback)되고 있는가.	12.59	7
요소 4. 교육과정의 목표달성에 대한 평가결과가 교육과정 의 개선을 위해 합리적으로 활용되고 있는지 여부		
4-1. 목표달성 정도에 대한 평가결과는 체계적으로 정리 되어 있는가.	10.00	7
4-2. 목표달성 정도에 대한 평가결과는 다음 단계(학기, 학년)의 교육과정 편성에 참고 자료로 활용되는가.	15.75	12
요소 5. 교육과정의 운영에서 의도되지 않은 성취의 확인		
5-1. 교육과정의 운영에서 적용되지 못했던 점이나 문제 점이 있는가.	10.00	5
5-2. 교육과정의 운영함에 있어서 계획하지 않았던 성취 혹은 향상이 있는가.	11.26	5
요소 6. 사내대학 교육과정의 모기업의 사업성과(생산성 향상)에의 기여도		
6-1. 사내대학의 학생들은 졸업 후 직무성적(고과)이 향 상되었는가.	10.00	3
6-2. 사내대학의 학생들은 졸업 후 개인의 진학 및 교육 적 욕구를 만족시켰다고 인식하는가.	17.16	6
6-3. 사내대학의 학생들은 졸업 후 조직적응을 더 잘하는가.	14.60	5
6-4. 사내대학의 학생들은 자신의 직무에서 생산성이 향 상되었는가.	19.94	6

이상에서 살펴본 평가 영역, 평가요소, 평가준거의 가중치 및 배점은 평가체제의 적용을 위해서는 필수적인 것으로서 평가수행 시 전체 점수와 함께 하위 요인들의 합리적인 평가점수 산출을 위해서 매우 중요하다.

3. 사내대학 교육과정 평가체제의 적용

본 연구에서 설계한 평가체제를 실제 운영 중인 사내대학 교육과정에 대해 적용하고자 하는 것으로 이를 통해 경험적 타당성을 검토하는 것이다. 즉 실제 평가수행상의 효용성과 문제점들을 파악할 수 있게 된다.

평가는 평가 팀이 구성되어 수행하게 되는데, 본 평가체제의 적용은 실제 평가를 하기 위한 것이 아니라 평가연구이기 때문에 본 연구자가 주 평가자가 되어 평가대상인 S사내대학의 교육과정에 대해 관련 자료들의 분석을 통한 정성적 방법과 사내대학 구성원들의 직접적인 의견수렴이 필요한 평가준거에 대해서는 정량적 방법(교수 2명, 기획담당자 2명, 학생 2명)을 사용하였다.

평가결과에 대한 보고형식은 일반적으로 서론, 본론, 요약 및 결론으로 구분되는데, 서론에는 평가설계(계획서)에 제시된 평가문제의 진술, 평가의 정당성 등이 그대로 유지되고, 본론에서는 우선 첫 부분에 자료원과 평가방법 및 절차를 자세히 기술한다. 다음으로 자료제시와 분석 부분에서는 평가문제를 재진술하고 그 평가문제에 관련된 발견 사실을 제시하며, 마지막으로 결과에 대한 해석을 한다. 그리고 요약 및 결론에서는 평가문제의 주요 특징, 가장 중요한 발견 결과 등을 간결하게 서술하게 된다(박도순, 1988).

그러나 여기서는 개발된 평가체제의 적용과 검토가 주목적이기 때문에 평가결과의 기술에 있어서 이미 평가설계에서 제시된 내용은 중복하지 않고 간결하게 기술하였다. 또한 본 평가체제의 적용에 있어서 평가대상이 기업체에 소속되어 있는 관계로 평자자료의 수집과 접근이 어렵거나 불가능한 경우가 간혹 있었다. 각 평가 영역과 평가요소 옆에 표시된 괄호 안의 숫자는 앞서 전문가 집단의 조사를 통해 얻어진 총 500점 만점에서의 환산배점을 나타내는 것이다.

가. 평가 영역 1: 사내대학 교육과정의 목적(57)

1) 평가요소 1: 사내대학 교육과정의 목적 진술의 명확성(14)

본 평가의 목적은 사내대학 교육이 궁극적으로 의도하고 있는 산출이 무엇인지 명확하게 나타나 있는가를 파악하고, 다음 단계인 교육목표 구체화를 위한 정확한 방향을 제시하고 있는지를 알아보고자 하는 것이다. 본 평가요소에 설정한 평가준거는 다음과 같다.

준거 1-1. 사내대학 교육과정의 목적이 문서상 기술되어 있는가(4)
준거 1-2. 사내대학 교육과정의 목적의 진술은 이해하기에 용이한가(4)
준거 1-3. 사내대학 교육과정의 목적은 이를 통해 구체화된 목표를
　　　　　세우기에 적합할 정도로 명확하게 진술되어 있는가(6)

먼저 준거 1-1에 대해서는 본 평가대상인 S사내대학의 경우 교육과정의 목적이 명문화되어 있으며, 이는 대학요람과 사내외의 안내책자에 기술되어 있다. 그 구체적인 내용을 살펴보면 '본 사내대학은 모기업의 경영이념을 바탕으로 진리를 탐구하여 국가사회와 인류발전에 기여할 수 있는 최고의 현장전문가(Technologist)양성을 목적으로 한다.'로 기술

되어 있다. 준거 1-2의 경우는 특별히 이해하기 어려운 용어나 문장으로 기술되어 있지 않으며 광범위하고 포괄적인 교육의 방향을 나타내는 교육목적으로서 명확한 이해를 제공하고 있다고 볼 수 있다. 준거 1-3의 경우 '현장전문가'의 양성이라는 사내대학교육의 특성 혹은 지향을 정확히 나타내고 있어 구체적인 교육목표의 설정에 적합하다고 할 수 있겠다.

<표 Ⅳ-18> 평가 영역 1의 평가요소 1에 대한 준거별 평점

평가준거	배 점	평 점
1-1	4	4
1-2	4	4
1-3	6	6

2) 평가요소 2: 교육과정 목적의 사내대학 설립취지 반영(15)

본 평가의 목적은 교육목적에 설립 주체인 모기업이 사내대학을 통해 추구하는 기본 이념과 방향을 반영하고 있는지를 알고자 하는 것이다. 이에 설정된 평가준거는 다음과 같다.

준거 2-1. 교육과정의 목적이 모기업의 인재양성 철학을 담고 있는가(5)
준거 2-2. 교육과정의 목적이 모기업이 사내대학을 통해 성취하려는
        경영목적을 반영하고 있는가(5)
준거 2-3. 교육과정의 각 목적은 문서상에 진술된 설립취지의 내용을
        반영하고 있는가(5)

평가준거 2-1의 경우, 본 사내대학의 요람 및 사내외 안내책자에 교육목적과 설립취지를 설명하면서 모기업의 인재양성 철학을 밝히고 있

다. 즉 본 사내대학은 '모기업의 신경영을 바탕으로 최일선 현장직 사원에게 장기적인 성장가능성과 비전을 제시하고, 21세기 경쟁력 확보를 위하여 미래지향적인 핵심 현장기술인력을 육성한다.'고 하여 모기업의 인재양성철학을 구체적으로 밝히고 있다. 준거 2-2의 경우도 교육목적에 대한 설명에서 '본 사내대학은 정보화, 자동화, 복합화가 급진전되는 21세기에 대응하기 위해서 제품의 특성을 이해하고 생산, 기술, 영업, 정보 등 경영 전 분야에서 현장을 리드할 전문 인력을 확보하다.'고 하여 사내대학을 통해 성취하고자 하는 경영목적을 구체적으로 밝히고 있다. 또한 준거 2-3은 '본 사내대학은 우수한 현장직 사원들을 선발하여 현업의 실무경력을 근간으로 하여 이론과 신기술을 교육시켜 일반대학에서 배출하지 못하는 경영, 기술 분야의 현장최고전문가를 양성한다.'는 교육목적에 대한 부연설명을 통해 문서상 기술된 설립취지의 내용을 반영하고 있다고 할 수 있겠다.

<표 Ⅳ-19> 평가 영역 1의 평가요소 2에 대한 준거별 평점

평가준거	배 점	평 점
2-1	5	5
2-2	5	5
2-3	5	5

3) 평가요소 3: 교육과정 목적의 모기업 경영상의 요구(needs) 반영 여부(17)

본 평가의 목적은 사내대학 교육의 근간이라고 할 수 있는 교육목적이 모기업의 경영상의 요구를 반영하고 있는지를 확인하고자 하는 것이다. 여기에 설정된 평가준거는 다음과 같다.

준거 3-1. 교육과정 목적 설정을 위한 모기업의 경영전략과 필요성에
　　　　　관련한 자료가 있는가(3)
준거 3-2. 교육과정 목적은 모기업의 전반적인 경영전략을 반영하고 있는가(5)
준거 3-3. 교육과정 목적은 모기업의 인재양성계획을 반영하고 있는(6)
준거 3-4. 교육과정 목적은 모기업의 경영상의 전략적 요구를 신속하게
　　　　　수용하고 있는가(3)

　평가준거 3-1에 대해서는 본 사내대학의 설립취지에서 밝히고 있는 경영상의 목적과 함께 모기업의 경영방침과 방향, 그리고 인재육성에 관련된 책자 및 자료를 다수 보유하고 있었다. 준거 3-2의 경우, 대학요람과 사내외 안내책자에 기술되어 있는 교육목적의 진술과 그에 대한 배경설명을 통해 모기업이 추구하는 전반적인 경영전략 속에서 사내대학의 역할을 밝히고 있다. 준거 3-3의 경우는 '본 사내대학은 그룹 내 4, 5급 현장직 사원들에게 질 높은 교육수혜의 기회를 제공함으로써 개인의 학습욕구 및 자기개발의 욕구를 충족시키고 실무 중심·미래지향적 교육과정을 통해 21세기 현장전문 인력을 양성하여 경영에 직접적으로 기여한다.'고 하여 모기업의 인재양성전략을 반영하고 있으나 모기업의 매우 구체적인 수준의 전략까지는 교육목적에 반영되어 있지 않았다. 준거 3-4의 경우, 본 사내대학은 다른 기업 내의 사내대학에 비하여 고등교육적 요소를 보다 더 강조하고 있기 때문에 교육과정의 목적이 상대적으로 경직되어 있는 경향이 있는 것으로 보인다.

〈표 Ⅳ-20〉 평가 영역 1의 평가요소 3에 대한 준거별 평점

평가준거	배 점	평 점
3-1	3	3
3-2	5	5
3-3	6	4
3-4	3	2

4) 평가요소 4: 사내대학 교육목적의 교육목표에 대한 대표성(11)

본 평가의 목적은 사내대학 교육목적이 그 하위 수준인 각각의 구체화된 교육목표를 포괄하는 대표성을 지니고 있는지를 파악하고자 하는 것이다. 이에 설정된 평가준거는 다음과 같다.

준거 4-1. 문서상 각 교육목적에 따라 교육목표가 분류되어 기록되어 있는가(3)

준거 4-2. 진술된 각 교육목표는 어떤 교육목적을 달성하기 위한 것인지 명확하게 구분되는가(4)

준거 4-3. 진술된 교육목적을 달성하기 위해서 각각의 교육목표가 필수적인가(4)

평가준거 4-1의 경우, 본 사내대학의 대학요람에 각과의 교육목표가 분류되어 기록되어 있으나 교육목적과의 연계하에 일목요연하게 기술되어 있지는 않았다. 준거 4-2의 경우, 마케팅학과의 예를 들자면 교육목표가 '지속적인 경쟁력 확보를 통한 21세기 초우량 그룹으로 성장하기 위해 필요한 경영학과 관련된 다양한 인접학문과 마케팅의 이론 및 실무지식 습득을 통해 개방화, 국제화의 마케팅 현장에서 당면하게 될 제반 문제를 분석하고 해결할 수 있는 핵심인력을 양성하는 데 그 목적이 있다.'고 기술되어 있다. 또한 관련 당사자들에 대한 조사에서도 대체적으로 명확하다고 밝히고 있다. 이를 통해 '현장전문 인력' 양성을 통한 기업의 경쟁력 확보라는 교육목적을 달성하기 위함임을 명확히 알 수 있겠다. 준거 4-3의 경우, 본 사내대학은 교육목적을 달성하기 위해 소수정예교육을 표방하여 현장과 긴밀한 관계를 갖는 5개 학과를 중심으로 세부적인 교육이 운영되고 있다. 따라서 본 사내대학의 교육목적 달성을 위해 각 교육목표는 필수적이며 대표성이 있다고 볼 수 있겠다.

〈표 Ⅳ-21〉 평가 영역 1의 평가요소 4에 대한 준거별 평점

평가준거	배 점	평 점
4-1	3	2
4-2	4	4
4-3	4	4

나. 평가 영역 2: 사내대학 교육과정의 목표(86)

1) 평가요소 1: 교육과정 목표 진술의 명확성(19)

본 평가의 목적은 사내대학 교육목표의 구체성과 이해용이성을 파악하고자 하는 것이다. 이에 설정된 평가준거는 다음과 같다.

준거 1-1. 사내대학 교육과정의 각 목표가 문서상에 진술되어 있는가(8)
준거 1-2. 사내대학 교육과정의 각 목표는 그 의미가 무엇인지
　　　　　이해하기에 용이한가(11)

평가준거 1-1은 사내대학의 대학요람을 통해 조사할 수 있는데, 각 학과의 목표와 각 교과의 목표까지 자세히 진술되어 있다. 앞서 살펴본 마케팅학과의 예를 들면, 경영학원론 교과의 교육목표는 '기업경영의 원리 및 이론적 배경은 무엇이며, 경영활동을 효과적으로 수행하기 위한 실천방안을 체계적으로 학습하며 구체적 내용으로는 경영자원이라는 투입(INPUT)요인이 경영의 내외부 환경의 영향 아래서 경영시스템, 경영전략, 경영조직, 경영관리(생산, 마케팅, 재무, 정보), 사람관리라는 기업 내부의 경영요소를 통해 경영성과라는 산출요인을 형성해 가는 과정을 학습하고자 한다.'라고 하여 구체적으로 밝히고 있다. 준거 1-2는 진술되

어 있는 사내대학 교육과정의 각 목표가 매우 구체적인 수준까지 기술되어 있기 때문에 어떤 것을 성취하고자 하는 것인지 분명하게 나타나 있다고 할 수 있겠다. 또한 교수와 학생에 대한 조사에서도 교육목표가 대체로 분명하다고 밝히고 있다.

<표 IV-22> 평가 영역 2의 평가요소 1에 대한 준거별 평점

평가준거	배 점	평 점
1-1	8	8
1-2	11	11

2) 평가요소 2: 경영상의 요구를 토대로 한 교육요구 분석 여부(26)

본 평가의 목적은 사내대학의 교육목표가 그 이해관련자들의 요구(needs)를 합리적인 방법을 이용하여 반영하고 있는지를 알아보고자 하는 것이다. 여기에 설정된 평가준거는 다음과 같다.

준거 2-1. 교육과정을 계획하기 위하여 요구 분석을 하는가(5)
준거 2-2. 교육요구 분석은 모기업의 경영상의 요구를 적절히 반영하고
　　　　　있는가(6)
준거 2-3. 교육요구 분석은 사내대학의 주요 구성원인 교수와 학생의
　　　　　요구를 적절히 반영하고 있는가(7)
준거 2-4. 교육요구 분석결과는 교육과정 편성에 적절히 반영되고
　　　　　있는가(8)

준거 2-1의 경우, 교육과정 계획 시에 경영자, 교수, 학생들에 대한 정형화된 요구분석방법론을 따로 시행하고 있지는 않았지만, 학과와 교과의 편성 시 생산, 기술, 영업, 정보 등 경영 전 분야에 걸쳐 체계적인

영역 분석을 하였으며, 관련자들에 대한 교육요구는 형식적인 방법과 함께 비형식적이고 여러 방법으로 수집하고 있었다. 준거 2-2의 경우 교육과정 기획담당자와 교수에 의하면 교육과정 설계 시에 모기업의 경영상의 요구와 경영자의 요구를 최대한 반영하려는 노력을 하고 있다고 밝혔다. 준거 2-3의 경우는 교육과정에 교수와 학생의 요구를 반영하는 데 있어서는 교수와 학생에 대한 조사결과 상대적으로 교수의 요구에 비해 학생의 요구가 충분히 반영되는 데는 미흡하였다. 준거 2-4의 경우는 각 관련자들의 요구를 교육과정 편성에 반영하고 있는 것은 사실이지만 전체 교육과정의 편성에 중요한 영향을 미칠 정도로 기여하고 있지는 않았다. 또한 본 평가요소에 대한 교수, 학생, 기획 및 교무담당자들의 견해로는 교육요구가 일부 반영되고는 있으나 충분치 않은 것으로 밝히고 있다.

<표 Ⅳ-23> 평가 영역 2의 평가요소 2에 대한 준거별 평점

평가준거	배 점	평 점
2-1	5	3
2-2	6	5
2-3	7	5
2-4	8	7

3) 평가요소 3: 사내대학 학생(종업원)의 특성 분석 여부(23)

본 평가의 목적은 사내대학 교육목표가 그 학습자들이 특성을 적절히 반영하고자 하는 노력을 기울이고 있는가를 알아보고자 하는 것이다. 이에 설정된 평가준거는 다음과 같다.

준거 3-1. 사내대학 학생들에 대한 특성 분석(학습자 분석)이 있었는가(10)

준거 3-2. 사내대학 학생들의 특성 분석(학습자 분석)은 교육과정 편성에
적절히 반영되고 있는가(13)

평가준거 3-1에 대해서는 본 사내대학은 학생들에 대한 특성 분석을
따로 하고 있지는 않았고 다만 학생들의 수준을 반영하려는 노력은 하
고 있었다. 준거 3-2의 경우는 여러 방법으로 파악된 학생들의 특성을
교육과정 편성에 어느 정도 반영하고 있지만 체계적인 반영은 아니었다.
관련 당사자들에 대한 조사에서도 학생들의 수준을 반영하고 있지만 충
분하지는 않은 것으로 나타났다.

〈표 Ⅳ-24〉 평가 영역 2의 평가요소 3에 대한 준거별 평점

평가준거	배 점	평 점
3-1	10	5
3-2	13	7

4) 평가요소 4: 교육목표의 성취가능성 여부(18)

본 평가의 목적은 각 교육목표들이 사내대학의 교육을 통해 성취 혹은
변화해야 하는 모습을 구체적으로 담고 있어 그의 성취가 실현가능한지를
판단하고자 하는 것이다. 이를 위한 평가준거는 다음과 같다.

준거 4-1. 진술된 교육목표는 해당 교육을 통해 성취 혹은 변화된 모습을
구체적으로 담고 있는가(8)
준거 4-2. 진술된 교육목표는 해당 교육을 통해 학습자들이 현실적으로
성취가능한가(10)

평가준거 4-1의 경우, 본 사내대학에서 문서상 진술된 교육목표는 매

우 구체적이며 이를 통해 교육 후 변화된 모습을 정확히 담고 있다고 볼 수 있겠다. 마케팅학과의 예를 들면 본 학과의 교육을 통해 '마케팅 지식과 영업실무를 겸비하여 혼매 유통체제에 대비, 상권 내 유통관리 에서 리더십을 발휘할 수 있는 Area마케팅전문가, 그리고 고객의 문제 를 이해하고 문제해결자로서의 역할을 수행할 수 있는 컨설팅 영업전문 가로 양성한다.'라고 밝히고 있다. 또한 교과의 예를 들어보면, 본 사내 대학의 기계금형학과에 개설된 재료역학의 교육목표는 다음과 같다. '탄 성 방정식에 의해 지배되는 물체의 변형을 해석하고 응력 계산을 위한 기본 능력을 배양한다. 소성을 포함한 다양한 물성을 소개하며 나아가 보에 대한 휨, 처짐 및 좌굴에 관한 기초 이론을 배운다. 또한 하중을 받는 기계구조를 대상으로 Strain gage사용법을 익히고 물성확인을 위 한 ASTM인장시편 시험 등을 통해 기계설계의 기초개념을 확립한다.'라 고 하여 재료역학이란 과목을 이수한 후 학생들에게 어떤 성취를 요구 하고 있는지를 매우 구체적으로 밝히고 있다. 준거 4-2의 경우는 학생 들의 탈락과 낙제비율, 그리고 설문을 통한 조사를 해야 하지만 사내대 학의 학생들은 동시에 종업원(직원) 신분을 겸하고 있어 이들의 사내대 학에서의 성적과 관련된 자료는 학생들의 인사 관련 문제이기 때문에 기밀로 되어 있어 정보수집이 불가능하였다. 다만 전공의 이해를 돕기 위한 기초과목과 교수(강사)들의 보충지도가 필요한 것을 볼 때 학생들 의 수준에 비해 교과의 수준이 다소 높은 것으로 보인다.

〈표 Ⅳ-25〉 평가 영역 2의 평가요소 4에 대한 준거별 평점

평가준거	배 점	평 점
4-1	8	8
4-2	10	7

다. 평가 영역 3: 사내대학 교육과정의 설계(110)

1) 평가요소 1: 교육과정의 합리적인 설계를 위한 지침 마련 여부(10)

본 평가의 목적은 사내대학 교육과정을 기획하는 데 지속적인 합리성을 유지하고 있는가를 파악하고자 하는 것이다. 설정된 평가준거는 다음과 같다.

준거 1-1. 교육과정 설계에 관한 지침이 문서상 제시되어 있는가(4)
준거 1-2. 교육과정을 설계할 때 일관된 체계성을 갖기 위해 노력하고 있는가(6)

평가준거 1-1의 경우, 본 사내대학은 교육과정 설계를 위한 지침이 있기는 하나 매우 포괄적으로 다루고 있어 기획주무자에 따라 쉽게 설계 지침이 변경될 가능성도 상존하고 있는 것으로 보인다. 즉 교육과정은 '강도 높은 2년 6학기 전일제 수업, 현장 중심의 교육과정(site-based curriculum) 강조, 이론과 실무를 겸비한 교수진 배치, 최적의 교육 Infra Structure구축, 국내외 연수 및 사회봉사활동 포함' 등의 포괄적인 내용을 그 지침으로 삼고 있다. 준거 1-2의 경우는 매년 혹은 학기별 교육과정 설계 시 일관된 체계성을 갖기 위해 노력하고 있었으나 충분하지는 않았다.

〈표 Ⅳ-26〉 평가 영역 3의 평가요소 1에 대한 준거별 평점

평가준거	배 점	평 점
1-1	4	2
1-2	6	3

2) 평가요소 2: 교육과정 편성에서 사내대학 특유의 교육목적 반영 수준(16)

본 평가의 목적은 사내대학이 궁극적으로 추구하고자 하는 교육목표(예를 들어, 고등 기술인력 양성 등)를 교육과정에 충분히 반영하고 있는지를 알아보고자 하는 것이다. 이에 설정된 평가준거는 다음과 같다.

> 준거 2-1. 교육과정 편성 시에 사내대학의 특수성을 반영하고자 노력하고 있는가(8)
> 준거 2-2. 편성된 교육과정에 사내대학이 추구하는 모기업이 필요로 하는 고등 기술인력 육성과 관련된 교과가 충분한가(8)

평가준거 2-1의 경우, 본 사내대학은 '전체 교육과정 중 전공과목별 교육시간의 50% 이상을 실험·실습교육에 할당하고 첨단의 실험기자재를 활용하여 이론과 그 응용 예를 직접 실행해 봄으로써 교육내용의 현업적용성 극대화에 초점을 맞추었으며, 또한 학년별 소과제, 프로젝트성 졸업과제를 통해 적절한 학습의 전이(transfer of learning)가 이루어지도록 하였다.'라고 하여 사내대학교육의 특수성을 적절히 반영하고 있었다. 준거 2-2의 경우는 앞서 준거 2-1에서 살펴본 바와 같이 '실습·현장 위주의 교육과정이 중심이며, 전공과 교양의 비중이 79% 대 21%로서 모기업의 필요한 고등 기술인력 육성과 관련된 교과 편성은 충분한 것'으로 판단된다.

〈표 Ⅳ-27〉 평가 영역 3의 평가요소 2에 대한 준거별 평점

평가준거	배 점	평 점
2-1	8	8
2-2	8	8

3) 평가요소 3: 전공의 이해를 돕기 위한 기초과목 편성의 적절성(12)

본 평가의 목적은 사내대학 학생들의 교육 준비도에 따른 교육과정의 편성이 적절히 이루어져 있는가를 알아보고자 하는 것이다. 이에 설정된 평가준거는 다음과 같다.

준거 3-1. 교육과정에 각 전공과목과 연관된 기초과목들이 편성되어
　　　　 있는가(6)
준거 3-2. 기초과목들은 전공과목의 이해를 돕기 위한 전공과 연관된
　　　　 기초지식들로 구성되어 있는가(6)

평가준거 3-1에 대해서 본 사내대학은 마케팅 학과의 경우를 살펴볼 때 '기초학문 분야로서 경제학원론, 컴퓨터 개론, 경영 통계학을, 경영학 일반 분야로서 회계학, 경영정보시스템(MIS), 재무관리, 인사/조직관리, 생산전략을, 인접학문 분야로서 심리학원론, 사회학개론, 인류학개론 등'을 개설하고 있다. 즉 전공을 위한 기초과목을 충분히 편성하고 있는 것으로 나타났다. 준거 3-2의 경우 기초과목들은 대체로 전공과 연관된 기초지식을 다루고 있다고 볼 수 있으나 특정 교과에 바로 연결되도록 체계화되어 있지는 않았다. 또한 관련 당사자들에 대한 조사에서는 교수와 학생의 경우 준거 3-1과 3-2 모두 적절한 것으로 판단하고 있는 반면, 기획 및 교무담당자는 다소 미흡하다는 의견을 개진하였다.

〈표 Ⅳ-28〉 평가 영역 3의 평가요소 3에 대한 준거별 평점

평가준거	배 점	평 점
3-1	6	5
3-2	6	5

4) 평가요소 4: 모기업 인재개발전략의 교과 교육과정에의 반영 수준(16)

본 평가의 목적은 사내대학 교육의 궁극적인 지향점인 인재양성을 통한 모기업의 생산성 증대를 위해 교과 교육과정이 적절히 편성되고 있는지를 알아보기 위한 것이다. 이에 설정된 평가준거는 다음과 같다.

준거 4-1. 모기업의 인재양성전략이 문서상으로 제시되어 있는가(4)
준거 4-2. 모기업의 인재양성전략이 교과 교육과정 편성 시에 적절히
반영되고 있는가(12)

평가준거 4-1은 본 사내대학의 모기업 경영방향과 인재양성에 관한 사내교육용 책자들과 모기업의 사내대학 설립취지를 담은 사내외 안내 책자 등을 통해 인재양성전략이 문서상으로 구비되어 있었다. 대표적인 것으로는 '자율적이고 창의적인 현장리더, 폭넓은 상식과 교양을 갖춘 전인격체, 글로벌 경영체제에 적합한 국제전문 인력을 양성한다.' 등을 들 수 있겠다. 준거 4-2의 경우는 본 사내대학의 교육과정이 '실습·현장 위주, 정보화·국제화, 인간미를 갖춘 현장조직 리더, 복합기술의 습득 등'을 모토로 하여 편성으로 되어 있어 모기업의 인재양성전략을 어느 정도 반영하고 있다고 할 수 있겠다. 그러나 관련 당사자들에 대한 조사에서는 충분치 않은 것으로 나타났다.

〈표 Ⅳ-29〉 평가 영역 3의 평가요소 4에 대한 준거별 평점

평가준거	배 점	평 점
4-1	4	3
4-2	12	10

5) 평가요소 5: 직무훈련관련 교육과정 설계가 기업의 현업에서의 직무수행력을 향상시키기에 적절한지 여부(23)

본 평가의 목적은 사내대학 교육의 핵심요소인 현업의 직무와 연관된 교육과정이 적절히 편성되어 있는지를 알아보기 위함이다. 이에 설정된 평가준거는 다음과 같다.

준거 5-1. 직무훈련관련 교과는 충분히 편성되어 있는가(9)
준거 5-2. 직무훈련관련 교육과정은 현업의 실제 직무 상황과의 연계성이
적절한가(14)

평가준거 5-1의 경우 본 사내대학의 마케팅학과를 살펴보면, 기초학문(12%)과 인접학문(8%)에 비하여 직무훈련과 직결되는 마케팅(47%), 경영학(14%), 영업실무(19%)가 많은 비중을 차지하고 있었다. 준거 5-2의 경우는 역시 마케팅학과의 경우를 들어 살펴보면, 이론 51%와 실습 49%로 되어 있어 현업과 관련된 실무 실습 위주의 교육을 중점적으로 하고 있는 것으로 나타났다. 그러나 실제 관련 당사자들에 대한 조사에서는 그 연계성이 미흡한 것으로 지적하고 있었다.

〈표 Ⅳ-30〉 평가 영역 3의 평가요소 5에 대한 준거별 평점

평가준거	배 점	평 점
5-1	9	8
5-2	14	10

6) 평가요소 6: 조직개발관련 교육과정 설계가 기업의 현업에서의 조직적응을 향상시키기에 적절한지 여부(17)

본 평가의 목적은 기업의 생산성 향상에 영향을 미치는 조직운영의 효율성과 효과성을 극대화하는 데 사내대학 교육이 기여하고 있는지를 판단하고자 하는 것이다. 이에 설정된 평가준거는 다음과 같다.

준거 6-1. 조직개발관련 교과는 충분히 편성되어 있는가(7)
준거 6-2. 조직개발관련 교육과정은 현업의 실제 조직운영 상황과의
　　　　　 연계성이 적절한가(10)

평가준거 6-1의 경우 본 사내대학은 '조직개발'이란 교과를 통해 조직의 효율을 향상시키고 시너지 효과를 창출하기 위해 커뮤니케이션 스킬과 리더십 스킬을 습득함으로써 조직구성원들 간의 대인관계개선을 통한 효과적인 인간관계를 증진시키며, 이러한 조직활성화를 통해 조직풍토를 활성화시키고자 하고 있다. 또한 '체육'교과를 통해 교양인으로서 체육의 가치와 건강 메커니즘을 이해하고, 생활체육능력을 습득함으로써 학업으로 인한 긴장을 해소하고, 학우 사이의 유대 형성을 꾀하고 있었다. 그러나 이 정도의 조직개발과 관련된 교과들은 본 사내대학 교육과정에 충분하게 편성되었다고 보기 어려웠다. 준거 6-2의 경우는 현업적 상황과의 연계를 위해 노력하고 있었으나 다소 미흡한 것으로 보인다.

〈표 Ⅳ-31〉 평가 영역 3의 평가요소 6에 대한 준거별 평점

평가준거	배 점	평 점
6-1	7	3
6-2	10	7

7) 평가요소 7: 교육과정이 종업원의 개인적 진학 및 교육욕구를 충족시키고 있는지 여부(16)

본 평가의 목적은 사내대학 교육이 비진학 종업원(직원)의 고등교육에의 욕구와 평생교육적 측면의 욕구를 만족시키는 데 기여하고 있는지를 알아보고자 하는 것이다. 이에 설정된 평가준거는 다음과 같다.

준거 7-1. 교육과정에 일반대학의 고등교육적 요소가 적절히 편성되어
        있는가(7)
준거 7-2. 교육과정에 성인계속교육을 위한 요소가 적절히 편성되어 있는가(9)

평가준거 7-1에 대해서 본 사내대학은 일반대학의 교육과정 편성체계와 비슷한 구조를 갖추고 있으며 전공필수와 선택, 그리고 교양필수와 선택 등으로 구분하여 기업의 일방적인 연수가 아닌 일반대학에서와 마찬가지로 학생 스스로 선택·개발할 수 있도록 하였으며, 동아리 활동을 권장하고 있었다. 그리고 졸업 후에는 대학졸업자격을 인정하여 대졸직원과 동등한 대우를 해 주고 있었다. 이를 통해 볼 때 본 사내대학은 고등교육적 요소를 충분히 포함하여 학생들의 진학욕구를 대체로 충족시키고 있는 것으로 여겨진다. 준거 7-2의 경우 국제화를 위한 영어교육을 강조하고 있으며 '개인능력개발을 위한 창의력, 문제해결능력, 리더십, 커뮤니케이션' 등을 편성하고 있었지만 충분히 편성되어 있다고는 보기 어려웠다.

〈표 Ⅳ-32〉 평가 영역 3의 평가요소 7에 대한 준거별 평점

평가준거	배 점	평 점
7-1	7	7
7-2	9	6

라. 평가 영역 4: 사내대학 교육과정의 적용(150)

1) 평가요소 1: 교육과정이 운영이 초기에 계획했던 대로 이루어 지고 있는지 여부(24)

본 평가의 목적은 사내대학 교육과정의 편성과 운영계획이 실제 교육 수행 상황에서 적절히 운영되고 있는지를 파악하고자 하는 것으로 즉각 적인 개선과 차기 계획수립에서의 개선을 도모하기 위함이다. 이에 설 정된 평가준거는 다음과 같다.

준거 1-1. 계획했던 교육과정의 시간운영은 적절히 이루어지고 있는가(11)
준거 1-2. 편성된 교과 교육과정은 빠짐없이 운영되고 있는가(13)

평가준거 1-1의 경우 본 사내대학은 학기별로 계획했던 교육과정 시 간운영이 대체로 지켜졌고, 준거 1-2의 경우는 편성된 교과 교육과정이 빠짐없이 운영되고 있었다.

〈표 Ⅳ-33〉 평가 영역 4의 평가요소 1에 대한 준거별 평점

평가준거	배 점	평 점
1-1	11	10
1-2	13	13

2) 평가요소 2: 전공교과의 수업은 현업의 상황과 적절히 연관되어 운영되는지 여부(30)

본 평가의 목적은 현업의 직무능력을 개선·향상시키기 위해 전공교육이 효과적으로 교수되고 있는지를 파악하고자 하는 것이다. 이에 설정된 평가준거는 다음과 같다.

준거 2-1. 전공교과의 이론 수업의 내용은 현업의 직무와 일치하는가(11)
준거 2-2. 전공교과의 수업은 현업의 직무 상황에 응용할 수 있는 실습을 적절히 하는가(19)

평가준거 2-1은 전공교과의 이론 수업의 내용이 현업의 직무와 대체로 연계되어 있었으나 교과에 따라서는 그 연계가 직접적이지 않은 경우도 있었다. 예를 들어, 마케팅학과의 가격결정론, 소매경영론 등의 과목은 직접적인 연관이 있다고 볼 수 없었고 다만, 이는 사내대학의 교육이 단순히 현업의 직무 상황에서 당장 필요로 하는 것만을 가르치는 것이 아니라는 점을 감안할 수 있겠다. 또한 관련 당사자들에 대한 조사에서도 현업 직무와의 연계성이 부족한 것으로 밝히고 있었다. 준거 2-2의 경우는 모든 학과가 직무 상황을 응용한 실습의 비율이 전체 교육과정의 50% 내외로 매우 높았다.

〈표 Ⅳ-34〉 평가 영역 4의 평가요소 2에 대한 준거별 평점

평가준거	배 점	평 점
2-1	11	8
2-2	19	19

3) 평가요소 3: 교육과정이 시간계획 및 교수-학습의 효율적 방법을 제시하고 있는지 여부(27)

본 평가의 목적은 사내대학 교육의 목적을 성취하는 데 교육과정이 구체적인 교수·학습의 방향을 제시해 주고 있는가를 알아보고자 하는 것이다. 이에 설정된 평가준거는 다음과 같다.

준거 3-1. 교육과정은 교과의 시간계획을 문서상 제시하고 있는가(10)
준거 3-2. 교육과정은 교과의 교수·학습방법을 문서상 제시하고 있는가(17)

평가준거 3-1에 대해서 본 사내대학은 교과 교육과정을 학년과 학기로 구분하여 그 시간계획을 편성해 놓고 이를 대학요람을 통해 공개하고 있었다. 준거 3-2의 경우는 전체적인 이론과 실습 비율을 문서상 제시하고 있는 것 외에 대부분의 교과에 있어서 적절한 교수·학습방법을 따로 제시하고 있지 않았으며 대체로 교수(강사)의 자율에 맡기고 있었다.

〈표 Ⅳ-35〉 평가 영역 4의 평가요소 3에 대한 준거별 평점

평가준거	배 점	평 점
3-1	10	10
3-2	17	5

4) 평가요소 4: 교육과정은 교과목에 적합한 교수(강사)를 배치하고 있는지 여부(28)

본 평가의 목적은 교육의 성패를 좌우할 수 있는 교수의 선정과 배치가 얼마나 최적으로 되어 있는가를 파악하고자 하는 것이다. 이에 설정

된 평가준거는 다음과 같다.

준거 4-1. 교과목과 교수의 전공은 일치하는가(6)
준거 4-2. 교과에 관해 교수는 적절한 전문지식을 갖고 있는가(12)
준거 4-3. 교과에 대해 교수는 관심과 열의를 갖고 강의를 하는가(10)

평가준거 4-1의 경우 관련 당사자들에 대한 조사에서 교수(강사)들의 경우는 일치하고 있다고 한 반면에 기획담당자들과 학생들은 대체로 일치하지 않는다는 견해를 피력하였다. 전체적으로 볼 때 교과목과 교수의 전공 일치도는 다소 미흡한 것으로 여겨진다. 준거 4-2의 경우 교과에 대해 적절한 전문지식을 교수(강사)가 갖추고 있는 것으로 교수, 기획담당자, 학생들 모두가 밝히고 있었다. 준거 4-3의 경우는 기획담당자의 견해만 다소 미흡하다고 한 반면 교수와 학생들은 교수들의 관심과 열의가 있다는 견해를 밝혔다.

〈표 Ⅳ-36〉 평가 영역 4의 평가요소 4에 대한 준거별 평점

평가준거	배 점	평 점
4-1	6	3
4-2	12	11
4-3	10	9

5) 평가요소 5: 교육과정의 각 교과를 학생들이 수월하게 학습하는지 여부(22)

본 평가의 목적은 사내대학 교육과정의 각 교과들이 학생들이 충분히 학습할 수 있는 것들로 편성되어 있는지 그 적절성을 파악하고자 하는 것이다. 이에 설정된 평가준거는 다음과 같다.

준거 5-1. 교육과정에 편성된 각 교과의 교육목표를 학생들은 적절히 성
취하고 있는가(22)

평가준거 5-1에 대해서는 본 사내대학 학생들의 성적이 기밀로 처리
되어 Tuckman이 제시한 완전학습 정도나 Phi Delta Kappa에서 제시하
는 공식에 의한 방법을 사용하는 것이 불가능하였다. 다만 담당자에 의
하면 일부 전공교과에 있어서 주로 실업계 고교 출신인 학생들의 기초
과목 수준이 미흡하여 성취에 어려움을 겪고 있다는 것을 확인할 수 있
었다.

〈표 Ⅳ-37〉 평가 영역 4의 평가요소 5에 대한 준거별 평점

평가준거	배 점	평 점
5-1	22	15

6) 평가요소 6: 교육과정은 학생들의 자율적인 학습조직을 독려 하는지 여부(19)

본 평가의 목적은 사내대학 교육이 자율적인 학습조직을 통해 학생들
스스로의 능동적이고 창의적인 학습의욕과 동기유발을 촉진하고 있는지
를 파악하고자 하는 것이다. 이에 설정된 평가준거는 다음과 같다.

준거 6-1. 교육과정을 운영함에 있어서 학생들의 자율적인 스터디(study)
그룹을 지원하고 있는가(11)
준거 6-2. 교육과정을 운영함에 있어서 학생들의 동아리 활동을 지원하고
있는가(8)

평가준거 6-1의 경우 관련 당사자들에 대한 조사에서 교수와 기획담

당자는 어느 정도 지원이 되고 있는 것으로 밝힌 반면, 학생들은 미흡한 것으로 밝히고 있었다. 전체적으로 보았을 때 대체로 충분치 않은 것으로 여겨진다. 준거 6-2의 경우도 교수와 기획담당자와 달리 학생들은 미흡한 것으로 밝히고 있었다.

〈표 Ⅳ-38〉 평가 영역 4의 평가요소 6에 대한 준거별 평점

평가준거	배 점	평 점
6-1	11	6
6-2	8	4

마. 평가 영역 5: 사내대학 교육과정에서의 평가(97)

1) 평가요소 1: 체계적인 평가계획의 수립 여부(14)

본 평가의 목적은 교육과정 혹은 수업이 체계적인 계획하에 교육의 질과 학습자들의 성취 수준을 관리하고 있는지를 파악하고자 하는 것이다. 이에 설정된 평가준거는 다음과 같다.

> 준거 1-1. 교육과정의 전반적인 평가지침을 세워놓고 있는가(7)
> 준거 1-2. 각 교과는 사전에 혹은 강의계획서(syllabus)에 평가계획을
>   밝히고 있는가(7)

평가준거 1-1의 경우 본 사내대학은 학칙을 통해서 평가지침을 밝히고 있다. 즉 '시험은 매 학기 기말시험을 포함하여 2회 이상 실시한다. 학업성적은 각 교과목표를 시험성적, 과제물평가, 수시시험, 출석 상황 등을 종합하여 평가한다. 다만, 실험실습 및 특수한 과목의 성적은 따로

기준을 정할 수 있다. 기말시험의 반영비율은 40%로 정하며 중간시험, 과제물평가, 수시시험의 비율은 과목 특성에 따라 별도로 기준을 정할 수 있다. 기말시험은 반드시 필기시험이 병행되어야 한다. 성적의 등급과 평점의 분류는 A+는 4.5, A0는 4.0, B+는 3.5, B0는 3.0, C+는 2.5, C0는 2.0, D+는 1.5, D0는 1.0, F는 0.0으로 한다.'와 같이 제시하고 있어 전반적인 평가지침을 갖추고 있다고 할 수 있겠다. 준거 1-2의 경우는 학칙에 제시된 평가지침에 따라 각 교과에 따라 평가계획을 밝히고 있었다.

〈표 Ⅳ-39〉 평가 영역 5의 평가요소 1에 대한 준거별 평점

평가준거	배 점	평 점
1-1	7	7
1-2	7	7

2) 평가요소 2: 교육과정의 세 영역인 직무훈련, 개인교육, 조직 개발에서의 교육목적 성취 수준(21)

본 평가의 목적은 사내대학 교육과정의 질을 주요 구성 영역별로 확인하고자 하는 것이다. 이에 설정된 평가준거는 다음과 같다.

준거 2-1. 교육과정 중 직무훈련 영역의 교육목적은 성취되었는가(8)
준거 2-2. 교육과정 중 개인교육 영역의 교육목적은 성취되었는가(7)
준거 2-3. 교육과정 중 조직개발 영역의 교육목적은 성취되었는가(6)

준거 2-1, 2-2, 2-3을 평가하기 위해서는 학생(종업원)들의 직무훈련, 개인교육, 조직개발 영역의 능력을 측정하는 검사를 개발하여 이를 교육과정 적용 전, 적용 중, 적용 후, 그리고 현업 복귀 후로 구분하여 반

복측정식 설계(repeated measure design)로 분석하게 된다. 그러나 이와 같은 작업은 정보 접근의 불가능으로 인하여 다른 간접 자료와 관련 당사자들에 대한 조사에 따라 그 평점을 추정하였다.

<표 Ⅳ-40> 평가 영역 5의 평가요소 2에 대한 준거별 평점

평가준거	배 점	평 점
2-1	8	7
2-2	7	6
2-3	6	4

3) 평가요소 3: 교육과정의 목표달성 정도에 대한 평가방법의 합리성(13)

본 평가의 목적은 적절한 평가방법의 적용과 그 다양성을 검토하기 위함이고, 이로써 평가결과의 정확성과 활용가능성을 높이고자 하는 것이다. 이에 설정된 평가준거는 다음과 같다.

준거 3-1. 교과특성에 적합한 평가방법을 사용하고 있는가(6)
준거 3-2. 평가결과는 학생들의 학습개선을 위해 학생들에게 적절히 송환 (feedback)되고 있는가(7)

평가준거 3-1의 경우, 교수와 기획 및 교무담당자는 대체로 적합한 평가방법을 사용하고 있다고 밝힌 반면, 학생들의 경우는 적합하지 않은 평가방법을 사용하기도 한다고 밝히고 있다. 그러나 전반적으로는 교과의 특성에 적합한 평가방법을 쓰고 있는 것으로 여겨진다. 준거 3-2의 경우는 교무담당자만이 평가결과의 적절한 송환이 되고 있다고 밝힌 반면, 교수와 학생은 그렇지 않다는 견해를 나타냈다. 전반적으로 보았을 때 평가결과의 송환은 다소 적절하지 않다고 볼 수 있겠다.

<표 Ⅳ-41> 평가 영역 5의 평가요소 3에 대한 준거별 평점

평가준거	배 점	평 점
3-1	6	5
3-2	7	3

4) 평가요소 4: 교육과정의 목표달성에 대한 평가결과가 교육과정의 개선을 위해 합리적으로 활용되고 있는지 여부(19)

본 평가의 목적은 사내대학 교육과정의 개선과 발전을 통해 지속적인 질 관리를 하고자 하는 것이다. 이에 설정된 평가준거는 다음과 같다.

준거 4-1. 목표달성 정도에 대한 평가결과는 체계적으로 정리되어 있는가(7)
준거 4-2. 목표달성 정도에 대한 평가결과는 다음 단계(학기, 학년)의
         교육과정 편성에 참고 자료로 활용되는가(12)

평가준거 4-1에 대해 본 사내대학은 학생들의 학업성취와 함께 교육과정의 각 부분의 수행결과에 대해 체계적으로 종합·정리하여 보고하고 있었다. 준거 4-2의 경우는 교육과정의 목표달성 정도에 대한 평가결과가 다음 단계의 교육과정 편성에 참고 자료로 활용하기 위한 노력은 하고 있으나 미흡한 것으로 여겨진다. 또한 관련 당사자들에 대한 조사에서도 충분치 않은 것으로 나타났다.

<표 IV-42> 평가 영역 5의 평가요소 4에 대한 준거별 평점

평가준거	배 점	평 점
4-1	7	7
4-2	12	5

5) 평가요소 5: 교육과정의 운영에서 의도되지 않은 성취의 확인(10)

본 평가의 목적은 사내대학 교육과정의 시행에서 발생하는 계획하지 않은 성취 관련 정보를 수집하여 다음의 교육과정 편성에 중요한 정보로서 활용하고자 하는 것이다. 이에 설정된 평가준거는 다음과 같다.

준거 5-1. 교육과정의 운영에서 적용되지 못했던 점이나 문제점이 있는가(5)
준거 5-2. 교육과정의 운영함에 있어서 계획하지 않았던 성취 혹은 향상이
　　　　　있는가(5)

평가준거 5-1의 경우 본 사내대학 내에서는 학기 초에 계획했던 것을 대체로 적용하고자 노력하고 있었으며, 적용상 나타난 문제점은 교수, 기획이나 교무담당자, 학생 간에 서로 다른 다양한 견해의 개진이 있었으나 이를 체계적으로 정리하여 송환·반영하지는 못하고 있었다. 준거 5-2의 경우 계획하지 않은 성취는 없었던 것으로 보인다.

<표 IV-43> 평가 영역 5의 평가요소 5에 대한 준거별 평점

평가준거	배 점	평 점
5-1	5	3
5-2	5	2

6) 평가요소 6: 사내대학 교육과정의 모기업 사업성과(생산성 향상)에의 기여도(20)

본 평가의 목적은 사내대학 교육의 궁극적인 목적인 모기업의 사업성과 혹은 생산성의 극대화를 도모하는 데 어느 정도 기여하는가를 파악하고자 하는 것이다. 이에 설정한 평가준거는 다음과 같다.

준거 6-1. 사내대학의 학생들은 졸업 후 직무성적(고과)이 향상되었는가(3)
준거 6-2. 사내대학의 학생들은 졸업 후 개인의 진학 및 교육적 욕구를
　　　　　 만족시켰다고 인식하는가(6)
준거 6-3. 사내대학의 학생들은 졸업 후 조직적응을 더 잘하는가(5)
준거 6-4. 사내대학의 학생들은 자신의 직무에서 생산성이 향상되었는가(6)

평가준거 6-1, 6-2, 6-3, 6-4의 경우 모두 사전 · 사후 혹은 반복측정을 통한 차이검증을 해야 하는데, 본 연구에서는 사내대학 졸업 후 여러 회사로 흩어져 현업에 복귀한 졸업생들의 추수평가작업과 정보수집이 현실적으로 불가능하였다. 다만, 관련 당사자의 의견을 통한 간접적인 정보만을 토대로 평점을 추정하였다.

〈표 Ⅳ-44〉 평가 영역 5의 평가요소 6에 대한 준거별 평점

평가준거	배　점	평　점
6-1	3	3
6-2	6	5
6-3	5	3
6-4	6	6

바. 평가 영역 및 요소별 배점에 따른 평점과 질적 완성도

본 연구에서 개발한 평가체제는 평가점수의 전체 총점과 같은 단일한 지수에 의미를 두고 있지 않다. 각 평가 영역과 평가요소에서 밝히고 있는 각각의 구체적인 평가내용이 교육과정의 질을 관리하기 위한 중요한 정보가 되는 것이다. 즉 평가점수로 나타낸 개별적인 혹은 합산된 수치보다도 각 평가요소에서 밝혀진 평가정보의 내용이 교육과정의 질 관리를 위해 더욱 중요하다는 점을 강조하고자 한다. 따라서 각각의 평가준거들을 통해 얻은 전 평가 영역의 합산 총점은 제시하지 않도록 하겠다.

그리고 각각의 평점에 대한 단순한 제시보다는 평가결과 보고의 효과성을 높이기 위해서 배점에 대한 평가점수의 비율을 산출하였다. 이는 각 요소에 대한 평가를 통해 교육과정의 질적인 완성도를 비율로서 보여주는 것으로 예를 들어 100%는 본 교육과정이 해당 평가요소나 영역에서 질적으로 완전한 수준임을 의미하는 것이다. 다음 〈표 Ⅳ-45〉는 각 평가 영역 및 평가요소의 배점에 따른 평점과 더불어 각 항목에 대한 교육과정의 질적 완성도를 나타내고 있다.

〈표 Ⅳ-45〉에서 알 수 있는 바와 같이 본 사내대학의 교육과정은 평가 영역 1(사내대학 교육과정의 목적)에서 가장 높은 질적 완성도(93%)를 나타냈으며, 평가 영역 4(사내대학 교육과정의 적용)에서 가장 낮은 완성도(75%)를 보여주고 있다. 또한 평가 영역 1의 요소 1(사내대학 교육과정 목적 진술의 명확성)과 요소 2(교육과정 목적의 사내대학 설립취지 반영), 평가 영역 2의 요소 1(교육과정 목표 진술의 명확성), 평가 영역 3의 요소 2(교육과정의 구성에 사내대학 특유의 교육목표 반영 수준), 평가 영역 5의 요소 1(체계적인 평가계획의 수립 여부)에서 교육과정의 질적 완성도가 100%로 나타났다.

〈표 Ⅳ-45〉 평가 영역 및 요소별 배점에 따른 평점과 질적 완성도

항 목	배 점 (500점 만점 환산척)	평 점	완성도 (평점/배점 ×100)
평가 영역 1. 사내대학 교육과정의 목적	57	53	93%
요소 1. 사내대학 교육과정 목적 진술의 명확성	14	14	100%
요소 2. 교육과정 목적의 사내대학 설립취지 반영	15	15	100%
요소 3. 교육과정 목적의 모기업 경영상의 요구 (needs) 반영 여부	17	14	82%
요소 4. 사내대학 교육목적의 교육목표에 대한 대 표성	11	10	91%
평가 영역 2. 사내대학 교육과정의 목표	86	66	77%
요소 1. 교육과정 목표 진술의 명확성	19	19	100%
요소 2. 경영상의 요구를 토대로 한 교육요구 분석 여부	26	20	77%
요소 3. 사내대학 학생(종업원)의 특성 분석 여부	23	12	52%
요소 4. 교육목표의 성취가능성 여부	18	15	83%
평가 영역 3. 사내대학 교육과정의 설계	110	85	77%
요소 1. 교육과정의 합리적인 설계를 위한 지침 마련 여부	10	5	50%
요소 2. 교육과정 편성에서 사내대학 특유의 교 육목표 반영 수준	16	16	100%
요소 3. 전공의 이해를 돕기 위한 기초과목 편성 의 적절성	12	10	83%
요소 4. 모기업 인재개발전략의 교과 교육과정에 의 반영 수준	16	13	81%
요소 5. 직무훈련관련 교육과정 설계가 기업의 현업에서의 직무수행 능력을 향상시키는 데 적절한지 여부	23	18	78%
요소 6. 조직개발관련 교육과정 설계가 기업의 현업에서의 조직적응을 향상시키는 데 적절한지 여부	17	10	59%
요소 7. 교육과정이 종업원의 개인적 진학 및 교 육욕구를 충족시키고 있는지 여부	16	13	81%

항 목	배 점 (500점 만점 환산척)	평 점	완성도 (평점/배점 ×100)
평가 영역 4. 사내대학 교육과정의 적용	150	113	75%
요소 1. 교육과정의 운영이 초기에 계획했던 대로 이루어지고 있는지 여부	24	23	96%
요소 2. 전공교과의 수업은 현업의 상황과 적절히 연관되어 운영되는지 여부	30	27	90%
요소 3. 교육과정이 시간계획 및 교수-학습의 효율적 방법을 명확히 제시하고 있는지 여부	27	15	56%
요소 4. 교육과정은 교과에 적합한 교수(강사)를 배치하고 있는지 여부	28	23	82%
요소 5. 교육과정의 각 교과를 학생들이 수월하게 학습하는지 여부	22	15	68%
요소 6. 교육과정은 학생들의 자율적인 학습조직을 독려하는지 여부	19	10	53%
평가 영역 5. 사내대학 교육과정에서의 평가	97	78	80%
요소 1. 체계적인 평가계획의 수립 여부	14	14	100%
요소 2. 교육과정의 세 영역인 직무훈련, 개인교육, 조직개발에서의 교육목적 성취 수준	21	17	81%
요소 3. 교육과정의 목표달성 정도에 대한 평가방법의 합리성	13	8	62%
요소 4. 교육과정의 목표달성에 대한 평가결과가 교육과정의 개선을 위해 합리적으로 활용되고 있는지 여부	19	12	63%
요소 5. 교육과정의 운영에서 의도되지 않은 성취의 확인	10	5	50%
요소 6. 사내대학 교육과정의 모기업의 사업성과 (생산성 향상)에의 기여도	20	17	85%

그러나 평가 영역 2의 요소 3(사내대학 학생의 특성 분석 여부; 52%), 평가 영역 3의 요소 1(교육과정의 합리적인 설계를 위한 지침 마련 여부; 50%)과 요소 6(조직개발관련 교육과정 설계가 기업의 현업에서의 조직적응을 향상시키는 데 적절한지 여부; 59%), 평가 영역 4의 요소 3(교육과정이 시간계획 및 교수-학습의 효율적 방법을 명확히 제

시하고 있는지 여부: 56%)과 요소 6(교육과정은 학생들의 자율적인 학습조직을 독려하는지 여부: 53%), 평가 영역 5의 요소 5(교육과정의 운영에서 의도되지 않은 성취의 확인: 50%)는 비교적 낮은 교육과정 질적 완성도를 나타내었다.

4. 사내대학 교육과정 평가체제의 적용상 유용성

여기서는 본 연구에서 개발한 평가체제의 적용(수행)상의 유용성을 알아보도록 하겠다. 유용성은 평가의 수행가능성과 용이성, 평가절차와 평가방법의 적절성, 그리고 평가 제한점 제시의 적절성이란 다섯 가지 요인(Smith, 1963)을 중심으로 평가자의 관점에서 검토하도록 하겠다. 다음 〈표 Ⅳ-46〉은 각 요소별 평가수행상 유용성을 다섯 가지 유용성 항목 각각에 대해 분석한 것을 나타낸 것이다. ○는 유용함을, △는 조금 유용함을, ×는 유용하지 않음을 의미한다.

평가 영역 1(사내대학 교육과정의 목적)의 각 평가요소의 설계에 따른 평가수행에 있어서 평가요소 1(사내대학 교육과정 목적 진술의 명확성)과 요소 2(교육과정 목적의 사내대학 설립취지 반영), 그리고 요소 4(사내대학 교육목적의 교육목표에 대한 대표성)는 평가 자료의 수집과 접근이 용이하고 이에 대한 평가 자료가 풍부하여 수행가능성, 수행용이성, 평가절차와 평가방법의 적절성, 평가 제한점 제시의 적절성 전 항목에서 유용하였다. 그러나 평가요소 3(교육과정 목적의 모기업 경영상의 요구 반영 여부)은 교육목적 자체에 경영상의 요구가 어느 정도 반영되었는지 혹은 그 구체성의 정도가 어느 정도인지에 대한 정확한 판단이 쉽지 않았다.

평가 영역 2(사내대학 교육과정의 목표)에서는 요소 1(교육과정 목표 진술의 명확성)과 요소 4(교육목표의 성취가능성 여부)가 평가정보의 접근이 용이하고 자료의 풍부성으로 인해 평가가 수월하였다. 단지 요소 2(경영상의 요구를 토대로 한 교육요구 분석 여부)와 요소 3(사내대학 학생의 특성 분석 여부)은 접근이 가능한 평가정보나 자료가 제한적이었고 객관적 자료가 부족하여 해당 담당자의 의견에 많이 의존하게 되는데, 이 또한 초기의 교육과정 편성 시기가 멀수록 구체적이지 못한 정보 제공으로 인해 정보수집에 제약이 있었다.

〈표 Ⅳ-46〉 사내대학 교육과정 평가체제의 적용상 유용성 분석

항 목	1.수행 가능	2.수행 용이	3.평가 절차	4.평가 방법	5.평가 제한
평가 영역 1. 사내대학 교육과정의 목적					
요소 1. 사내대학 교육과정 목적 진술의 명확성	○	○	○	○	○
요소 2. 교육과정 목적의 사내대학 설립취지 반영	○	○	○	○	○
요소 3. 교육과정 목적의 모기업 경영상의 요구(needs) 반영 여부	○	△	○		○
요소 4. 사내대학 교육목적의 교육목표에 대한 대표성	○	○	○	○	○
평가 영역 2. 사내대학 교육과정의 목표					
요소 1. 교육과정 목표 진술의 명확성	○	○	○	○	○
요소 2. 경영상의 요구를 토대로 한 교육요구 분석 여부	○	△	○	○	△
요소 3. 사내대학 학생(종업원)의 특성 분석 여부	○	△	○	○	△
요소 4. 교육목표의 성취가능성 여부	○	○	○	○	○
평가 영역 3. 사내대학 교육과정의 설계					
요소 1. 교육과정의 합리적인 설계를 위한 지침 마련 여부	○	△	○	○	○
요소 2. 교육과정 편성에서 사내대학 특유의 교육목표 반영 수준	○	○	○	○	○
요소 3. 전공의 이해를 돕기 위한 기초과목 편성의 적절성	○	△	○	○	○
요소 4. 모기업 인재개발전략의 교과 교육과정에의 반영 수준	○	△	○	○	○
요소 5. 직무훈련관련 교육과정 설계가 기업의 현업에서의 직무수행능력을 향상시키는 데 적절한지 여부	○	△	○	○	△
요소 6. 조직개발관련 교육과정 설계가 기업의 현업에서의 조직적응을 향상시키는 데 적절한지 여부	○	△	○	○	△
요소 7. 교육과정이 종업원의 개인적 진학 및 교육욕구를 충족시키고 있는지 여부	○	○	○	○	△

항　　목	1.수행 가능	2.수행 용이	3.평가 절차	4.평가 방법	5.평가 제한
평가 영역 4. 사내대학 교육과정의 적용					
요소 1. 교육과정의 운영이 초기에 계획했던 대로 이루어지고 있는지 여부	○	○	○	△	○
요소 2. 전공교과의 수업은 현업의 상황과 적절히 연관되어 운영되는지 여부	○	△	○	○	△
요소 3. 교육과정이 시간계획 및 교수-학습의 효율적 방법을 명확히 제시하고 있는지 여부	○	○	△	△	○
요소 4. 교육과정은 교과에 적합한 교수(강사)를 배치하고 있는지 여부	○	○	○	○	○
요소 5. 교육과정의 각 교과를 학생들이 수월하게 학습하는지 여부	○	○	○	○	○
요소 6. 교육과정은 학생들의 자율적인 학습 조직을 독려하는지 여부	○	△	○	○	○
평가 영역 5. 사내대학 교육과정에서의 평가					
요소 1. 체계적인 평가계획의 수립 여부	○	○	○	○	○
요소 2. 교육과정의 세 영역인 직무훈련, 개인교육, 조직개발에서의 교육목적 성취 수준	○	△	○	○	○
요소 3. 교육과정의 목표달성 정도에 대한 평가방법의 합리성	○	○	○	○	○
요소 4. 교육과정의 목표달성에 대한 평가결과가 교육과정의 개선을 위해 합리적으로 활용되고 있는지 여부	○	○	○	○	○
요소 5. 교육과정의 운영에서 의도되지 않은 성취의 확인	○	△	△	△	△
요소 6. 사내대학 교육과정의 모기업의 사업성과(생산성 향상)에의 기여도	×	×	○	○	○

　평가 영역 3(사내대학 교육과정의 설계)에서는 7가지 평가요소 모두 수행가능성과 평가절차와 방법의 적절성에서 평가수행이 유용하였다. 그러나 평가요소 1(교육과정의 합리적인 설계를 위한 지침 마련 여부)에서는 교육과정 설계의 지침이 따로 구분되는 항목의 자료로 정리되어 있지 않아 관련 자료들 속에 평가 자료(내용)를 찾아내야 하는 번거로

움이 있다. 또한 평가요소 3(전공의 이해를 돕기 위한 기초과목 편성의 적절성)과 요소 4(모기업 인재개발전략의 교과 교육과정에의 반영 수준)의 경우는 관련 당사자들인 학생과 교수, 그리고 기획 및 교무담당자들의 의견이 틀릴 경우 어느 쪽의 견해에 무게를 둘 것인지에 대한 어려움이 있다. 그리고 평가요소 5(직무훈련관련 교육과정 설계가 기업의 현업에서의 직무수행능력을 향상시키는 데 적절한지 여부)와 요소 6(조직개발관련 교육과정 설계가 기업의 현업에서의 조직적응을 향상시키는 데 적절한지 여부)은 교과명이나 가르치는 내용의 파악만으로 정확한 평가를 하기가 쉽지 않다. 평가요소 5, 요소 6, 요소 7(교육과정이 종업원의 개인적 진학 및 교육욕구를 충족시키고 있는지 여부)의 평가 설계에서 제시하고 있는 평가 시 제한점은 실제 평가수행에 있어서 큰 도움을 주지는 못하였다.

평가 영역 4(사내대학 교육과정의 적용)의 각 평가요소에 따른 평가 수행에서는 요소 4(교육과정은 교과에 적합한 교수를 배치하고 있는지 여부)와 요소 5(교육과정의 각 교과를 학생들이 수월하게 학습하는지 여부)가 유용성 각 항목에서 유용한 것으로 판단된다. 그러나 평가요소 1(교육과정의 운영이 초기에 계획했던 대로 이루어지고 있는지 여부)의 경우 교육과정의 운영의 범위가 매우 광범위하기 때문에 서면 자료로 판단하기 어려우며 운영 당사자에게 직접 조사를 해야 하기 때문에 운영상의 문제를 지적하기 꺼려하는 다시 말해 경우에 따라서는 평가의 저항이 강하게 있을 수 있겠다. 평가요소 2(전공교과의 수업은 현업의 상황과 적절히 연관되어 운영되는지 여부)와 요소 6(교육과정은 학생들의 자율적인 학습조직을 독려하는지 여부)의 경우는 가르치는 교수와 학생, 그리고 기획이나 교무 담당자와 학생 간의 의견이 다를 경우 객관적으로 판단을 내리기가 쉽지 않다. 그리고 평가요소 3(교육과정이 시간계획 및 교수-학습의 효율적 방법을 명확히 제시하고 있는지 여부)은 평가절차나 방법에 있어서 교육과정이나 편성안에 대한 접근보다는 강의계획서나 교수에 대한 직접 조사 등의 방법으로 접근해야 보다 적합한 평가정보를 얻을 수 있겠다.

평가 영역 5(사내대학 교육과정에서의 평가)에서는 평가요소 1(체계적인 평가계획의 수립 여부), 요소 3(교육과정의 목표달성 정도에 대한 평가방법의 합리성), 요소 4(교육과정의 목표달성에 대한 평가결과가 교육과정의 개선을 위해 합리적으로 활용되고 있는지 여부)의 경우는 평가수행 시 유용하였다. 단지 평가요소 2(교육과정의 세 영역인 직무훈련, 개인교육, 조직개발에서의 교육목적 성취 수준)의 경우는 측정 자체가 검사를 개발하여 실시해야 할 뿐만 아니라 여러 시기에 걸쳐 측정해야 하고 현업 복귀 후의 추수평가를 동반해야 하기 때문에 평가의 수행가능성이 낮고 측정과 분석의 난이도가 높다. 평가요소 5(교육과정의 운영에서 의도되지 않은 성취의 확인)에 대한 평가수행에서는 정확한 평가대상을 찾기가 쉽지 않아 수행용이성, 평가절차, 평가방법과 제한점 제시의 적절성에 있어서 유용성이 높지 않다고 할 수 있겠다. 그리고 평가요소 6(사내대학 교육과정의 모기업의 사업성과(생산성 향상)에의 기여도)은 교육에 참여하는 학생들의 전 교육이수 과정과 현업복귀 후 추수평가에 이르기까지 장기간에 걸쳐 수행되어야 하고, 또한 평가정보도 일반적으로 기업체에서 기밀로 처리되는 것들이 많아 기업 내의 특별한 평가 의지가 없으면 평가수행 자체가 어려울 것으로 생각된다.

V. 논의 및 결론

1. 논의

　본 연구의 목적은 사내대학 교육과정의 질 관리를 위한 합리적인 평가체제를 구안하는 데 있다. 따라서 우선적으로 사내대학에 대한 이론적 토대와 대두배경, 그리고 그 교육과정의 특성에 대해 살펴보았다. 사내대학은 교육개혁의 와중에 신고등교육체제로 대두되어 기존의 경직된 교육체제에 새로운 대안과 시도로서 발전하였다. 사내대학이 대두하게 된 이면에는 고등산업인력의 신속한 양성과 배치라는 현대 산업사회의 절실한 요구가 있었던 것이다. 이러한 측면에서 사내대학의 교육과정에 대한 질 관리는 향후 우리나라 고등인력양성의 새로운 길을 닦고 올바로 인도한다는 측면에서 매우 중요한 의미를 갖는다고 할 수 있겠다.

　이러한 취지하에 본 연구는 사내대학의 교육과정 평가체제를 개발하기 위해 다섯 가지 연구문제를 설정하여 수행하였다. 첫 번째 연구문제는 사내대학 교육과정의 특성과 실태를 파악하고 그에 적합한 평가체제를 구체적으로 설계하여 구안하는 것이다. 따라서 사내대학에 대한 문헌연구와 사내대학 관련 전문가들에 대한 인터뷰와 FGI의 결과를 토대로 5개의 평가 영역과 27개의 평가요소를 추출하였으며, 또한 각 요소에 따라 평가준거 설정을 비롯한 구체적인 평가설계를 하였다. 이 평가설계는 평가의 근거, 평가의 목적, 평가준거, 평가 시 제한점, 평가에 필요한 정보, 정보의 출처(정보수집 방법), 수집된 정보의 분석방법(평가방법), 평가결과의 보고 등으로 구성되었다. 이러한 설계는 박도순

(1988)이 제안하고 있는 평가단계와 설계의 구성요소들과 맥을 같이 하고 있으며, 설정된 영역과 요소에서는 Cotroneo(1991)가 추출한 여섯 가지 영역, 162개 요소의 추출과 수적인 차이를 보이고 있는데 이는 본 연구가 평가 영역 및 요소 추출뿐만 아니라 평가준거에 이르기까지 세부적인 설계를 하는 데 초점을 맞추고 있기 때문이다. 또한 방법론적인 측면에서는 Holt와 McAllister (1996), Cotroneo(1991)의 연구에서 사용되었던 기술화된 질적 자료와 FGI에 의한 교육과정 요소 설정 등과 같은 맥락의 활용임을 알 수 있겠다.

두 번째 연구문제는 이상과 같이 구안된 평가설계에 대한 타당화인데, 이를 위해 관련 분야의 전문가들을 대상으로 논리적 타당성을 조사하였다. 전문가들의 구성은 평가전문가들과 사내대학 교육과정 전문가들로 구분되며, 타당화의 조사 변인은 Smith(1963)의 여섯 가지 평가설계 타당성 요인인 평가문제의 중요성, 평가문제의 분명성, 평가목적의 구체성, 평가절차의 명확성, 평가설계의 적절성, 예상되는 제한변인의 제시로 구분된다. 본 연구에서 구안한 평가설계의 전체 설계에 대해 이상의 여섯 가지 타당성 요인을 중심으로 전문가 집단에 의해 검증한 결과는 대부분의 경우 4.00 이상의 높은 타당성 점수를 나타내고 있어 대체로 타당한 평가설계라는 것을 알 수 있었다. 물론 극히 일부의 4.00 이하의 항목들은 대체로 평가의 현실적인 수월성 측면에서의 지적이었으며 이에 대한 수정·보완이 이루어졌다. 이는 앞서 언급했던 선행연구(Lewy, 1977; 박도순, 1988; 김호권, 1980; 이종승, 1987; 김인식 & 최호성, 1996; 김동건, 1994; 박명섭, 1995)들에서와 같이 교육과정의 개발단계에 따른 평가 영역을 제안하고 있는 것이다. 또한 이와 같은 논리적 타당도의 추출은 Cotroneo(1991)가 기업의 관련 담당자들에 대한 FGI에 의한 질적 자료를 토대로 교육과정의 타당한 영역과 요소를 추출한 것과 같은 맥락의 방법론을 나타내고 있다. 또한 타당도의 해석은 원효헌(1997)의 교수 수행평가의 요소분석에서 사용한 내용타당도의 방법론 및 해석과 일치하고 있다.

　세 번째 연구문제는 평가의 하위 항목들에 대한 가중치와 실제 평가를 위한 배점을 확인하는 것이다. 이는 앞서의 전문가 집단에게 실시되었는데, 평가 영역, 평가요소, 평가준거에 대한 가중치를 조사하여 각각의 첫 번째 항목을 기준점으로 삼아 나머지 항목의 상대적인 가중치를 산출하는 방식으로 이루어졌다. 또한 5개 평가 영역에 대해 총점 500점으로 환산하여 앞서 분석된 가중치를 토대로 평가 영역, 평가요소, 평가준거의 순서로 환척하여 배점을 산정하였다. 그 결과 교육과정의 목적은 57점, 목표는 86점, 설계는 110점, 적용은 150점, 평가는 97점으로 분석되어 교육과정의 목적이 가장 낮은 배점을, 그리고 교육과정의 적용이 가장 높은 배점을 나타내었다. 이는 대학자체평가(고려대 경영학과 자체평가연구위원회, 1995; 서울대 자체평가위원회, 1994)에서 교육목적에 가장 낮은 배점을 하고 있는 것과 같은 결과를 보이고 있는 것이다.

　네 번째 연구문제는 타당화를 거친 평가설계를 실제 적용하여 경험적 타당성을 검토해 보는 것이다. 본 연구에서는 S사내대학의 교육과정을 대상으로 본 연구에서 구안한 평가설계를 적용하여 실제 평가를 수행하였다. 평가의 구체적인 수행방식은 구안된 평가설계에서 제시하고 있는 평가절차와 방법에 준하여 정성적 방법과 정량적 방법을 상호 보완적으로 사용하였다. 최종적인 평가결과의 정리는 평가점수와 함께 배점에 대한 평점의 비율을 산출하여 교육과정 각 부분에 대한 질적 완성도의 수준을 제시하였다. 이는 교육과정의 세부적인 항목들에서 그 질적 수준을 파악하는 데 도움을 제공하게 된다. S사내대학에 대한 평가결과, 평가 영역 1의 요소 1(사내대학 교육과정 목적 진술의 명확성)과 요소 2(교육과정 목적의 사내대학 설립취지 반영), 평가 영역 2의 요소 1(교육과정 목표 진술의 명확성), 평가 영역 3의 요소 2(교육과정 편성에서 사내대학 특유의 교육목표 반영 수준), 평가 영역 5의 요소 1(체계적인 평가계획의 수립 여부)에서 우수한 것으로 나타났다. 반면, 평가 영역 2

의 요소3, 평가 영역 3의 요소 1과 요소 6, 평가 영역 4의 요소 3과 요소 6, 평가 영역 5의 요소 5에서는 미흡한 것으로 나타났다. 본 평가의 적용은 대학자체평가(고려대 경영학과 자체평가연구위원회, 1995; 서울대 자체평가위원회, 1994)에서 교육과정 영역에 대해 활용하고 있는 정보의 수집과 분석 중심의 평가방식과 더불어 중등학교 자체평가에 관한 연구들(윤재우, 1989; 이경중, 1989; 김은구, 1989)에서 제안하고 있는 평정척에 의한 평가 틀을 함께 사용하고 있다.

다섯 번째 연구문제는 구안된 평가설계를 적용할 때 평가수행상의 유용성을 알아보는 것이다. 평가수행상의 유용성은 평가수행의 가능성, 평가수행의 용이성, 평가절차의 적절성, 평가방법의 적절성, 평가의 제한점 제시의 적절성 등(Smith, 1963)으로 구분되어 분석된다. 이는 평가가 실제 수행될 때의 실용성과 수월성의 측면에서 그 유용성을 살펴본 것이다. 이와 같은 유용성에 대한 분석결과는 전반적으로 유용한 것으로 나타났는데, 다만 일부 평가요소에 대해서는 자료접근의 어려움과 현실적인 측정의 곤란 등으로 인해 유용성이 떨어지는 경우도 있었다. 특히 평가 영역 5에서 요소 6인 '사내대학 교육과정의 모기업 사업성과(생산성 향상)에의 기여도'에 대한 평가는 매우 필요하기는 하나 실제 평가 시에는 평가정보수집의 어려움과 분석의 난이도가 높아 현실적인 제약이 많은 것으로 나타났다. 이는 Workforce & Workforce Literacy Series(1993)에서 사내교육의 효과를 생산성이나 불량률 등과 같은 지표를 통해 분석해 볼 수 있었던 것과 달리 본 연구에서는 생산성 분야에서의 평가적용에 어려움이 있었다. 그러나 이와 같은 수행상의 유용성에 관한 분석은 교육과정에 대한 평가설계에서 타당한 평가 영역, 평가요소, 평가준거를 추출하는 것과 이들의 실제 수행 차원에서의 유용성에는 다소 괴리가 있을 수 있다는 것을 보여주는 것으로, 평가체제 개발연구에 있어서 구안단계뿐만 아니라 실제 평가를 수행해 보는 적용단계는 현실적인 평가 상황에서의 적절성에 대한 중요한 시사점을 제공하게 되는 것이다.

2. 결론 및 제한점

본 연구는 신교육체제로 등장한 사내대학에 대해 그에 적합한 교육과정 평가체제를 설계하고자 하는 목적으로 수행되었다. 이를 통해 교육과정의 질 관리가 교육의 효율적 관리와 지속적인 발전을 위해 중요하다는 것과, 더욱이 본 연구에서 관심을 둔 사내대학이라는 신고등교육기관과 같이 교육과정의 차별성이 큰 교육기관에는 그 특성에 적합한 평가체제 개발이 매우 필요하다는 것을 알 수 있었다.

또한 교육과정에 대한 평가체제의 개발은 우선 평가대상이 되는 교육과정의 특성과 실태에 대한 충분한 문헌연구와 조사를 토대로 이루어져야 하며 이를 위해서는 평가전문가뿐만 아니라 관련 교육과정전문가들의 협력이 필수적이다. 그리고 무엇보다도 구안된 평가체제를 적용하고 실제 평가수행상의 유용성을 검토하는 것은 평가체제 개발 연구가 실효를 거두기 위해서는 매우 중요한 절차인 것이다.

본 연구에서 개발한 평가체제는 사내대학이란 매우 새로운 형태의 교육기관이 가지고 있는 차별화된 특성을 반영하고자 하였다. 즉 현장 중심적인 교육과 빠르게 변화하는 기술과 지식의 신속한 수용이라는 사내대학 교육과정의 핵심적인 특성을 바탕으로 하여 그 평가체제 개발이 이루어졌다. 즉 교육과정의 질을 평가하는 것은 그 교육과정을 기획하고 운영하는 주체의 특성과 궁극적인 교육목적이 무엇이냐에 따라 달라지는 것이다.

교육과정의 질 관리는 교육의 효과성뿐만 아니라 효율성이라는 측면에서의 중요성을 말하고 있는 것이다. 즉 경제적 용어를 빌자면 최소의 비용과 수고로 최대의 교육효과를 내고자 하는 것으로 비유될 수 있을 것이다. 교육목적에서부터 교육과정의 설계와 적용, 그리고 평가에 이르기까지 효율적인 부분과 비효율적인 부분에 대한 정보를 찾아내어 교육과정의 개선을 지속적으로 이끌어내고자 하는 것이다. 본 연구는 교육 과정에 대한 평가가 이러한 질 관리의 측면에서 접근해야 한다는 점을 강조하고 있다.

본 연구에서는 사내대학 교육과정의 목적, 목표, 설계, 적용, 평가라는 다섯 가지 평가 영역을 설정하여 그 구체적인 평가체제를 설계하였는데, 이는 교육과정의 전 개발절차에 평가가 개입하고 있는 것으로 단순히 결과에 대한 평가가 아닌 과정에 대한 평가를 말하고자 함이다. 또한 평가설계의 구체화는 직무훈련, 개인교육, 조직개발(Nadler, 1973)이라는 사내대학 특유의 내용적 축을 바탕으로 하여 사내대학 고유의 지향성인 생산성 향상과 진학욕구의 충족이라는 측면을 함축하고 있는 것이다.

마지막으로 본 연구는 수행상 다음과 같은 제한점이 있음을 밝히고자 한다.

첫째는 타당성 검증을 위해 대규모 표집을 하지 못하였다. 이는 앞서 연구방법에서도 잠깐 언급한 바와 같이 평가설계의 전문적인 내용의 검 토를 위해서는 관련 분야의 전문적인 식견이 필요하였기 때문에 가급적 박사 이상의 평가전문가와 사내대학 교육과정 전문가를 대상으로 제한 하였기 때문이다. 양 전문가 집단의 기본적인 모집단 규모가 크지 않을 뿐만 아니라 타당성을 검토해야 하는 양이 상당하여 대규모 표집이 쉽 지 않았던 것이 사실이다.

둘째는 구안된 평가설계의 적용에 있어서 한 사내대학만을 대상으로 하였는데, 이는 본 교육과정 평가의 적용이 조사대상 대학의 요청이 아 닌 연구 차원에서 하는 평가이기 때문에 구안된 평가설계를 적용함에 있어 여러 사내대학을 대상으로 하는 데 현실적인 어려움이 있었다.

셋째는 본 연구에서 제시하고 있는 교육과정 평가 적용 시 일부 평가 요소에 대해서는 충분한 평가 자료의 확보가 어려웠다. 왜냐하면 인재 양성을 통한 기업 경쟁력 강화의 한 방편인 사내대학의 특성상 학생들 의 성적을 비롯한 내부의 관리 및 운영 자료 등의 일부가 대외비로 되어 있어 이에 대한 충분한 정보수집이 어려웠기 때문이다.

넷째는 평가 적용상의 유용성을 주로 본 연구자가 중심이 되어 분석하였는데, 이는 고객의 필요에 의해 수행된 평가가 아니라 연구자가 주평가자가 되어 수행된 평가연구 상황이기 때문에 주 평가자인 연구자중심의 분석이 될 수밖에 없었다.

이상과 같이 본 연구는 수행상 몇 가지 제한점을 지니고 있는 것이 사실이다. 그러나 사내대학이란 특화된 고등교육기관에 대한 이론적 탐색과 교육과정의 질 관리를 위한 평가체제의 타당화와 실제 적용을 통한 개발이란 측면에서 교육평가연구에 일정한 기여가 되었으면 한다. 본 연구에서 미처 포괄하지 못한 부분에 대해서는 차후에 계속적인 연구가 뒤따를 필요가 있을 것이다.

참고문헌

강병서, 김계수(1997). 통계분석을 위한 SPSSWIN Easy. 서울: 법문사.

과학기술처(1997). 사내기술대학(원) 운영지원 안내. 과기처 기술지원국.

교육평가연구회(1994). 교육 측정·평가·연구·통계 용어사전. 서울: 중앙교육진흥연구소.

권기욱(1992). 대학평가론. 서울: 성원사.

권순달(1996). 교사교육 프로그램 평가 모형 개발 연구, 박사학위논문, 고려대학교.

김동건 외(1994). 1994년도 대학종합평가인정을 위한 서울대학교 자체평가연구보고서(Ⅰ). 서울대학교 자체평가연구위원회 94년 자체평가보고서.

김두정(1991). 한국의 학교 교육과정-문제와 대책. 한국 교육의 진단과 대책(미간행). 한신대학 제3세계 교육연구소 제19회 심포지엄 발제 자료집.

김은구(1989). 자체평가의 실태와 개선 방안. 제6회 전국교육평가세미나 학교자체평가의 의의와 발전방향. 중앙교육평가원.

김인식, 최호성(1996). 최신 교육과정 및 평가. 서울: 교육과학사.

김종철(1996). 첨단과학기술시대에 대비하는 고등교육의 개혁. 교육행정학연구. 14(2).

김진한(1993). 기업체 산업교육의 교육적 분석과 과제. 공업기술교육. 66.

김형주(1998a). 사내대학 교육의 질 관리를 위한 평가연구 고찰. 안암교육학연구. 4(1).

김형주(1998b). 사내대학의 교육과정 평가 모형: 논리와 과제. 산업교육연구. 4.

김호권(1980). 학교학습의 탐구. 서울: 교육과학사.

나일주(1997). 산업교육의 이론과 실제. 서울: 학지사.

대통령 자문 교육개혁위원회(1996a). 세계화·정보화시대를 주도하는 신
교육체제 수립을 위한 교육개혁 방안(Ⅱ). 제3차 대통령 보고서.

대통령 자문 교육개혁위원회(1996b). 세계화·정보화시대를 주도하는
신교육체제 수립을 위한 교육개혁 방안(Ⅱ). 제3차 대통령 보고
서, 참고 설명 자료.

대통령 자문 교육개혁위원회(1995a). 세계화·정보화시대를 주도하는
신교육체제 수립을 위한 교육개혁 방안. 제2차 대통령 보고서.

대통령 자문 교육개혁위원회(1995b). 세계화·정보화시대를 주도하는
신교육체제 수립을 위한 교육개혁 방안. 제2차 대통령 보고서, 참
고 설명 자료.

박도순(1992). 교육연구 방법론. 서울: 문음사.

박도순(1987). 학교 자체평가의 접근방법. 초·중등학교 자체평가방안
탐색세미나 보고서. 한국교육개발원.

박도순 외(1988). 사범계 대학 평가를 위한 기초연구. 연구보고, 제
87-4-61, 한국대학교육협의회.

박도순 외(1985). 교육평가 모형의 비교분석 연구. 한국교육. 12(2).

박명섭 외(1995). 고려대학교 1995년도 경영대학 경영학과 자체평가 연구
보고서. 고려대학교 경영학과 자체평가연구위원회.

박준병(1991). 전문기술인력을 자체 양성하는 사내기술대학. 인사관리,
4(20).

박혜영(1990). 사내대학에 관한 사회교육적 연구, 석사학위논문, 연세대
학교.

배호순(1994). 프로그램 평가론. 서울: 도서출판 원미사.

백형찬(1995). 영국 기술대학(Polytechnics) 교육운영 체계. 공업기술교

육. 75.

상공부(1990). 재조업종 주도 성장회복을 위한 정책방향. 상공부 보고서.

서정화(1989). 외국의 학교자체평가 현황과 시사점. 제6회 전국교육평가 세미나 학교자체평가의 의의와 발전방향. 중앙교육평가원.

신재우(1982). 일본기업의 사내교육훈련과 우리나라 산업교육훈련실태와 방향(주)동양나이론 사내 INSTRUCTOR 교육과정교본.

안상원(1977). 영국 대학교육개혁에 관한 일연구 -신대학 교육과정 구조를 중심으로 -. 건대학술지. 21.

양선엽(1993). 산업인력 양성제도 개편 소고. 공업기술교육. 66.

양선엽(1991). 산업기술인력 양성 측면에서 본 대학교육체제의 문제. 교육개발. 13(6).

양희승(1992). 새로운 기술교육제도의 수립 방안. 한국교육개발원 대학단계 직업기술교육체제 발전방안 탐색을 위한 정책토론회 발표자료.

원효헌(1997). 교사의 수행평가 영역 및 요소의 분석, 박사학위논문, 고려대학교.

유영만(1996). 교수체제설계(ISD). 서울: 한국인력개발.

윤재우(1989). 국민학교 자체평가의 실천사례와 개선 방향. 제6회 전국교육평가세미나 학교자체평가의 의의와 발전방향. 중앙교육평가원.

윤한채(1995). 일본의 기술실천교육과 향후 우리 기술대학의 발전방향. 생산기술. 6(1).

이경중(1989). 중학교 학교자체평가의 개선을 위한 도구 개발. 제6회 전국교육평가세미나 학교자체평가의 의의와 발전방향. 중앙교육평가원.

이귀윤(1996). 교육과정연구. 서울: 교육과학사.

이근재(1988). 산업체 종사자의 교육 참여요인에 관한 연구, 석사학위논문, 연세대학교.

이무근(1993). 기존 고등교육체제의 기술대학 기능 수용 가능성. 공업기술교육. 66.

이성호(1987). 대학교육과정론. 서울: 연세대학교 출판부.

이성호(1982). 교육과정 -개발전략과 절차-. 서울: 문음사.

이성호(1983). 산업체의 인력자원개발 효율화를 위한 교육전략. 연세교육과학. 24.

이정근(1988). 진로지도의 실제. 서울: 성원사.

이정웅(1989). 국민학교 자체평가 도구 개발과 활용. 제6회 전국교육평가세미나 학교자체평가의 의의와 발전방향, 중앙교육평가원.

이종승(1987). 교육과정의 질적 관리를 위한 평가연구. 교육발전논총. 8(1).

이주행(1990). 첨단기술혁신을 위한 연구인력 활용 현황 및 과제. 기술관리. 78.

장석민(1994). 기술대학 기본 모형 연구. 한국교육개발원위탁 생산기술연구원최종보고서.

전성연(1995). 대학의 교육과정과 수업. 서울: 학지사.

채서일, 김범종, 이성근(1992). SPSS/PC+를 이용한 통계분석. 서울: 학현사.

최영표(1992). 대학단계의 직업기술교육 활성화 방안 연구. 한국교육개발원 연구보고 RR92-39.

최운실(1986). 성인교육유형에 따른 교육 참여 특성 분석, 박사학위논문, 이화여자대학교.

최희선(1989). 학교자체평가 기준과 학교 경영의 방향. 제6회 전국교육평가세미나 학교자체평가의 의의와 발전방향, 중앙교육평가원.

한국교육개발원(1988). 한국의 교육지표. 서울: 한국교육개발원.

한국교육개발원(1986). 산업기술 발전을 위한 교육전략탐색연구. 서울: 한
    국교육개발원.

한국교육개발원(1978). 비진학자의 사회·경제·심리적 특성. 서울: 한국
    교육개발원.

한국산업기술진흥협회(1990). 주요 기술의 첨단기술인력수요 동향에 관한
    연구. 서울: 한국산업기술진흥협회.

허운나(1993). 산업교육 요구 분석. 서울: 배영사.

허 형(1987). 교육과정개발의 4모형과 그 절차. 대학교육. 27.

홍영란(1997). 기업교육기관 평가에 관한 탐색적 연구. 박사학위논문. 고
    려대학교.

황정규(1989). 학교자체평가의 의의와 발전 방향. 제6회 전국교육평가세미
    나 학교자체평가의 의의와 발전방향. 중앙교육평가원.

Alkin, M. C.(1973). Evaluation theory development. In Worthen, B. R. &
    Sanders, J. R.(Eds.). *Educational evaluation: theory and practice*.
    Belmont, California: Wadsworth.

Allen, C.(1996). Corporations grow their own best employees at cor-
    porate universities. *Journal of Career Planning & Employment*. 56(2).

Adelman, C., Jenkins, D., & Kemmis, S.(1976). Rethinking case study: otes from the
    second. *Cambridge Journal of Education*. 6(3).

Beazley, H. & Lobuts, J.(1996). Ransomed teaching, indentured research, and the
    loss of reason. *Academe*. 82(1).

Bloom, B. S, Hastings, J. T. & Madaus, G. F.(1971). *Handbook on formative
    and summative evaluation of student learning*. New York: McGraw-Hill
    Book Company, Inc.

Breneman, D. W.(1995). *Tidal wave Ⅱ: an evaluation of enrollment projections for
    California higher education*. California: California Higher Education Policy
    Center.

Carnegie Foundation for the Advancement of Teaching(1977). *Missions of the college curriculum*. San Francisco: Jossey-Bass, Inc., Pub.

Clift, P. S. Nuttall, D. L., & McCormick, R.(1987). *Studies in school self evaluation*. London: The Falmer Press.

Cotroneo, K.J.(1991). *Employee productivity: what followers need from anagers: a report from the HJC corporate college*. Maryland: Hagerstown Junior Coll.

DeRoche, E.(1981). *An administrator's guide for evaluating programs and personnel*. Boston: Allymand Bacon, Inc.

Dixon, N. M.(1990). *Evaluation: a tool for improving HRD quality*. Virginia: University Associates, Inc.

Dressel, P. L.(1976). *Handbook of academic evaluation*. San Francisco: Jossey-Bass.

Eisner, E. W.(1977). On the uses of educational connoisseurship and criticism for evaluating classroom life. *Teachers College Record*. 78.

Fresina, A. J.(1997). The three prototypes of corporate universities. *Corporate University Review*. January-February.

Goldstein, I. L.(1986). *Training in organizations: needs assessment development, and evaluation*. California: Brooks/Cole Publishing Company.

Hannum, W. & Hansen. C.(1989). *Instructional systems development in large organizations*. New Jersey: Educational Technology Publications, Inc.

Harshman, C. L.(1979). A model for assession the quality of nontraditional programs in higher education. *Serious University*. (ERIC. Ed. 175321).

Heide, M. J.(1997). The schooling of corporate America: the challenge of worker education programmes. *Industry and Higher Education*. 11(2).

Holt, D.(1997). *Integrating preparation and practice through a technology- based approach to portfolios for professional development using IBM technology*. Paper presented at the annual meeting of the American Association of Colleges for Teacher Education.

Holt, D. M. & McAllister, P.(1996). *Lone Star 2000: soaring into the future with technology.* Paper presented at the annual meeting of the American Association of Colleges for Teacher Education.

House, E. R.(1973). *School evaluation: the politics and process.* Berkeley, CA: McCutchan.

House, E. R., Glass, G. V., McLean, L. D., & Walker, D. F.(1978). No simple answer: critique of the follow through evaluation. *Harvard Educational Review.* 48.

Jarvis, P.(1983). *Adult and continuing education: theory and practice.* Canberra: Croom Helm.

Kelly, A. V.(1989). *The curriculum: theory and practice.* London: Paul Chappman.

Kelly, A. V.(1977). *The curriculum theory and practice.* London: Harper & Row.

Kirkpatrick, D. L.(1994). *Evaluating training programs.* San Francisco: Berrett-Koehler Publishers.

Lawlor, J.(1968). *The new university.* London: Routledge and Kegan Paul.

Lawton, D.(1980). *The politics the school curriculum.* London: Routledge & Kegan Paul.

Lawton, D., Gordon, P., Ing, M., Gibby, B., Pring, R., & Moore, T.(1980). *Theory and practice of education course in the diploma of education.* London: Routledge & Kegan Paul. 이귀윤 역(1989). 교육과정 연구의 이론과 실제. 서울: 교육과학사.

Lewy, A.(ed.)(1977). *Handbook of curriculum evaluation.* Paris: Unesco.

MacDonald, B. & Parlett, M.(1973). Rethinking evaluation: notes from the Cambridge Conference. *Cambridge Journal of Education.* 3.

Madaus, G. F. & Kellaghan, T.(1992). Curriculum evaluation and assessment. In *Handbook of research on curriculum* edited by Phillip W. Jackson, New York: Macmillan Publishing Co.

Marsh, C.(1992). *Key concepts for understanding curriculum.* London: The Falmer Press. 박현주 역(1996). 교육과정 이해를 위한 주요 개념. 서울: 교육과학사.

McCormick, R. & James, M.(2nd ed.)(1983). *Curriculum evaluation in schools.* London: Routledge.

Munro, R.(1977). *Innovation, success or failure.* London: Hodder & Stoughton.

Nadler, L.(1973). *Developing human resources.* Austin, Texas: Learning Concepts.

Nadler, D. A. & Tushman, M. L.(1980). A congruence model for organizational assessment. In the Lowler, E. E. & Commann, P.(eds.) *Organizational behavior and the quality of working life.* New York: Wiley.

Nordvall(1991). *The process of change in highereducation*(AAHE/Eric Research Report. 7). Washington D.C.: American Association for Higher Education.

Ornstein, A. C. & Hunkins, F. P.(1988). *Curriculum: foundations, principles, and issues.* Englewood Cliffs, New Jersey: Prentice Hall.

Peter, L. F. & Hull, R.(1969). *The Peter principle.* New York: William Morrow & Co.

Pfeffer, J. & Salancik, G. R.(1978). *The External control of organizations.* New York: Harper and Row.

Phillips, J. J.(1991). *Handbook of training evaluation and measurement methods.* Houston: Gulf Publishing Company.

Pidgeon, D. & Allen, D.(eds.)(1974). *Measurement in education.* London: BBC Publications.

Posner, G. J.(1994). *Analyzing the curriculum.* New York: Longman Publishing Group. 김인식, 박영무, 최호성 역(1996). 교육과정 이론과 분석. 서울: 교육과학사.

Provus, M.(1971). *Discrepancy evaluation.* California: McCutchan.

Reigeluth, C. M.(Ed.)(1983). *Instructional design theories and models: An overview of their current status.* Hillsdale, NJ: Lawerence Erlbaum Associates.

Rossett, A. & Arwady, J. W.(1987). *Training needs assessment.* New Jersey: Educational Technology Publications.

Ross, M. G.(ed.)(1966). *New universities in the modern world.* London:

McMillan Co.

Sanders, J. R.(1985). Curriculum evaluation. In Husen, T. & Postel- ethwaite, T. N.(eds.). *The international encyclopedia of education* 2.

Saylor, J. G., Alexander, W. M., & Lewis, A. J.(1981). *Curriculum planning for better teaching and learning.* New York: Holt, Rinehart and Winston. 홍성윤, 김유미, 김복영 편역(1994). 학교 및 사회·산업기관의 교육과정 개발론. 서울: 교육과학사.

Scriven, M.(1973). Goal free evaluation. In House, E.(Eds.) *School evaluation.* Berkeley, CA: McCutchan.

Scriven, M.(1967). The methodology of evaluation. In Tyler, R. W, Gagne, R. M & Scriven, M.(Eds.), *Perspectives of curriculum evaluation.* AERA Monograph Series on Curriculum Evaluation, 1. Chicago: Rand McNally.

Smith, G. R.(1963). A critique of proposals submitted to the cooperative research program, in Jack, A. Culberston and Staphen, P. H.(eds.). *Educational research: new perspectives.* Illinois: Interstate Printers & Publishers.

Stake, R. E.(1973). The countenance educational evaluation. In Worthen, B. R. & Sanders, J. R.(Eds.) *Educational evaluation: theory and practice.* Belmont. California: Wadsworth.

Stake, R. E.(1969). Evaluation design, instrumentation, data collection, and analysis of data. In Davis, J. L.(ed.). *Educational evaluation.* Columbus, Ohio: Ohio State Department of Public Instruction.

Stake, R. E.(1967). The countenance of educational evaluation. *Teachers College Record.* 68.

Stenhouse, L.(1975). *An introduction to curriculum research and development.* London: Heinemann.

Stufflebeam, D.(1971). *Educational evaluation and decision making.* Itasca, Ill.: R. E. Peacock Publishers, Inc.

Stufflebeam, E., Foley, W. J., Gephart, W. J., Guba, E. G., Hammond, R. L., Merriman, H. O., & Provus, M. H.(1971). *Evaluation and decision making*. Itasca: P. E. Peachook Publishers, Inc.

Tanner, D. & Tanner, L. N.(1975). *Curriculum development: theory into practice*. New York: Macmillan Publishing Co.

Thompson, I.(1997). *Silicon and ivy: enhancing california's workforce and educational goals through the corporate college model*. California: West Valley-Mission Community Coll.

Turner, G.(1987). *Self evaluation linked with inspection: a case study*. London: The Falmer Press.

Tyler, R. W.(1949). *Basic principles of curriculum and instruction*. Chicago: University of Chicago Press.

Tyler, R. W., Gagne, R. M. & Scriven, M.(1967). *Perspectives of curriculum evaluation*. Chicago: Rand McNally.

Tyler, W. T(1991). General statement on program evaluation. In M. W. McLaughlin, & D. C. Phillips(Eds.). *Evaluation and education: at quarter century*. Chicago: The National Society for the Study of Education.

Tyler, W. T(1983). A rationale for program evaluation. In G. F. Madaus, M. D. Scriven & D. L. Stufflebeam(Ed.). *Evaluation models: viewpoints on educational and human services evaluation*. Boston: Kluwer-Nijhoff.

Wiggenhorn, W.(1990). Motorola university: when training becomes an education. *HBR*. July-August. 김순기 편역(1991). 모터롤러의 사내대학: 훈련에서 교육으로. 서강 Harvard Business. 36(1-2).

Welch, W. W.(1969). Curriculum evaluation. *Review of Educational Research*. 39(4).

Workforce & Workplace Literacy Series(1993). *The connection between employee basic skills & productivity*. New York: Business Council for Effective Literacy.

Worthen, B. R. & Sanders, J. R.(1987). *Educational evaluation: alternative approach and practical guidelines*. New York: Longman.

〈부 록〉

【부록 1】 평가설계 타당성 조사지

사내대학(社內大學)의 교육과정에 대한 평가설계 타당성 조사

안녕하십니까.

　다음은 사내대학의 교육과정을 평가하기 위한 설계(계획)입니다. 전체는 27개의 평가요소에 대한 설계들로 구성되어 있습니다.
　각 평가요소에 대한 가중치(배점)와 타당성을 묻는 설문에 응답하여 주시고, 마지막의 전체 가중치(배점)에 관한 설문에도 응답하여 주시기 바랍니다.
　감사합니다.

연구자　김 형 주

◎ 평가 영역 1: 사내대학 교육과정의 목적

1) 평가요소 1: 사내대학 교육과정 목적 진술의 명확성

가) 평가의 근거

교육목적이란 구체적인 형태의 교육목표와 구분되는 개념으로써 교육의 궁극적인 산출과 관련된 일반적인 수준의 진술이라 할 수 있다(박도순, 1988). 목적이 비록 다소간의 모호성을 내포한다고 하여도 다음 단계로 구체화되는 교육목표의 설정을 위해서는 명확한 방향을 지시하고 있어야 하는 것은 물론이다. 궁극적인 교육의 산출이 무엇인지 분명할 때 이를 성취하기 위한 행동지침이 구체화될 수 있는 것이다. 이런 의미에서 사내대학 교육과정의 목적도 목표의 구체화를 명확히 이끌 정도로 진술되어야 한다.

나) 평가의 목적

본 평가요소인 "사내대학 교육과정의 목적 진술의 명확성"을 평가함으로써 사내대학 교육이 궁극적으로 의도하고 있는 산출이 무엇인지가 명확하게 나타나 있는지를 파악하고, 다음 단계인 교육목표 구체화를 위한 정확한 방향을 제시하고 있는지를 알아보고자 하는 것이다.

다) 평가설계

(1) 평가준거

1-1. 사내대학 교육과정의 목적이 문서상 기술되어 있는가.

1-2. 사내대학 교육과정의 목적의 진술은 이해하기에 용이한가.

1-3. 사내대학 교육과정의 목적은 이를 통해 구체화된 목표를 세우기

에 적합할 정도로 명확하게 진술되어 있는가.

(2) 평가 시 제한점

사내대학 교육과정 목적의 명확성을 객관적으로 평가하기 위해서는 문서상(서면으로) 진술된 목적을 근거로 하여야 하는데, 경영환경의 급격한 변화에 따라 경영전략상 긴급하게 설정된 목적이 문서상으로 진술되어(서면화) 있지 않은 경우는 평가하는 데 어려움이 있다.

(3) 평가에 필요한 정보

사내대학 교육과정 목적의 명확성을 평가하기 위해서는 문서상 진술된 교육목적을 확인하여야 하며, 각 교육목적을 부연 설명하고 있는 자료를 확보한다.

(4) 정보의 출처: 정보수집 방법

사내대학 설립기획안, 사내대학 교육과정 개발안, 사내대학요람, 사내대학 홍보 자료의 내용을 검토한다.

(5) 수집된 정보의 분석방법: 평가방법

각 평가준거에 대해 진술된 교육목적의 유무와 교육목적에 대한 의미전달의 수월성, 구성된 용어의 난해성, 문장의 난이도 등을 중심으로 한 이해용이성, 그리고 다음 단계인 구체적인 교육목표의 수립에의 연계 적절성 등에 대해 평점을 매기고 수집된 정보의 해석과 판단을 위한 서술적 방법을 이용하여 평가한다.

라) 평가결과의 보고

교육목적 진술의 명확성에 대해 각 평가준거에 따른 평가점수를 제시하고, 구체적인 명확성 판단은 서술적인 방법으로 보고한다.

◆ 평가요소 1에 대한 가중치 및 타당성 조사 ◆

◉ <u>본 평가요소</u>에 대한 평가준거의 **가중치(배점)**를 매겨 주십시오.

(총합 100%가 되도록)

평가요소 1	사내대학 교육과정의 목적 진술의 명확성	100%
준거	1. 사내대학 교육과정의 목적이 문서상 기술되어 있는가	( )
	2. 사내대학 교육과정의 목적의 진술은 이해하기에 용이한가	( )
	3. 사내대학 교육과정의 목적은 이를 통해 구체화된 목표를 세우기에 적합할 정도로 명확하게 진술되어 있는가	( )

◉ <u>본 평가요소의 설계</u>에 대한 다음 물음에 어떻게 생각하는지 해당하는 곳에 √표 해 주십시오.

평가의 타당성 조사문항	전혀 그렇지 않다	별로 그렇지 않다	보통 이다	조금 그렇다	매우 그렇다
1) 본 평가요소는 사내대학의 교육과정을 평가하는 데 중요한가					
2) 본 평가요소는 정확히 어떤 것을 평가하려는지 분명하게 나타내고 있는가					
3) 본 평가요소에 있는 평가준거는 평가요소를 조사하기에 적합한가					
4) 평가의 목적은 구체적으로 제시되었는가					
5) 평가절차는 분명하게 제시되었는가					
6) 본 평가설계에 의해 평가가 수행가능한가					
7) 본 평가요소는 평가하기에 용이한가					
8) 본 평가요소에 맞춰 평가절차는 적절하게 설계되었는가					
9) 본 평가요소를 조사하는 데 평가방법은 적절한가					
10) 본 평가요소에서 평가의 제한점은 적절한가					

2) 평가요소 2: 교육과정 목적의 사내대학 설립취지 반영

가) 평가의 근거

어떤 대학의 교육과정이든 그 대학의 설립이념과 취지를 반영하고 있고 또한 반영해야 하는 것이 당연하다 할 것이다. 특히 일반대학보다는 특성화 대학의 한 형태인 사내대학의 경우는 더욱 그러하다. 즉 사내대학의 설립취지인 고급산업인력 양성과 모기업의 인력개발전략을 포함한 미래경영전략은 사내대학의 교육과정에 충분히 반영되어야 한다(Allen, 1996; Wiggenhorn, 1990). 이는 사내대학 교육의 특성화를 반영할 뿐만 아니라 사내대학의 존립근거이기도 한 것이다.

나) 평가의 목적

본 평가요소인 "교육과정 목적의 사내대학 설립취지 반영" 수준을 평가함으로써 교육목적에 설립 주체인 모기업이 사내대학을 통해 추구하는 기본 이념과 방향을 반영하고 있는지를 알고자 하는 것이며, 이는 특성화 대학으로서의 사내대학의 이념과 그 설립취지가 교육목적에 수용되어 있는지를 파악하려는 것이다.

다) 평가설계

(1) 평가준거

2-1. 교육과정의 목적이 모기업의 인재양성 철학을 담고 있는가.

2-2. 교육과정의 목적이 모기업이 사내대학을 통해 성취하려는 경영목적을 반영하고 있는가.

2-3. 교육과정의 각 목적은 문서상에 진술된 설립취지의 내용을 반영하고 있는가.

(2) 평가 시 제한점

사내대학의 설립취지는 구체적으로 진술되어 있을 수도 있으나 그렇지 않은 경우 모기업의 인적자원개발에 관련된 경영전략을 반영한 자료를 확인하거나 사내대학 설립에 관여한 인사들을 통한 질적 자료에 의존해야 하는 한계가 있다.

(3) 평가에 필요한 정보

무엇보다도 사내대학의 설립취지에 관해 진술된 자료를 확인하는 것이 중요하며, 기술된 자료가 없는 경우 사내대학 설립에 관여한 인사의 인터뷰나 모기업의 인적자원개발 관련 자료를 검토한다.

(4) 정보의 출처: 정보수집 방법

사내대학 설립기획안, 사내대학요람, 사내대학의 각종 홍보 자료, 모기업의 인적자원개발 관련 경영전략 자료, 담당 인사와의 인터뷰를 통한 기술적 자료를 확인한다.

(5) 수집된 정보의 분석방법: 평가방법

각 평가준거에 대해 그 바람직한 정도를 평가하여 평점을 내고, 구체적인 설립취지의 반영 수준은 서술적인 방법으로 평가한다.

라) 평가결과의 보고

각 평가준거에 대한 평가점수를 제시하고, 그 구체적인 반영 여부와 수준에 대해서는 설립취지와 교육목적에 대한 서면 자료를 토대로 서술적으로 기록한 평가내용을 보고한다.

◆ 평가요소 2에 대한 가중치 및 타당성 조사 ◆

◉ <u>본 평가요소</u>에 대한 평가준거의 **가중치(배점)**를 매겨 주십시오.

(총합 100%가 되도록)

평가요소 2	교육과정 목적의 사내대학 설립취지 반영	100%
준거	1. 교육과정의 목적이 모기업의 인재양성 철학을 담고 있는가	( )
	2. 교육과정의 목적이 모기업이 사내대학을 통해 성취하려는 경영목적을 반영하고 있는가	( )
	3. 교육과정의 각 목적은 문서상에 진술된 설립취지의 내용을 반영하고 있는가	( )

◉ <u>본 평가요소의 설계</u>에 대한 다음 물음에 어떻게 생각하는지 해당하는 곳에 √표 해 주십시오.

평가의 타당성 조사문항	전혀 그렇지 않다	별로 그렇지 않다	보통 이다	조금 그렇다	매우 그렇다
1) 본 평가요소는 사내대학의 교육과정을 평가하는 데 중요한가					
2) 본 평가요소는 정확히 어떤 것을 평가하려는지 분명하게 나타내고 있는가					
3) 본 평가요소에 있는 평가준거는 평가요소를 조사하기에 적합한가					
4) 평가의 목적은 구체적으로 제시되었는가					
5) 평가절차는 분명하게 제시되었는가					
6) 본 평가설계에 의해 평가가 수행가능한가					
7) 본 평가요소는 평가하기에 용이한가					
8) 본 평가요소에 맞춰 평가절차는 적절하게 설계되었는가					
9) 본 평가요소를 조사하는 데 평가방법은 적절한가					
10) 본 평가요소에서 평가의 제한점은 적절한가					

3) 평가요소 3: 교육과정 목적의 모기업 경영상의 요구(needs) 반영 여부

가) 평가의 근거

사내대학은 설립 주체인 모기업의 중장기 경영전략 및 인력개발전략의 범주하에 그 교육이 운영된다. 물론 일반대학에서와 같은 교양교육 차원의 내용이 포함되어 있지만 무엇보다도 그 교육과정의 내용은 모기업의 경영상 지향점을 반영하고 있는 것이다. 즉 사내대학은 모기업이 필요로 하는 인력양성에 대한 요구가 무엇인지 파악해야 하고 이를 교육과정의 중요한 방향타로 삼아야 한다(Allen, 1996; Wiggenhorn, 1990). 따라서 사내대학 교육과정의 목적은 모기업의 경영상의 요구를 충분히 반영하여야 하는 것이다.

나) 평가의 목적

본 평가요소인 "교육과정 목적의 모기업 경영상의 요구 반영 여부"를 평가함으로써 사내대학 교육의 근간이라고 할 수 있는 교육목적이 모기업의 경영상의 요구를 반영하고 있는지를 확인하려는 것이며, 이를 통해 다음 단계인 구체적인 교육목표를 설정하는 데 합리적인 근거를 제공하는지 여부를 판단할 수 있을 것이다.

다) 평가설계

(1) 평가준거

3-1. 교육과정 목적 설정을 위한 모기업의 경영전략과 필요성에 관련한 자료가 있는가.

3-2. 교육과정 목적은 모기업의 전반적인 경영전략을 반영하고 있는가.

3-3. 교육과정 목적은 모기업의 인재양성계획을 반영하고 있는가.

3-4. 교육과정 목적은 모기업의 경영상의 전략적 요구를 신속하게 수
　　　용하고 있는가.

(2) 평가 시 제한점

교육과정 목적의 경영상 요구반영 여부를 평가함에 있어서 제한점이
라고 할 수 있는 것은 모기업의 사업규모가 방대할 경우 경영상 요구에
관련된 자료를 신속히 혹은 충분히 파악하는 데 어려움이 있게 된다.
시장경제의 변화에 따라 모기업의 경영상의 요구도 분기별 혹은 보다
단기간 내에 시급한 필요로 인한 변동이 가능하다. 따라서 교육과정에
신속히 적용되는 경영상의 요구는 평가 자료로서 활용할 정도의 명백한
문서화 과정을 안 거쳤을 가능성이 존재하게 된다.

(3) 평가에 필요한 정보

초기에 교육내용과 교육목적을 선정할 때 이용한 모기업의 경영전략
에 관련된 입안서, 계획서 등의 관련 자료를 중심으로 한 모기업의 주
요 경영전략과 이를 성취하기 위해 사내교육에 요구하고 있는 내용과
교육과정의 각 교육목적들의 내용이 필요하다.

(4) 정보의 출처: 정보수집 방법

사내대학 자체 내에 보유하고 있는 기업의 홍보 자료와 사내대학의
기획 유관부서가 보유하고 있는 경영전략, 인력개발전략 등과 사내대학
교육을 통해 성취하고자 하는 모기업의 의도를 반영하는 서류, 사내대
학 교육과정의 교육목적을 나타내는 계획안이나 대학요람을 확보한다.

(5) 수집된 정보의 분석방법: 평가방법

각 준거에 대해 배점에 따라 점수를 매기며, 그 구체적인 반영내용은

각종 자료의 출처를 밝히고 서술적인 방법으로 평가한다.

라) 평가결과의 보고

평가점수에 의한 평가를 하되 그와 같은 점수를 매기게 된 내용을 각 준거에 따라 구체적으로 진술함으로써 상세한 평가결과를 제시한다. 또한, 모기업의 경영상의 요구와 관련된 내용은 언제 입안된 내용인지 그 시기를 반영하고 변동가능성이 높은 경영전략과 관련된 것은 각주로 처리하여 첨가한다.

◆ 평가요소 3에 대한 가중치 및 타당성 조사 ◆

⊙ 본 평가요소에 대한 평가준거의 **가중치(배점)**를 매겨 주십시오.

(총합 100%가 되도록)

평가요소 3	교육과정 목적의 모기업 경영상의 요구(needs) 반영 여부	100%
준거	1. 교육과정 목적 설정을 위한 모기업의 경영전략과 필요성에 관련한 자료가 있는가	( )
	2. 교육과정 목적은 모기업의 전반적인 경영전략을 반영하고 있는가	( )
	3. 교육과정 목적은 모기업의 인재양성계획을 반영하고 있는가	( )
	4. 교육과정 목적은 모기업의 경영상의 전략적 요구를 신속하게 수용하고 있는가	( )

⊙ 본 평가요소의 설계에 대한 다음 물음에 어떻게 생각하는지 해당하는 곳에 √표 해 주십시오.

평가의 타당성 조사문항	전혀 그렇지 않다	별로 그렇지 않다	보통 이다	조금 그렇다	매우 그렇다
1) 본 평가요소는 사내대학의 교육과정을 평가하는 데 중요한가					
2) 본 평가요소는 정확히 어떤 것을 평가하려는지 분명하게 나타내고 있는가					
3) 본 평가요소에 있는 평가준거는 평가요소를 조사하기에 적합한가					
4) 평가의 목적은 구체적으로 제시되었는가					
5) 평가절차는 분명하게 제시되었는가					
6) 본 평가설계에 의해 평가가 수행가능한가					
7) 본 평가요소는 평가하기에 용이한가					
8) 본 평가요소에 맞춰 평가절차는 적절하게 설계되었는가					
9) 본 평가요소를 조사하는 데 평가방법은 적절한가					
10) 본 평가요소에서 평가의 제한점은 적절한가					

4) 평가요소 4: 사내대학 교육목적의 교육목표에 대한 대표성

가) 평가의 근거

교육목표는 교육목적의 구체화된 형태로서 학과와 교과 수준뿐만 아니라 그 하위 수준의 세부 영역에까지 설정되는 것이다. 따라서 교육목적은 이렇게 세부적인 단계까지 구체화되는 교육목표에 대해 대표성을 지녀야 한다(박도순, 1988). 교육목적이 그 하위단계로 구체화되는 교육목표들을 포괄할 때 이 각각의 교육목표의 성취를 통해 그 궁극적인 산출을 얻을 수 있는 것이다.

나) 평가의 목적

본 평가요소인 "사내대학 교육목적의 교육목표에 대한 대표성"을 평가함으로써 사내대학 교육목적이 그 하위 수준인 각각의 구체화된 교육목표를 포괄하는 대표성을 지니고 있는지를 파악하고자 하는 것이다.

다) 평가설계

(1) 평가준거

4-1. 문서상 각 교육목적에 따라 교육목표가 분류되어 기록되어 있는가.

4-2. 진술된 각 교육목표는 어떤 교육목적을 달성하기 위한 것인지 명확하게 구분되는가.

4-3. 진술된 교육목적을 달성하기 위해서 각각의 교육목표가 필수적인가.

(2) 평가 시 제한점

교육목적의 대표성을 확인하는 것은 뚜렷하게 객관적인 수치로 평가하기 어려운 평가요소이다. 따라서 평가자의 주관적 평가에 의존하여야 하는 경우가 많다.

(3) 평가에 필요한 정보

명확하게 진술된 교육목적과 교육목표가 필요하다. 단, 중요하게 다뤄지는 교육목적이 진술 자료로 되어 있지 않은 경우는 기획담당자 등 관련 인사에 대한 인터뷰를 통해 해당 교육목적을 확인한다.

(4) 정보의 출처: 정보수집 방법

사내대학의 교육목적과 교육목표가 진술되어 있는 자체 홍보 자료나 대학요람, 혹은 교육과정 기획안 등에서 그 내용을 확인한다.

(5) 수집된 정보의 분석방법: 평가방법

각 평가준거에 대해 배점에 따라 평점을 매기고, 그 구체적인 평가내용을 서술적으로 진술한다. 준거 4-2와 4-3에 대해서는 학생들에 의한 평정도 함께 실시하여 평가자의 평가와 함께 제시할 수 있다.

라) 평가결과의 보고

각 평가준거에 대해 평가한 평가점수를 평가자의 것과 학생 조사에 의한 평가결과를 함께 보고하고, 구체적인 교육목적의 대표성 여부에 대해 서술적으로 진술한 평가결과를 보고한다.

◆ 평가요소 4에 대한 가중치 및 타당성 조사 ◆

⊙ <u>본 평가요소</u>에 대한 평가준거의 **가중치(배점)**를 매겨 주십시오.

(총합 100%가 되도록)

평가요소 4	사내대학 교육목적의 교육목표에 대한 대표성	100%
준거	1. 문서상 각 교육목적에 따라 교육목표가 분류되어 기록되어 있는가	( )
	2. 진술된 각 교육목표는 어떤 교육목적을 달성하기 위한 것인지 명확하게 구분되는가	( )
	3. 진술된 교육목적을 달성하기 위해서 각각의 교육목표가 필수적인가	( )

⊙ <u>본 평가요소의 설계</u>에 대한 다음 물음에 어떻게 생각하는지 해당하는 곳에 √표 해 주십시오.

평가의 타당성 조사문항	전혀 그렇지 않다　별로 그렇지 않다　보통 이다　조금 그렇다　매우 그렇다
1) 본 평가요소는 사내대학의 교육과정을 평가하는 데 중요한가	├──────┼──────┼──────┼──────┤
2) 본 평가요소는 정확히 어떤 것을 평가하려는지 분명하게 나타내고 있는가	├──────┼──────┼──────┼──────┤
3) 본 평가요소에 있는 평가준거는 평가요소를 조사하기에 적합한가	├──────┼──────┼──────┼──────┤
4) 평가의 목적은 구체적으로 제시되었는가	├──────┼──────┼──────┼──────┤
5) 평가절차는 분명하게 제시되었는가	├──────┼──────┼──────┼──────┤
6) 본 평가설계에 의해 평가가 수행가능한가	├──────┼──────┼──────┼──────┤
7) 본 평가요소는 평가하기에 용이한가	├──────┼──────┼──────┼──────┤
8) 본 평가요소에 맞춰 평가절차는 적절하게 설계되었는가	├──────┼──────┼──────┼──────┤
9) 본 평가요소를 조사하는 데 평가방법은 적절한가	├──────┼──────┼──────┼──────┤
10) 본 평가요소에서 평가의 제한점은 적절한가	├──────┼──────┼──────┼──────┤

◎ 평가 영역 2: 사내대학 교육과정의 목표

1) 평가요소 1: 교육과정 목표 진술의 명확성

가) 평가의 근거

교육목표는 목적과 달리 구체화된 성취행동을 나타낸다. 따라서 교육목표의 진술은 그것만으로 성취결과 혹은 성취행동이 무엇인지 드러나야 하며, 그를 통해 측정이 가능하여야 한다(Bloom, Hastings, & Madaus, 1971). 따라서 교육목표는 교육목적을 조작적으로 정의한 것으로서 목적과 달리 그 진술이 매우 명확해야 한다. 즉 목표 진술의 명료성은 이를 통해 구체적인 수업방법과 내용 및 평가방법까지 결정하게 되는 중요한 역할을 하게 되는 것이다.

나) 평가의 목적

본 평가요소인 "교육과정 목표 진술의 명확성"을 조사함으로써 사내대학 교육목표의 구체성과 이해용이성을 파악하고자 하는 것으로, 교육목표가 추구하고 있는 성취행동과 수준이 무엇인지를 분명히 진술하고 있는가를 알 수 있을 것이다.

다) 평가설계

(1) 평가준거
1-1. 사내대학 교육과정의 각 목표가 문서상에 진술되어 있는가.
1-2. 사내대학 교육과정의 각 목표는 그 의미가 무엇인지 이해하기에 용이한가.

(2) 평가 시 제한점

사내대학의 규모가 커서 학과의 수나 운영되는 교과의 수가 방대할 경우에 구체화된 교육목표는 학과와 각 교과마다 매우 많으므로 모집단이라 할 수 있는 모든 교과를 전부 조사할 수 없게 된다. 따라서 전체 교과를 적절히 표집·선정하여 확인하여야 하는데, 이때 그 대표성 여부를 충분히 고려해야 한다.

(3) 평가에 필요한 정보

사내대학의 각 학과와 교과에 따라 문서상으로 진술된 교육목표가 필요하다.

(4) 정보의 출처: 정보수집 방법

교육목표는 주로 각 학과의 교육과정을 소개하고 있는 대학요람이나 교육과정 안내서에 정리되어 있으므로 이를 참조하고, 보다 세부적인 교육목표는 강의계획서를 검토한다.

(5) 수집된 정보의 분석방법: 평가방법

각 평가준거에 대해 배점에 따라 평점을 내고, 평가준거 1-2의 경우는 학생들과 교수의 평점도 함께 실시하여 같이 제시할 수 있다. 또한 그 구체적인 내용은 서술적인 방법으로 평가한다.

라) 평가결과의 보고

평가결과는 각 평가준거에 따라 평가자와 더불어 학생이나 교수의 평가결과를 함께 보고할 수 있으며 그 구체적인 평가내용을 서술적으로 진술하여 보고한다.

◆ 평가요소 1에 대한 가중치 및 타당성 조사 ◆

⊙ <u>본 평가요소</u>에 대한 평가준거의 **가중치(배점)**를 매겨 주십시오.

(총합 100%가 되도록)

평가요소 1	교육과정 목표 진술의 명확성	100%
준거	1. 사내대학 교육과정의 각 목표가 문서상에 진술되어 있는가	( )
	2. 사내대학 교육과정의 각 목표는 그 의미가 무엇인지 이해하기에 용이한가	( )

⊙ <u>본 평가요소의 설계</u>에 대한 다음 물음에 어떻게 생각하는지 해당하는 곳에 √표 해 주십시오.

평가의 타당성 조사문항	전혀 그렇지 않다 / 별로 그렇지 않다 / 보통 이다 / 조금 그렇다 / 매우 그렇다
1) 본 평가요소는 사내대학의 교육과정을 평가하는 데 중요한가	
2) 본 평가요소는 정확히 어떤 것을 평가하려는지 분명하게 나타내고 있는가	
3) 본 평가요소에 있는 평가준거는 평가요소를 조사하기에 적합한가	
4) 평가의 목적은 구체적으로 제시되었는가	
5) 평가절차는 분명하게 제시되었는가	
6) 본 평가설계에 의해 평가가 수행가능한가	
7) 본 평가요소는 평가하기에 용이한가	
8) 본 평가요소에 맞춰 평가절차는 적절하게 설계되었는가	
9) 본 평가요소를 조사하는 데 평가방법은 적절한가	
10) 본 평가요소에서 평가의 제한점은 적절한가	

2) 평가요소 2: 경영상의 요구를 토대로 한 교육요구 분석 여부

가) 평가의 근거

요구 분석은 시초분석(front-end analysis), 요구사정(needs assessment), 요구 분석(needs analysis), 격차분석(discrepancy analysis) 등의 다양한 용어로 쓰이고 있다(허운나, 1993). 본고에서는 용어의 혼돈을 피하기 위하여 이를 '요구 분석'으로 통일하여 칭하기로 한다. 교육 프로그램이나 교육과정의 가장 이상적인 상태와 현실적인 상태의 차이를 요구라 하는데, 이러한 요구를 결정하는 과정을 바로 요구 분석이라 한다. 프로그램의 목표들이 적절치 못하거나 결함이 있는 경우 그 목표들을 수정하고, 타당한 목표를 만족시키는 데 필수적이고 유용한 도구들을 찾아내며, 이들 요구에 대한 중요도를 평정하는 등의 일을 말하는 것이다(교육평가연구회, 1994). 즉 사내대학의 교육목표가 사내대학을 통해 성취하려는 교육적 필요와 요구를 토대로 설정되었는지를 평가하는 것은 교육의 출발점이 타당성 있게 준비되었는지(Rossett & Arwady, 1987)를 가늠할 수 있게 된다.

나) 평가의 목적

본 평가요소인 "경영상의 요구를 토대로 한 교육요구 분석 여부"를 평가함으로써 사내대학의 교육목표가 그 이해관련자들의 요구(needs)를 합리적인 방법을 이용하여 반영하고 있는지를 알아보고자 하는 것이다. 이는 불필요한 교육을 줄이고 효율적인 교육목표 선정을 위한 중요한 구실을 하게 된다.

다) 평가설계

(1) 평가준거
2-1. 교육과정을 계획하기 위하여 요구 분석을 하는가.

2-2. 교육요구 분석은 모기업의 경영상의 요구를 적절히 반영하고 있
      는가.
2-3. 교육요구 분석은 사내대학의 주요 구성원인 교수와 학생의 요구
      를 적절히 반영하고 있는가.
2-4. 교육요구 분석결과는 교육과정 편성에 적절히 반영되고 있는가.

(2) 평가 시 제한점

교육과정의 편성 시 단순히 요구 분석의 결과만을 토대로 하는 것이
아니므로 교육요구 분석의 반영 수준이 어느 정도가 충분한가를 결정하
는 데 어려움이 있을 수 있으며, 평가준거 2-1에서 요구 분석이 비형식
적으로 이루어졌을 경우 나머지 평가준거를 조사하는 데 어려움이 있다.

(3) 평가에 필요한 정보

요구 분석 기획서나 담당자 인터뷰를 통해 교육요구 분석의 여부를
확인해야 하고, 그 반영 정도를 확인하기 위해서는 교육요구 분석의 결
과와 교육과정 기획회의록, 교육과정 편성에 관한 내용이 필요하다.

(4) 정보의 출처: 정보수집 방법

교육요구 분석의 여부를 판단하기 위해서는 요구 분석 계획서나 담당
자의 확인이 필요하며, 그 반영 정도를 평가하기 위해서는 교육요구 분
석결과를 정리한 중간 혹은 최종보고서, 교육과정 기획회의록, 그리고
교육과정 편성을 보여주는 대학요람이나 안내서를 확인한다.

(5) 수집된 정보의 분석방법: 평가방법

평가준거 2-1은 요구 분석의 여부만을 확인하는 것으로 담당자의 확
인을 거치거나 요구 분석 계획서나 보고서의 존재를 확인한다. 나머지
평가준거에 대해서는 요구 분석결과보고서와 교육과정 기획회의내용,

그리고 교육과정 편성을 보여주는 대학요람 등을 비교 검토한다. 또한 교육기획 담당자들의 의견을 청취하여 평가점수를 매기고(이때 기획담당자나 교수의 평점을 실시하여 첨부할 수도 있다), 그 구체적인 내용에 대해서는 서술적인 방법으로 평가한다.

라) 평가결과의 보고

교육요구 분석의 존재 여부는 확인할 수 있는 문건이나 담당자를 확인하여 보고하고, 그 반영 수준에 대한 내용은 기본적으로 평가점수로 보고하며 반영내용은 서술적인 방법으로 상세히 보고한다. 여기에는 평가자 이외에 교육기획 담당자들의 평가점수와 의견도 함께 보고할 수 있다.

◆ 평가요소 2에 대한 가중치 및 타당성 조사 ◆

⊙ <u>본 평가요소</u>에 대한 평가준거의 **가중치(배점)**를 매겨 주십시오.

(총합 100%가 되도록)

평가요소 2	경영상의 요구를 토대로 한 교육요구 분석 여부	100%
	1. 교육과정을 계획하기 위하여 요구 분석을 하는가	( )
	2. 교육요구 분석은 모기업의 경영상의 요구를 적절히 반영하고 있는가	( )
준거	3. 교육요구 분석은 사내대학의 주요 구성원인 교수와 학생의 요구를 적절히 반영하고 있는가	( )
	4. 교육요구 분석결과는 교육과정 편성에 적절히 반영되고 있는가	( )

⊙ <u>본 평가요소의 설계</u>에 대한 다음 물음에 어떻게 생각하는지 해당하는 곳에 √표 해 주십시오.

평가의 타당성 조사문항	전혀 그렇지 않다 별로 그렇지 않다 보통이다 조금 그렇다 매우 그렇다
1) 본 평가요소는 사내대학의 교육과정을 평가하는 데 중요한가	├──┼──┼──┼──┤
2) 본 평가요소는 정확히 어떤 것을 평가하려는지 분명하게 나타내고 있는가	├──┼──┼──┼──┤
3) 본 평가요소에 있는 평가준거는 평가요소를 조사하기에 적합한가	├──┼──┼──┼──┤
4) 평가의 목적은 구체적으로 제시되었는가	├──┼──┼──┼──┤
5) 평가절차는 분명하게 제시되었는가	├──┼──┼──┼──┤
6) 본 평가설계에 의해 평가가 수행가능한가	├──┼──┼──┼──┤
7) 본 평가요소는 평가하기에 용이한가	├──┼──┼──┼──┤
8) 본 평가요소에 맞춰 평가절차는 적절하게 설계되었는가	├──┼──┼──┼──┤
9) 본 평가요소를 조사하는 데 평가방법은 적절한가	├──┼──┼──┼──┤
10) 본 평가요소에서 평가의 제한점은 적절한가	├──┼──┼──┼──┤

3) 평가요소 3: 사내대학 학생(종업원)의 특성 분석 여부

가) 평가의 근거

교육과정을 설계함에 있어서 교육에 참여하는 학습자에 대한 분석은 교육내용의 폭과 수준에 대한 결정뿐만 아니라 적절한 교수방법과 환경을 구성하는 데 중요한 역할을 하게 된다(나일주, 1997). 특히 사내대학 학생의 경우는 전형적인 성인학습자의 특성을 갖는데, 이는 교육대상이 사내 종업원(직원)이기 때문이다. 따라서 학생들의 연령은 대체로 다양하고, 그 출신과 배경, 그리고 사전 학습준비도 수준에 있어서도 매우 다르게 된다. 이러한 사내대학 학생의 특성은 교육과정 편성 이전에 학습자 특성에 관한 분석이 매우 필요함을 말해 주고 있는 것이다.

나) 평가의 목적

본 평가요소인 "사내대학 학생(종업원)의 특성 분석 여부"를 평가함으로써 사내대학 교육목표가 그 학습자들의 특성을 적절히 반영하고자 하는 노력을 기울이고 있는가를 알아보고자 하는 것이다. 이는 다음 단계로 진행되는 사내대학 교육과정의 구체화(편성)가 학습자들에게 적합한지를 가늠하게 되는 중요한 척도의 역할을 하게 된다.

다) 평가설계

(1) 평가준거

3-1. 사내대학 학생들에 대한 특성 분석(학습자 분석)이 있었는가.

3-2. 사내대학 학생들의 특성 분석(학습자 분석)은 교육과정 편성에 적절히 반영되고 있는가.

(2) 평가 시 제한점

사내대학에서 학습자 분석을 계량적인 방법이 아닌 질적 접근(관계자 회의 등)을 하였을 경우에는 그 반영 정도에 대한 판단을 내리는 데 있어서 객관적인 자료를 토대로 하기 어려운 점이 있다.

(3) 평가에 필요한 정보

학습자 분석을 확인할 수 있는 서면 자료나 담당자의 확인이 필요하며, 학습자 분석의 결과와 반영에 관한 내용을 확인하여야 한다.

(4) 정보의 출처: 정보수집 방법

학습자 분석의 여부는 학습자 특성 분석에 관한 계획서나 보고서, 또는 경우에 따라서 담당자의 확인을 거칠 수 있다. 그리고 학습자 특성 분석의 반영 수준을 평가하기 위해서는 학습자 분석에 관한 결과보고서나 회의보고서, 그리고 교육과정 기획회의록을 확인한다.

(5) 수집된 정보의 분석방법: 평가방법

평가준거 3-1의 학습자 분석의 여부는 문서 자료나 혹은 담당자를 통해 확인하고, 그 반영 여부는 학습자 분석결과보고서나 회의보고서를 확인하여 이를 대학요람 등 교육과정의 편성을 보여주는 자료와 대조하여 판단한다. 이때 판단은 평점과 서술적인 방법의 두 가지로 나누어 평가하고 이는 평가자뿐만 아니라 교육기획 담당자와 교수에게도 평점과 의견청취를 하여 첨부할 수 있다.

라) 평가결과의 보고

학습자 분석 여부를 확인할 수 있는 문서상 자료나 담당자 인터뷰 내용을 정리하고, 반영 수준에 대한 평가자와 교육기획 담당자, 교수의 평가점수와 기술적 진술 자료를 제시할 수 있다.

◆ 평가요소 3에 대한 가중치 및 타당성 조사 ◆

◉ <u>본 평가요소</u>에 대한 평가준거의 **가중치(배점)**를 매겨 주십시오.

(총합 100%가 되도록)

평가요소 3	사내대학 학생(종업원)의 특성 분석 여부	100%
준거	1. 사내대학 학생들에 대한 특성 분석(학습자 분석)이 있었는가	( )
	2. 사내대학 학생들의 특성 분석(학습자 분석)은 교육과정 편성에 적절히 반영되고 있는가	( )

◉ <u>본 평가요소의 설계</u>에 대한 다음 물음에 어떻게 생각하는지 해당하는 곳에 √표 해 주십시오.

평가의 타당성 조사문항	전혀 그렇지 않다 / 별로 그렇지 않다 / 보통 이다 / 조금 그렇다 / 매우 그렇다
1) 본 평가요소는 사내대학의 교육과정을 평가하는 데 중요한가	├──┼──┼──┼──┤
2) 본 평가요소는 정확히 어떤 것을 평가하려는지 분명하게 나타내고 있는가	├──┼──┼──┼──┤
3) 본 평가요소에 있는 평가준거는 평가요소를 조사하기에 적합한가	├──┼──┼──┼──┤
4) 평가의 목적은 구체적으로 제시되었는가	├──┼──┼──┼──┤
5) 평가절차는 분명하게 제시되었는가	├──┼──┼──┼──┤
6) 본 평가설계에 의해 평가가 수행가능한가	├──┼──┼──┼──┤
7) 본 평가요소는 평가하기에 용이한가	├──┼──┼──┼──┤
8) 본 평가요소에 맞춰 평가절차는 적절하게 설계되었는가	├──┼──┼──┼──┤
9) 본 평가요소를 조사하는 데 평가방법은 적절한가	├──┼──┼──┼──┤
10) 본 평가요소에서 평가의 제한점은 적절한가	├──┼──┼──┼──┤

4) 평가요소 4: 교육목표의 성취가능성 여부

가) 평가의 근거

교육목적을 구체화한 교육목표는 바로 교육내용으로 연결될 수 있어야 하고, 교육목표 자체가 평가를 위한 하나의 준거 혹은 기준의 역할을 할 수 있어야 한다. 즉 진술된 교육목표에서 이 교육을 통해 무엇을 성취할 것인지 그 변화된 모습을 나타내고 있어야 하는 것이다(Bloom, Hastings, & Madaus, 1971). 따라서 교육목표는 당연히 성취 혹은 변화가 가능해야 한다. 교육목표가 구체적인 성취 여부를 쉽게 판단하기 어려운 교육목적과 다른 차별성이 바로 여기에 있는 것이다.

나) 평가의 목적

본 평가요소인 "교육목표의 성취가능성 여부"를 조사함으로써 각 교육목표들이 사내대학의 교육을 통해 성취 혹은 변화해야 하는 모습을 구체적으로 담고 있어서 그의 성취가 실현 가능한지를 판단하고자 하는 것이다.

다) 평가설계

(1) 평가준거

4-1. 진술된 교육목표는 해당 교육을 통해 성취 혹은 변화된 모습을 구체적으로 담고 있는가.

4-2. 진술된 교육목표는 해당 교육을 통해 학습자들이 현실적으로 성취 가능한가.

(2) 평가 시 제한점

아직 운영되지 않은 교육목표의 경우에는 그 성취가능성이 객관적인 자료보다도 평가자나 관련 담당자의 주관적 견해에 의존하게 될 수 있다.

(3) 평가에 필요한 정보

문서상에 진술된 교육목표를 검토하고, 보다 객관적인 자료를 얻기 위해서는 학생들의 실제 교육목표 성취 정도라고 할 수 있는 학업성적(학점)의 변화 혹은 분포를 확인한다.

(4) 정보의 출처: 정보수집 방법

각 학과와 세부 교육목표를 보여주는 대학요람이나 교육과정 안내서를 참고하며, 학생들의 성적기록 자료를 통한 성적의 증감을 확인할 수 있다.

(5) 수집된 정보의 분석방법: 평가방법

평가준거 4-1은 평점과 서술적인 방법을 통해 평가한다. 준거 4-2는 진술된 목표 자체에 대해 평가자와 학생이 함께 평점과 서술적 방법으로 평가하고, 또한 학생들의 성적을 성적기록표나 설문을 통해 조사하여(사내대학의 규모가 큰 경우에는 표집조사를 함) 학업성취 정도(분포)를 분석하며 탈락이나 낙제비율을 조사한다.

라) 평가결과의 보고

진술된 교육목적의 구체성과 실현가능성에 대한 평가점수를 기록하고 그러한 판단의 근거를 서술적인 방법을 통해 학생의 의견과 함께 보고할 수 있다. 또한 학생들의 학업성취 수준(분포)에 대한 보고를 평가자의 해석과 함께 보고한다.

◆ 평가요소 4에 대한 가중치 및 타당성 조사 ◆

⊙ 본 평가요소에 대한 평가준거의 **가중치(배점)**를 매겨 주십시오.

(총합 100%가 되도록)

평가요소 4	교육목표의 성취가능성 여부	100%
준거	1. 진술된 교육목표는 해당 교육을 통해 성취 혹은 변화된 모습을 구체적으로 담고 있는가	( )
	2. 진술된 교육목표는 해당 교육을 통해 학습자들이 현실적으로 성취가능한가	( )

⊙ 본 평가요소의 설계에 대한 다음 물음에 어떻게 생각하는지 해당하는 곳에 √표 해 주십시오.

평가의 타당성 조사문항	전혀 그렇지 않다　별로 그렇지 않다　보통 이다　조금 그렇다　매우 그렇다
1) 본 평가요소는 사내대학의 교육과정을 평가하는 데 중요한가	├──┼──┼──┼──┤
2) 본 평가요소는 정확히 어떤 것을 평가하려는지 분명하게 나타내고 있는가	├──┼──┼──┼──┤
3) 본 평가요소에 있는 평가준거는 평가요소를 조사하기에 적합한가	├──┼──┼──┼──┤
4) 평가의 목적은 구체적으로 제시되었는가	├──┼──┼──┼──┤
5) 평가절차는 분명하게 제시되었는가	├──┼──┼──┼──┤
6) 본 평가설계에 의해 평가가 수행가능한가	├──┼──┼──┼──┤
7) 본 평가요소는 평가하기에 용이한가	├──┼──┼──┼──┤
8) 본 평가요소에 맞춰 평가절차는 적절하게 설계되었는가	├──┼──┼──┼──┤
9) 본 평가요소를 조사하는 데 평가방법은 적절한가	├──┼──┼──┼──┤
10) 본 평가요소에서 평가의 제한점은 적절한가	├──┼──┼──┼──┤

◎ 평가 영역 3: 사내대학 교육과정의 설계

1) 평가요소 1: 교육과정의 합리적인 설계를 위한 지침 마련 여부

가) 평가의 근거

교육과정을 교육목적과 세부 교육목표에 부합하도록, 그리고 의도한 성취를 극대화하도록 하기 위해서는 초기 설계단계의 합리성을 확보해야 한다(이성호, 1982). 이러기 위해서는 합리적 설계의 절차를 문서화하여 그 구체적인 지침을 두어야 한다. 이는 교육과정이나 교육 프로그램 개발자의 교체나 이들의 주관적인 판단에 의해 교육과정 설계가 좌우되는 일을 통제할 수 있으며, 개발상 문제가 있는 부분은 그 개선방향이 송환(feedback)되어 다시 수정된 기록으로 남김으로써 설계상의 체계성과 합리성을 지속적으로 유지할 수 있는 것이다.

나) 평가의 목적

본 평가요소인 "교육과정의 합리적인 설계를 위한 지침 마련 여부"를 평가함으로써 사내대학 교육과정을 기획하는 데 지속적인 합리성을 유지하고 있는가를 파악하고자 하는 것이다.

다) 평가설계

(1) 평가준거

1-1. 교육과정 설계에 관한 지침이 문서상 제시되어 있는가.

1-2. 교육과정을 설계할 때 일관된 체계성을 갖기 위해 노력하고 있는가.

(2) 평가 시 제한점

평가준거 1-1인 교육과정의 설계에 관한 지침이 문서상 제시되어 있지 않을 경우에는 교육과정의 설계를 일관된 체계성을 가지고 기획하였는지에 관한 내용은 담당자의 주관적 의견청취를 통해 할 수밖에 없게 된다.

(3) 평가에 필요한 정보

문서화되었거나 혹은 그렇지 않더라도 교육과정 설계 시 지켜야 할 지침에 관련된 내용의 확인이 필요하다.

(4) 정보의 출처: 정보수집 방법

교육과정 설계 시 지켜야 하는 지침과 관련된 서면화된 자료를 확인하고, 문서화되어 있지 않은 형태로 존재한다면 교육과정 기획담당자에게 직접 청취한다.

(5) 수집된 정보의 분석방법: 평가방법

평가준거 1-1은 교육과정의 지침을 나타내는 관련 서류의 유무를 확인하면 되고, 평가준거 1-2의 경우는 교육과정 기획 및 설계 회의록 등의 문서화된 내용을 검토하거나 문서화되어 있지 않은 경우에는 담당자의 인터뷰를 통해 설계 시 체계성에 관한 노력이 있었는지를 판단하여 평점하고 그 구체적인 내용은 서술적인 방법으로 평가한다.

라) 평가결과의 보고

교육과정 설계 시의 지침을 제시해 놓은 문서의 유무를 그 출처와 함께 보고하고, 설계 시 체계성을 유지하기 위해 얼마나 노력하였는지 여부에 대해서는 관련 문서와 기획담당자의 인터뷰를 통해서 확인하여 평가점수와 함께 서술적 방법으로 보고한다.

◆ 평가요소 1에 대한 가중치 및 타당성 조사 ◆

⊙ <u>본 평가요소</u>에 대한 평가준거의 **가중치(배점)**를 매겨 주십시오.

(총합 100%가 되도록)

평가요소 1	교육과정의 합리적인 설계를 위한 지침 마련 여부	100%
준거	1. 교육과정 설계에 관한 지침이 문서상 제시되어 있는가	( )
	2. 교육과정을 설계할 때 일관된 체계성을 갖기 위해 노력하고 있는가	( )

⊙ <u>본 평가요소의 설계</u>에 대한 다음 물음에 어떻게 생각하는지 해당하는 곳에 √표 해 주십시오.

평가의 타당성 조사문항	전혀 그렇지 않다　별로 그렇지 않다　보통 이다　조금 그렇다　매우 그렇다
1) 본 평가요소는 사내대학의 교육과정을 평가하는 데 중요한가	├────┼────┼────┼────┤
2) 본 평가요소는 정확히 어떤 것을 평가하려는지 분명하게 나타내고 있는가	├────┼────┼────┼────┤
3) 본 평가요소에 있는 평가준거는 평가요소를 조사하기에 적합한가	├────┼────┼────┼────┤
4) 평가의 목적은 구체적으로 제시되었는가	├────┼────┼────┼────┤
5) 평가절차는 분명하게 제시되었는가	├────┼────┼────┼────┤
6) 본 평가설계에 의해 평가가 수행가능한가	├────┼────┼────┼────┤
7) 본 평가요소는 평가하기에 용이한가	├────┼────┼────┼────┤
8) 본 평가요소에 맞춰 평가절차는 적절하게 설계되었는가	├────┼────┼────┼────┤
9) 본 평가요소를 조사하는 데 평가방법은 적절한가	├────┼────┼────┼────┤
10) 본 평가요소에서 평가의 제한점은 적절한가	├────┼────┼────┼────┤

2) 평가요소 2: 교육과정 편성에서 사내대학 특유의 교육목적 반영 수준

가) 평가의 근거

사내대학의 교육과정이 일반대학의 교육과정과 차별성을 띠어야 하는 것은 당연하다 할 수 있다. 이는 그 설립취지나 교육목적에 있어서 서로 상이한 점이 많기 때문인데, 즉 사내대학은 산업체가 필요로 하는 산업인력으로서의 고등 기술인력을 길러내는 데 그 교육의 근간이 있는 것이다. 따라서 사내대학의 교육과정은 이러한 사내대학 특유의 교육목적을 충분히 반영할 때 그 교육의 의의를 갖는다고 할 수 있겠다(박준병, 1991; 박혜영, 1990; Allen, 1996).

나) 평가의 목적

본 평가요소인 "교육과정 편성에서 사내대학 특유의 교육목적 반영 수준"을 평가함으로써 사내대학이 궁극적으로 추구하고자 하는 교육목적(예를 들어, 고등 기술인력 양성 등)을 교육과정에 충분히 반영하고 있는지를 알아보고자 하는 것이다.

다) 평가설계

(1) 평가준거

2-1. 교육과정 편성 시에 사내대학의 특수성을 반영하고자 노력하고 있는가.

2-2. 편성된 교육과정에 사내대학이 추구하는 모기업이 필요로 하는 고등 기술인력 육성과 관련된 교과가 충분한가.

(2) 평가 시 제한점

사내대학의 규모나 학과의 수가 방대할 경우 교육과정 전체의 내용을 검토하기 어렵기 때문에, 교육과정에 사내대학의 특수한 교육목적에 대한 반영 여부를 주로 교과명에 의해 판단하기 쉽다.

(3) 평가에 필요한 정보

최초 교육과정 편성 시에 사내대학의 특수성을 반영하는 노력을 했는지에 관련된 당시 회의록이나 담당자의 진술을 확인하고 이미 편성된 전체 교과 교육과정의 내용을 검토한다.

(4) 정보의 출처: 정보수집 방법

교육과정 편성 시의 회의록이나 관련 서류를 확인하고 기획담당자의 진술을 확보하며, 대학요람 등 교과 교육과정 편성내용이 나와 있는 전체 교육과정을 검토한다.

(5) 수집된 정보의 분석방법: 평가방법

평가준거 2-1은 교육과정 편성 시의 회의록이나 관련 서류, 기획담당자의 진술 등을 통해 사내대학 특유의 교육목적(예, 모기업이 필요로 하는 고등 기술인력 양성 등)을 반영하려는 노력이나 시도를 얼마나 했는지 평점 및 기술하고, 준거 2-2의 경우는 대학요람 등 전체 교과 교육과정을 보여주는 자료를 토대로 사내대학의 특수성 즉 현업이 요구하는 고등 기술인력 양성에 관련된 교과의 비율이 충분한지를 판단하여 평점과 그 내용을 서술하여 평가한다.

라) 평가결과의 보고

우선 각 평가준거에 대해 평가점수를 기록하며, 평점의 근거와 구체적인 평가내용은 서술적인 방법으로 보고한다.

◆ 평가요소 2에 대한 가중치 및 타당성 조사 ◆

◉ <u>본 평가요소</u>에 대한 평가준거의 **가중치(배점)**를 매겨 주십시오.

(총합 100%가 되도록)

평가요소 2	교육과정 편성에서 사내대학 특유의 교육목적 반영 수준	100%
준거	1. 교육과정 편성 시에 사내대학의 특수성을 반영하고자 노력하고 있는가	( )
	2. 편성된 교육과정에 사내대학이 추구하는 모기업이 필요로 하는 고등 기술인력 육성과 관련된 교과가 충분한가	( )

◉ <u>본 평가요소의 설계</u>에 대한 다음 물음에 어떻게 생각하는지 해당하는 곳에 √표 해 주십시오.

평가의 타당성 조사문항	전혀 별로 보통 조금 매우 그렇지 그렇지 않다 않다 이다 그렇다 그렇다
1) 본 평가요소는 사내대학의 교육과정을 평가하는 데 중요한가	├──┼──┼──┼──┤
2) 본 평가요소는 정확히 어떤 것을 평가하려는지 분명하게 나타내고 있는가	├──┼──┼──┼──┤
3) 본 평가요소에 있는 평가준거는 평가요소를 조사하기에 적합한가	├──┼──┼──┼──┤
4) 평가의 목적은 구체적으로 제시되었는가	├──┼──┼──┼──┤
5) 평가절차는 분명하게 제시되었는가	├──┼──┼──┼──┤
6) 본 평가설계에 의해 평가가 수행가능한가	├──┼──┼──┼──┤
7) 본 평가요소는 평가하기에 용이한가	├──┼──┼──┼──┤
8) 본 평가요소에 맞춰 평가절차는 적절하게 설계되었는가	├──┼──┼──┼──┤
9) 본 평가요소를 조사하는 데 평가방법은 적절한가	├──┼──┼──┼──┤
10) 본 평가요소에서 평가의 제한점은 적절한가	├──┼──┼──┼──┤

3) 평가요소 3: 전공의 이해를 돕기 위한 기초과목 편성의 적절성

가) 평가의 근거

사내대학은 기본적으로 자사 내에 있는 비진학 직원(종업원)들이 교육대상이 되며, 따라서 이러한 학생들의 특성 역시 대학진학 준비 위주의 인문계열보다는 대부분의 경우 실업계열 출신이 많은 것이 사실이다. 우리나라의 실업계가 기초적인 도구과목보다는 직업기술교육을 위주로 운영되는 현실을 감안할 때 사내대학 학생들이 대학 수준의 전공교과를 학습하는 데 충분한 기초지식에 대한 교육이 보다 필요하게 된다(김형주, 1998; 박혜영, 1990). 이는 일반대학과는 차별화된 사내대학만의 독특한 특수성이라고 할 수 있는 것으로 기초과목의 중요성은 매우 크다 할 것이다.

나) 평가의 목적

본 평가요소인 "전공의 이해를 돕기 위한 기초과목 편성의 적절성"을 평가함으로써 사내대학 학생들의 교육 준비도에 따른 교육과정의 편성이 적절히 이루어져 있는가를 판단하고자 하는 것이다.

다) 평가설계

(1) 평가준거

3-1. 교육과정에 각 전공과목과 연관된 기초과목들이 편성되어 있는가.

3-2. 기초과목들은 전공과목의 이해를 돕기 위한 전공과 연관된 기초지식들로 구성되어 있는가.

(2) 평가 시 제한점

각 전공과목에 연계된 가장 적절한 기초과목이 무엇인지에 대한 것과 기초교과 내에 구성되어 있는 내용의 적절성을 판단하는 것은 그 전공 영역에 대한 매우 전문적인 식견이 요구되는 것이기 때문에 평가자의 전문성만으로 판단하는 데는 한계가 있을 수 있다.

(3) 평가에 필요한 정보

교육과정에 편성되어 있는 전공과목과 기초과목에 대한 목록이 필요하고 각 교과의 내용을 파악할 수 있는 자료가 필요하다.

(4) 정보의 출처: 정보수집 방법

교육과정의 각 교과 편성을 보여주는 대학요람이나 교육과정 편성 자료를 확보하며, 교과의 내용을 간략히 소개하고 있는 대학요람을 검토하고, 보다 상세한 내용을 조사하기 위해서는 각 교과의 수업계획서를 확보한다.

(5) 수집된 정보의 분석방법: 평가방법

평가준거 3-1은 전공교과에 해당되는 기초과목을 확인하여 기초교과가 충분히 편성되어 있는지를 판단하고, 준거 3-2의 경우는 각 교과의 교육내용을 소개한 자료들을 검토함으로써 그 내용의 전공 연계성과 적절성을 판단한다. 이때 전문성을 요하는 전공교과의 경우는 해당 전공 교수나 강사의 협조를 얻는다.

라) 평가결과의 보고

전공과목에 따른 기초과목의 편성은 각 교과를 확인하여 보고하고, 편성의 충분성과 내용의 적절성에 대해서는 평가자가 각 교과의 내용검토를 통해 판단한 것을 평가점수와 함께 서술적 평가결과를 보고한다.

◆ 평가요소 3에 대한 가중치 및 타당성 조사 ◆

⊙ 본 평가요소에 대한 평가준거의 **가중치(배점)**를 매겨 주십시오.

(총합 100%가 되도록)

평가요소 3	전공의 이해를 돕기 위한 기초과목 편성의 적절성	100%
준거	1. 교육과정에 각 전공과목과 연관된 기초과목들이 편성되어 있는가	( )
	2. 기초과목들은 전공과목의 이해를 돕기 위한 전공과 연관된 기초지식들로 구성되어 있는가	( )

⊙ 본 평가요소의 설계에 대한 다음 물음에 어떻게 생각하는지 해당하는 곳에 √표 해 주십시오.

평가의 타당성 조사문항	전혀 그렇지 않다　별로 그렇지 않다　보통 이다　조금 그렇다　매우 그렇다
1) 본 평가요소는 사내대학의 교육과정을 평가하는 데 중요한가	├──┼──┼──┼──┤
2) 본 평가요소는 정확히 어떤 것을 평가하려는지 분명하게 나타내고 있는가	├──┼──┼──┼──┤
3) 본 평가요소에 있는 평가준거는 평가요소를 조사하기에 적합한가	├──┼──┼──┼──┤
4) 평가의 목적은 구체적으로 제시되었는가	├──┼──┼──┼──┤
5) 평가절차는 분명하게 제시되었는가	├──┼──┼──┼──┤
6) 본 평가설계에 의해 평가가 수행가능한가	├──┼──┼──┼──┤
7) 본 평가요소는 평가하기에 용이한가	├──┼──┼──┼──┤
8) 본 평가요소에 맞춰 평가절차는 적절하게 설계되었는가	├──┼──┼──┼──┤
9) 본 평가요소를 조사하는 데 평가방법은 적절한가	├──┼──┼──┼──┤
10) 본 평가요소에서 평가의 제한점은 적절한가	├──┼──┼──┼──┤

4) 평가요소 4: 모기업 인재개발전략의 교과 교육과정에의 반영 수준

가) 평가의 근거

교과 교육과정의 편성은 기본적으로 모기업의 인재개발전략이 충분히 반영되어 있어야 한다. 이는 사내대학교육의 특수성 때문이기도 한데, 사내대학은 비진학 종업원의 진학욕구 혹은 계속 교육적 욕구를 충족시키고 있기도 하지만 그보다 먼저 인재개발을 통한 모기업의 생산성 증대라는 측면을 강조하고 있기 때문이다(Allen, 1996; 박준병, 1991; 박혜영, 1990). 따라서 교과 교육과정에 모기업의 인재개발전략의 시기적절한 반영은 사내대학 교육의 질을 결정하게 되는 매우 중요한 요소라고 할 수 있다.

나) 평가의 목적

본 평가요소인 "모기업 인재개발전략의 교과 교육과정에의 반영 수준"을 평가함으로써 사내대학 교육의 궁극적인 지향점인 인재양성을 통한 모기업의 생산성 증대를 위해 교과 교육과정이 적절히 편성되고 있는지를 알아보기 위한 것이다.

다) 평가설계

(1) 평가준거

4-1. 모기업의 인재양성전략이 문서상으로 제시되어 있는가.

4-2. 모기업의 인재양성전략이 교과 교육과정 편성 시에 적절히 반영되고 있는가.

(2) 평가 시 제한점

모기업의 인재양성전략에 관한 내용이 어느 정도의 구체성을 띠고 있는가는 산업체마다 다양할 수밖에 없으며 또한 이것이 문서화되어 있는 경우도 교육과정 편성 시 적절히 반영되었는가 하는 것은 객관적인 지표로 분석하기가 쉽지 않다.

(3) 평가에 필요한 정보

진술되어 있는 모기업의 인재양성전략에 관한 문건의 확보와 교과 교육과정의 편성 혹은 기획 회의록이나 편성 자료와 관련된 내용을 확인한다.

(4) 정보의 출처: 정보수집 방법

모기업의 인재양성전략이 진술되어 있는 문서와 교육과정 편성 혹은 기획 회의록과 이미 편성되어 있는 교과 교육과정 전체를 살펴볼 수 있는 대학요람이나 교육과정 편성에 관한 자료를 확인한다.

(5) 수집된 정보의 분석방법: 평가방법

일단 사내대학 내에 모기업의 인재양성전략에 관한 내용을 담고 있는 자료를 보유하고 있는가를 확인하고, 편성 시의 반영 여부는 회의록과 관련 기록문건을 확인하거나 담당자와의 인터뷰 자료를 통해 판단하여 평점하고 구체적인 내용은 서술적 방법으로 평가한다.

라) 평가결과의 보고

먼저 모기업의 인재양성전략에 관한 문건이 있는지 그리고 어떤 문서인지를 보고하고, 교과 교육과정 편성에의 반영 수준은 평가자의 평점과 함께 기술적인 방법에 의한 평가결과를 보고한다.

◆ 평가요소 4에 대한 가중치 및 타당성 조사 ◆

◉ 본 평가요소에 대한 평가준거의 **가중치(배점)**를 매겨 주십시오.

(총합 100%가 되도록)

평가요소 4	모기업 인재개발전략의 교과 교육과정에의 반영 수준	100%
준거	1. 모기업의 인재양성전략이 문서상으로 제시되어 있는가	( )
	2. 모기업의 인재양성전략이 교과 교육과정 편성 시에 적절히 반영되고 있는가	( )

◉ 본 평가요소의 설계에 대한 다음 물음에 어떻게 생각하는지 해당하는 곳에 √표 해 주십시오.

평가의 타당성 조사문항	전혀 별로 보통 조금 매우 그렇지 그렇지 않다 않다 이다 그렇다 그렇다
1) 본 평가요소는 사내대학의 교육과정을 평가하는 데 중요한가	|———|———|———|———|
2) 본 평가요소는 정확히 어떤 것을 평가하려는지 분명하게 나타내고 있는가	|———|———|———|———|
3) 본 평가요소에 있는 평가준거는 평가요소를 조사하기에 적합한가	|———|———|———|———|
4) 평가의 목적은 구체적으로 제시되었는가	|———|———|———|———|
5) 평가절차는 분명하게 제시되었는가	|———|———|———|———|
6) 본 평가설계에 의해 평가가 수행가능한가	|———|———|———|———|
7) 본 평가요소는 평가하기에 용이한가	|———|———|———|———|
8) 본 평가요소에 맞춰 평가절차는 적절하게 설계되었는가	|———|———|———|———|
9) 본 평가요소를 조사하는 데 평가방법은 적절한가	|———|———|———|———|
10) 본 평가요소에서 평가의 제한점은 적절한가	|———|———|———|———|

5) 평가요소 5: 직무훈련관련 교육과정 설계가 기업의 현업에서의 직무수행능력을 향상시키기에 적절한지 여부

가) 평가의 근거

설립목적상 사내 직원(종업원)을 대상으로 하여 기업 교육적 특성을 갖게 되는 사내대학은 그 교육과정에서도 직무훈련과 관련된 내용이 핵심적인 부분이다(Nadler, 1979). 즉 모기업이나 관련 산업체의 생산성 증대와 연계되는 현업의 직무관련 교육을 제외한 사내대학의 교육과정은 생각할 수 없기 때문이다. 따라서 사내대학 교육과정에서 직무훈련과 관련된 편성의 적절성은 사내대학 교육의 질을 결정하는 매우 중요한 영향을 미치게 될 것이다.

나) 평가의 목적

본 평가요소인 "직무훈련관련 교육과정 설계가 기업의 현업에서의 직무수행능력을 향상시키기에 적절한지 여부"를 조사함으로써 사내대학 교육의 핵심요소인 현업의 직무와 연관된 교육과정이 적절히 편성되어 있는지를 판단하기 위함이다.

다) 평가설계

(1) 평가준거

5-1. 직무훈련관련 교과는 충분히 편성되어 있는가.

5-2. 직무훈련관련 교육과정은 현업의 실제 직무 상황과의 연계성이 적절한가.

(2) 평가 시 제한점

본 평가요소를 평가하기 위해서는 모기업의 업의 특성과 실제 현업의 직무 상황을 파악하고 있어야 정확한 판단을 할 수 있기 때문에, 모기업의 규모가 크고 업종이 다양할수록 평가자뿐만 아니라 사내대학 관계자도 현업의 각 업종이나 직무에 대해 충분히 파악하는 데 한계가 있을 수 있다.

(3) 평가에 필요한 정보

모기업의 업의 특성과 현업의 직무 유형, 그리고 교육과정의 편성내용 등을 파악한다.

(4) 정보의 출처: 정보수집 방법

회사홍보 자료와 사내연수용 자료 등을 검토하여 모기업의 업의 특성과 유형을 파악한다. 그리고 교육과정의 구성을 살펴보기 위해서는 대학요람이나 교육과정 편성 자료를 검토한다. 보다 실제적인 정보의 수집을 위해서는 현업 부서원에게 직접 수집하며, 해당 분야 전문가들의 판단도 확보할 수 있다.

(5) 수집된 정보의 분석방법: 평가방법

본 평가요소의 준거들을 평가하기 위해서는 모기업의 업의 특성과 함께 직무의 특성과 유형을 파악해야 하는데, 이를 위해서는 회사홍보 자료와 사내연수용 자료 등을 파악하고 이를 사내대학의 교과 교육과정 편성 자료나 대학요람의 편성표와 비교한다. 그리고 직무훈련과 연관된 교과 편성의 충분성과 현업 연계성을 판단하여 평점하고 그 근거로서 직무훈련관련 교과의 비율과 빈도를 제시할 수 있다. 경우에 따라서 평가자가 직무의 전문성을 일일이 판단하기 어려울 때는 해당 교과의 교수나 담당자의 의견을 수렴하여 평가한다.

라) 평가결과의 보고

우선 각 준거에 대한 평가자의 평가점수를 제시하고 그 근거로서의 서술적 평가결과를 보고한다.

◆ 평가요소 5에 대한 가중치 및 타당성 조사 ◆

⊙ 본 평가요소에 대한 평가준거의 **가중치(배점)**를 매겨 주십시오.

(총합 100%가 되도록)

평가요소 5	직무훈련관련 교육과정 설계가 기업의 현업에서의 직무수행능력을 향상시키기에 적절한지 여부	100%
준거	1. 직무훈련관련 교과는 충분히 편성되어 있는가	( )
	2. 직무훈련관련 교육과정은 현업의 실제 직무 상황과의 연계성이 적절한가	( )

⊙ 본 평가요소의 설계에 대한 다음 물음에 어떻게 생각하는지 해당하는 곳에 √표 해 주십시오.

평가의 타당성 조사문항	전혀 그렇지 않다	별로 그렇지 않다	보통 이다	조금 그렇다	매우 그렇다
1) 본 평가요소는 사내대학의 교육과정을 평가하는 데 중요한가					
2) 본 평가요소는 정확히 어떤 것을 평가하려는지 분명하게 나타내고 있는가					
3) 본 평가요소에 있는 평가준거는 평가요소를 조사하기에 적합한가					
4) 평가의 목적은 구체적으로 제시되었는가					
5) 평가절차는 분명하게 제시되었는가					
6) 본 평가설계에 의해 평가가 수행가능한가					
7) 본 평가요소는 평가하기에 용이한가					
8) 본 평가요소에 맞춰 평가절차는 적절하게 설계되었는가					
9) 본 평가요소를 조사하는 데 평가방법은 적절한가					
10) 본 평가요소에서 평가의 제한점은 적절한가					

6) 평가요소 6: 조직개발관련 교육과정 설계가 기업의 현업에서의 조직적응을 향상시키기에 적절한지 여부

가) 평가의 근거

사내대학뿐만 아니라 기업에서 수행하는 교육은 궁극적으로 생산성의 향상을 염두에 둔다고 할 수 있겠는데, 이는 단순히 직무와 관련된 교육으로서 만족시킬 수 있는 것이 아니다. 기업이나 산업체는 하나의 조직으로서 그리고 하위의 단위조직들의 통합으로서 존재하기 때문에 종사자들의 조직력 즉 자신이 속한 조직을 어떻게 효율적이고 효과적으로 운영하는가 하는 문제 역시 생산성을 결정하는 데 중요한 영향을 미치게 되는 것이다(Nadler, 1979). 따라서 조직개발과 관련된 교육과정은 사내대학의 중요한 교과 교육과정으로서 다루어져야 하는 것이다.

나) 평가의 목적

본 평가요소인 "조직개발관련 교육과정 설계가 기업의 현업에서의 조직적응을 향상시키기에 적절한지 여부"를 평가함으로써 기업의 생산성 향상에 영향을 미치는 조직운영의 효율성과 효과성을 극대화하는 데 사내대학 교육이 기여하고 있는지를 판단하고자 하는 것이다.

다) 평가설계

(1) 평가준거

6-1. 조직개발관련 교과는 충분히 편성되어 있는가.

6-2. 조직개발관련 교육과정은 현업의 실제 조직운영 상황과의 연계성이 적절한가.

(2) 평가 시 제한점

본 평가요소를 조사하기 위해서는 현업에서의 조직운영 지침과 조직
풍토를 파악하고 있어야 하는데 모기업의 규모가 클 경우 이를 충분히
파악하는 데는 한계가 있을 수 있다.

(3) 평가에 필요한 정보

모기업의 조직운영지침이나 관례 혹은 조직풍토를 나타내는 자료나
직원들의 의견이 필요하고 사내대학의 교과 교육과정 편성내용도 필요
하다.

(4) 정보의 출처: 정보수집 방법

모기업의 조직운영지침과 관례 혹은 조직풍토를 나타내고 있는 서면
화된 자료, 예를 들어 사내연수 자료나 대외홍보 자료를 참조하고 현업
종사자들의 의견을 수집하여 사내대학의 교과 교육과정 편성내용과 비
교한다.

(5) 수집된 정보의 분석방법: 평가방법

모기업의 조직운영지침과 관례 및 조직풍토와 관련된 자료를 검토하
고 이를 사내대학 교과 교육과정 편성과 비교하여 그 충분성과 적절성
에 대한 평점을 매기고 조직개발과 관련된 교과의 구성과 비율 및 빈도
를 산출하여 제시할 수 있다. 이에 대해서는 현업 종사자와의 인터뷰를
통한 의견수렴과 이들의 평점도 함께 시행할 수 있다.

라) 평가결과의 보고

각 준거에 따른 평가점수를 보고하고 그 구체적인 분석결과를 제시한
다. 평가자 이외에 현업종사자의 인터뷰 내용이나 평점결과를 추가하여
보고할 수 있다.

◆ 평가요소 6에 대한 가중치 및 타당성 조사 ◆

⊙ <u>본 평가요소</u>에 대한 평가준거의 **가중치(배점)**를 매겨 주십시오.

(총합 100%가 되도록)

평가요소 6	조직개발관련 교육과정 설계가 기업의 현업에서의 조직적응을 향상시키기에 적절한지 여부	100%
준거	1. 조직개발관련 교과는 충분히 편성되어 있는가	( )
	2. 조직개발관련 교육과정은 현업의 실제 조직운영 상황 과의 연계성이 적절한가	( )

⊙ <u>본 평가요소의 설계</u>에 대한 다음 물음에 어떻게 생각하는지 해당하
는 곳에 √표 해 주십시오.

평가의 타당성 조사문항	전혀 그렇지 않다	별로 그렇지 않다	보통 이다	조금 그렇다	매우 그렇다
1) 본 평가요소는 사내대학의 교육과정을 평가하는 데 중요한가					
2) 본 평가요소는 정확히 어떤 것을 평가하려는지 분명하게 나타내고 있는가					
3) 본 평가요소에 있는 평가준거는 평가요소를 조사하기에 적합한가					
4) 평가의 목적은 구체적으로 제시되었는가					
5) 평가절차는 분명하게 제시되었는가					
6) 본 평가설계에 의해 평가가 수행가능한가					
7) 본 평가요소는 평가하기에 용이한가					
8) 본 평가요소에 맞춰 평가절차는 적절하게 설계되었는가					
9) 본 평가요소를 조사하는 데 평가방법은 적절한가					
10) 본 평가요소에서 평가의 제한점은 적절한가					

7) 평가요소 7: 교육과정이 종업원의 개인적 진학 및 교육욕구를 충족시키고 있는지 여부

가) 평가의 근거

사내대학의 교육은 기업 교육적 특성뿐만 아니라 비진학 취업자들의 진학욕구와 성인계속교육의 욕구를 충족시키는 데에도 기여하게 된다. 따라서 사내 종사자들의 일부가 학생이 되는 사내대학의 교육과정이 이러한 욕구를 만족시키기 위해서는 일반대학의 고등교육적 요소를 갖추고 있어야 한다(Nadler, 1973; 박혜영, 1990). 이는 사내대학이 일반 기업 내의 연수원과 차별화되는 점이기도 하다.

나) 평가의 목적

본 평가요소인 "교육과정이 종업원의 개인적 진학 및 교육욕구를 충족시키고 있는지 여부"를 조사함으로써 사내대학 교육이 비진학 종업원의 고등교육에의 욕구와 평생교육적 측면의 욕구를 만족시키는 데 기여하고 있는지를 판단하고자 하는 것이다.

다) 평가설계

(1) 평가준거

7-1. 교육과정에 일반대학의 고등교육적 요소가 적절히 편성되어 있는가.

7-2. 교육과정에 성인계속교육을 위한 요소가 적절히 편성되어 있는가.

(2) 평가 시 제한점

사내대학의 교육과정에서 사내 종업원의 진학욕구나 성인교육적 특성이 어느 정도 편성되는 것이 적절한가 하는 것은 평가대상인 각 사내대학과 그 모기업의 특수성에 좌우되기 때문에 일정한 기준을 갖기 어렵다.

(3) 평가에 필요한 정보

문서상 사내대학 교과 교육과정의 편성내용을 확인한다.

(4) 정보의 출처: 정보수집 방법

교과 교육과정의 구체적인 내용과 편성을 보기 위해서는 대학요람이나 편성 자료를 검토하고, 서면화되지 않은 교육과정 운영에 대해서는 담당자의 의견을 수집한다.

(5) 수집된 정보의 분석방법: 평가방법

대학요람이나 교육과정 편성 자료를 검토하여 고등교육적 요소와 성인교육적 요소가 적절히 반영된 교과들이 편성되어 있는지 그 적절성을 사내대학의 특수성을 감안하여 평점하며 그 구체적인 편성비율과 빈도를 산출하여 제시할 수 있다. 또한 서면화되지 않고 운영되고 있는 부분은 담당자의 인터뷰를 통해 파악하여 평가한다.

라) 평가결과의 보고

우선 각 준거에 대한 평가점수를 제시하고, 기술적 혹은 산술적 분석을 통한 평가결과를 함께 보고한다. 보고 시에는 평가대상인 해당 사내대학이나 모기업의 특수성을 함께 보고한다.

◆ 평가요소 7에 대한 가중치 및 타당성 조사 ◆

⊙ 본 평가요소에 대한 평가준거의 **가중치(배점)**를 매겨 주십시오.

(총합 100%가 되도록)

평가요소 7	교육과정이 종업원의 개인적 진학 및 교육욕구를 충족시키고 있는지 여부	100%
준거	1. 교육과정에 일반대학의 고등교육적 요소가 적절히 편성되어 있는가	( )
	2. 교육과정에 성인계속교육을 위한 요소가 적절히 편성되어 있는가	( )

⊙ 본 평가요소의 설계에 대한 다음 물음에 어떻게 생각하는지 해당하는 곳에 √표 해 주십시오.

평가의 타당성 조사문항	전혀 별로 보통 조금 매우 그렇지 그렇지 않다 않다 이다 그렇다 그렇다
1) 본 평가요소는 사내대학의 교육과정을 평가하는 데 중요한가	├────┼────┼────┼────┤
2) 본 평가요소는 정확히 어떤 것을 평가하려는지 분명하게 나타내고 있는가	├────┼────┼────┼────┤
3) 본 평가요소에 있는 평가준거는 평가요소를 조사하기에 적합한가	├────┼────┼────┼────┤
4) 평가의 목적은 구체적으로 제시되었는가	├────┼────┼────┼────┤
5) 평가절차는 분명하게 제시되었는가	├────┼────┼────┼────┤
6) 본 평가설계에 의해 평가가 수행가능한가	├────┼────┼────┼────┤
7) 본 평가요소는 평가하기에 용이한가	├────┼────┼────┼────┤
8) 본 평가요소에 맞춰 평가절차는 적절하게 설계되었는가	├────┼────┼────┼────┤
9) 본 평가요소를 조사하는 데 평가방법은 적절한가	├────┼────┼────┼────┤
10) 본 평가요소에서 평가의 제한점은 적절한가	├────┼────┼────┼────┤

◎ 평가 영역 4: 사내대학 교육과정의 적용

1) 평가요소 1: 교육과정의 운영이 초기에 계획했던 대로 이루어 지고 있는지 여부

가) 평가의 근거

교육과정의 편성과 운영 스케줄은 학기단위나 혹은 학년단위로 수립하게 된다. 실제 교육 상황에서 계획된 대로 교육과정이 적용되는가를 파악하는 것은 초기 계획안의 시행상 적합성과 운영의 수월성을 파악할 수 있게 한다(이종승, 1987; 박도순, 1988). 이는 다음 계획안 수립에 객관적인 송환(feedback) 자료로서 영향을 미치게 되며, 운영상의 문제점을 확인하여 개선하는 데 일조할 수 있게 된다.

나) 평가의 목적

본 평가요소인 "교육과정의 운영이 초기에 계획했던 대로 이루어지고 있는지 여부"를 평가함으로써 사내대학 교육과정의 편성과 운영계획이 실제 교육수행 상황에서 적절히 운영되고 있는지를 파악하고자 하는 것으로 즉각적인 개선과 차기 계획수립에서의 개선을 도모하기 위함이다.

다) 평가설계

(1) 평가준거
1-1. 계획했던 교육과정의 시간운영은 적절히 이루어지고 있는가.
1-2. 편성된 교과 교육과정은 빠짐없이 운영되고 있는가.

(2) 평가 시 제한점

교육과정의 운영이 초기에 계획했던 대로 이루어지고 있는지를 파악할 때 초기의 계획이 부실했을 경우는 정확한 판단을 하기 어렵게 된다.

(3) 평가에 필요한 정보

초기에 계획했던 교육과정 편성과 시간운영표를 파악하고 그에 따라 운영되어 왔는지에 대한 정보를 확인한다.

(4) 정보의 출처: 정보수집 방법

학기단위나 학년단위, 혹은 전 학년의 교육과정 편성표(혹은 계획표)와 운영 스케줄을 나타내는 대학요람이나 과정운영안 등의 자료를 확보하고 운영 실태에 대해서는 담당자의 의견을 수집한다.

(5) 수집된 정보의 분석방법: 평가방법

일단 시간계획표와 과정운영안 등을 검토하고 실제 교육과정 운영담당자의 인터뷰와 폐강 관련 보고서 등을 통해 평가한다. 이때 각 평가준거에 대해 담당자의 인터뷰 자료를 토대로 평점을 한다. 물론 교육과정 운영담당자가 평가자라면 바로 평가가 이루어질 수 있게 된다.

라) 평가결과의 보고

평가점수와 함께 그 운영결과에 대해 학기단위나 학년단위 혹은 그밖의 세부적인 단위로 검토한 후 그에 대한 평점과 내용을 보고한다.

◆ 평가요소 1에 대한 가중치 및 타당성 조사 ◆

⊙ 본 평가요소에 대한 평가준거의 **가중치(배점)**를 매겨 주십시오.

(총합 100%가 되도록)

평가요소 1	교육과정의 운영이 초기에 계획했던 대로 이루어지고 있는지 여부	100%
준거	1. 계획했던 교육과정의 시간운영은 적절히 이루어지고 있는가	( )
	2. 편성된 교과 교육과정은 빠짐없이 운영되고 있는가	( )

⊙ 본 평가요소의 설계에 대한 다음 물음에 어떻게 생각하는지 해당하는 곳에 √표 해 주십시오.

평가의 타당성 조사문항	전혀 그렇지 않다	별로 그렇지 않다	보통 이다	조금 그렇다	매우 그렇다
1) 본 평가요소는 사내대학의 교육과정을 평가하는 데 중요한가					
2) 본 평가요소는 정확히 어떤 것을 평가하려는지 분명하게 나타내고 있는가					
3) 본 평가요소에 있는 평가준거는 평가요소를 조사하기에 적합한가					
4) 평가의 목적은 구체적으로 제시되었는가					
5) 평가절차는 분명하게 제시되었는가					
6) 본 평가설계에 의해 평가가 수행가능한가					
7) 본 평가요소는 평가하기에 용이한가					
8) 본 평가요소에 맞춰 평가절차는 적절하게 설계되었는가					
9) 본 평가요소를 조사하는 데 평가방법은 적절한가					
10) 본 평가요소에서 평가의 제한점은 적절한가					

2) 평가요소 2: 전공교과의 수업은 현업의 상황과 적절히 연관되어 운영되는지 여부

가) 평가의 근거

사내대학에서의 전공교육이 일반대학과 다른 점은 기본적인 교육목적에 있다. 전공교육이 현업의 직무와 유관해야 하고 그 교수 상황 또한 이를 고려하여 진행되어야 하는 것이다(Heide, 1997). 즉 현업의 직무 상황과 전혀 관련짓지 않은 전공 수업은 일반대학과 다를 바가 없으며 이는 사내대학교육의 기본적인 취지와 배치되는 것이라고 할 수 있겠다.

나) 평가의 목적

본 평가요소인 "전공교과의 수업은 현업의 상황과 적절히 연관되어 운영되는지 여부"를 평가함으로써 전공교육이 현업의 직무능력을 개선·향상시키기 위해 효과적으로 교수되고 있는지를 파악하고자 하는 것이다.

다) 평가설계

(1) 평가준거
2-1. 전공교과의 이론 수업의 내용은 현업의 직무와 일치하는가.
2-2. 전공교과의 수업은 현업의 직무 상황에 응용할 수 있는 실습을 적절히 하는가.

(2) 평가 시 제한점
본 평가요소를 조사하기 위해서는 평가자가 전문적 식견뿐만 아니라 현업 직무에 대한 파악 역시 하고 있어야 하기 때문에 경우에 따라서는 평가자가 현업 종사자의 의견에 많은 부분 의존해야 하는 경우가 있다.

(3) 평가에 필요한 정보

전체 전공교과의 교육과정 편성내용과 전공교과의 수업내용 및 과정, 그리고 현업의 직무 상황에 대한 정보가 필요하다.

(4) 정보의 출처: 정보수집 방법

전공교과의 교육과정 편성에 나와 있는 대학요람이나 기타 편성 자료와 수업계획서, 그리고 담당교수와 학생들의 의견을 수집한다.

(5) 수집된 정보의 분석방법: 평가방법

평가준거 2-1과 2-2는 전공교과의 교육과정 편성 자료와 수업계획서의 내용을 검토하여 평점하고 그 구체적인 평가로서 이론과 실습의 비율 등을 분석·해석하여 전공수업의 현업 유관성을 평가한다. 부가적으로 수업의 직접적인 당사자인 교수와 학생들에 대한 직접 조사를 통해 이들의 의견을 참고로 평가할 수도 있다.

라) 평가결과의 보고

각 평가준거에 대한 평가점수를 제시하고 분석치와 그에 대한 해석을 보고한다. 그리고 교수와 학생에게 직접 조사한 내용이 있다면 이를 정리하여 제시하고 그에 대한 평가내용을 보고한다.

◆ 평가요소 2에 대한 가중치 및 타당성 조사 ◆

⊙ <u>본 평가요소</u>에 대한 평가준거의 **가중치(배점)**를 매겨 주십시오.

(총합 100%가 되도록)

평가요소 2	전공교과의 수업은 현업의 상황과 적절히 연관되어 운영되는지 여부	100%
준거	1. 전공교과의 이론 수업의 내용은 현업의 직무와 일치하는가	( )
	2. 전공교과의 수업은 현업의 직무 상황에 응용할 수 있는 실습을 적절히 하는가	( )

⊙ <u>본 평가요소의 설계</u>에 대한 다음 물음에 어떻게 생각하는지 해당하는 곳에 √표 해 주십시오.

평가의 타당성 조사문항	전혀 별로 보통 조금 매우 그렇지 그렇지 않다 않다 이다 그렇다 그렇다
1) 본 평가요소는 사내대학의 교육과정을 평가하는 데 중요한가	|———|———|———|———|
2) 본 평가요소는 정확히 어떤 것을 평가하려는지 분명하게 나타내고 있는가	|———|———|———|———|
3) 본 평가요소에 있는 평가준거는 평가요소를 조사하기에 적합한가	|———|———|———|———|
4) 평가의 목적은 구체적으로 제시되었는가	|———|———|———|———|
5) 평가절차는 분명하게 제시되었는가	|———|———|———|———|
6) 본 평가설계에 의해 평가가 수행가능한가	|———|———|———|———|
7) 본 평가요소는 평가하기에 용이한가	|———|———|———|———|
8) 본 평가요소에 맞춰 평가절차는 적절하게 설계되었는가	|———|———|———|———|
9) 본 평가요소를 조사하는 데 평가방법은 적절한가	|———|———|———|———|
10) 본 평가요소에서 평가의 제한점은 적절한가	|———|———|———|———|

3) 평가요소 3: 교육과정이 시간계획 및 교수 – 학습의 효율적 방법을 명확히 제시하고 있는지 여부

가) 평가의 근거

교육과정 운영에 대한 체계적인 계획 및 각 교과나 전공에 적합한 교육방법을 제시하고 있는가는 사내대학의 교육특성상 중요한 요소이다. 가르치는 강사에게 최대한의 자유를 허용하는 일반대학과 달리 모기업의 생산성 증대를 꾀하는 데 주목적이 있는 사내대학(Allen, 1996, 박혜영, 1990)은 이를 위해 필요한 실습시간이나 형식을 사전에 정해 두는 것이 효과적이기 때문이다. 예를 들어 강사 임의로 이론에 치우쳐 현업과 관련된 실습을 소홀히 하는 것을 방지하기 위함이기도 하다.

나) 평가의 목적

본 평가요소인 "교육과정이 시간계획 및 교수 – 학습의 효율적 방법을 제시하고 있는지 여부"를 평가함으로써 사내대학 교육의 목적을 성취하는 데 교육과정이 구체적인 교수·학습의 방향을 제시해 주고 있는가를 판단하고자 하는 것이다.

다) 평가설계

(1) 평가준거

3-1. 교육과정은 교과의 시간계획을 문서상 제시하고 있는가.

3-2. 교육과정은 교과의 교수·학습방법을 문서상 제시하고 있는가.

(2) 평가 시 제한점

문서상에 제시되었는지 여부를 확인하는 것에 그치지 않고 어느 정도 효율적으로 혹은 명확하게 제시되어 있는가를 판단하는 데는 기준이 모호할 수가 있다.

(3) 평가에 필요한 정보

학기단위나 학년단위의 교육과정 계획안 혹은 편성안 및 시행지침에 관한 내용을 검토한다.

(4) 정보의 출처: 정보수집 방법

대학요람이나 사전계획서 및 교육과정 시행지침서 등을 검토하여 학기단위나 학년단위의 교육과정 운영 및 편성에 관한 정보를 얻는다.

(5) 수집된 정보의 분석방법: 평가방법

교육과정 계획안이나 편성안에 각 교과나 전공이 시간계획이나 교수·학습방법에 관한 지침이 있는지를 확인하고, 그 구체적인 제시 내용에 대한 평가는 평점과 함께 서술적인 방법으로 한다.

라) 평가결과의 보고

교육과정에 시간계획안과 교수·학습방법에 관한 지침을 두고 있는지를 밝히고 그 수준과 내용에 대한 평가내용을 보고한다.

◆ 평가요소 3에 대한 가중치 및 타당성 조사 ◆

◉ <u>본 평가요소</u>에 대한 평가준거의 **가중치(배점)**를 매겨 주십시오.

(총합 100%가 되도록)

평가요소 3	교육과정에 시간계획 및 교수-학습의 효율적 방법을 제시하고 있는지 여부	100%
준거	1. 교육과정은 교과의 시간계획을 문서상 제시하고 있는가	( )
	2. 교육과정은 교과의 교수·학습방법을 문서상 제시하고 있는가	( )

◉ <u>본 평가요소의 설계</u>에 대한 다음 물음에 어떻게 생각하는지 해당하는 곳에 √표 해 주십시오.

평가의 타당성 조사문항	전혀 그렇지 않다	별로 그렇지 않다	보통 이다	조금 그렇다	매우 그렇다
1) 본 평가요소는 사내대학의 교육과정을 평가하는 데 중요한가					
2) 본 평가요소는 정확히 어떤 것을 평가하려는지 분명하게 나타내고 있는가					
3) 본 평가요소에 있는 평가준거는 평가요소를 조사하기에 적합한가					
4) 평가의 목적은 구체적으로 제시되었는가					
5) 평가절차는 분명하게 제시되었는가					
6) 본 평가설계에 의해 평가가 수행가능한가					
7) 본 평가요소는 평가하기에 용이한가					
8) 본 평가요소에 맞춰 평가절차는 적절하게 설계되었는가					
9) 본 평가요소를 조사하는 데 평가방법은 적절한가					
10) 본 평가요소에서 평가의 제한점은 적절한가					

4) 평가요소 4: 교육과정은 교과목에 적합한 교수(강사)를 배치하고 있는지 여부

가) 평가의 근거

특정 교과를 얼마나 잘 가르칠 수 있느냐 하는 것은 가르치는 교수(강사)의 전공과 관심 분야가 교과의 특성과 일치하느냐에 달려 있다고도 할 수 있겠다. 기본적으로는 교과와 교수의 전공이 일치하여야만 전문적 지식 기반하에서 가르칠 수 있을 것이고, 또한 교과가 교수의 관심 분야일 때 더욱 열의 있게 가르치는 것은 당연한 일인 것이다. 즉 교과 교육과정의 편성 시 각 교과에 전공과 관심 분야에 최적으로 일치하는 교수를 얼마나 적절히 배치하였느냐는 교육의 성패를 좌우할 정도로 중요한 영향을 미치는 사안이라 할 수 있다(이종승, 1987).

나) 평가의 목적

본 평가요소인 "교육과정은 교과목에 적합한 교수(강사)를 배치하고 있는지 여부"를 평가함으로써 교육의 성패를 좌우할 수 있는 교수의 선정과 배치가 얼마나 최적으로 되어 있는가를 파악하고자 하는 것이다.

다) 평가설계

(1) 평가준거
4-1. 교과목과 교수의 전공은 일치하는가.
4-2. 교과에 관해 교수는 적절한 전문지식을 갖고 있는가.
4-3. 교과에 대해 교수는 관심과 열의를 갖고 강의를 하는가.

(2) 평가 시 제한점
매우 전문화된 세부 전공교과에 대해 교수의 전공과의 일치도를 판단

할 때는 평가자가 판단하기 어려운 경우가 있기 때문에 전문가나 담당
자의 협조를 구해야 하고, 준거 4-3의 경우는 학생들의 의견을 수렴하
여야 하는 데 편견을 최소화하기 위해서는 표집의 대표성을 유지해야
하는 어려움이 있다.

(3) 평가에 필요한 정보

교과목의 편성과 그에 따른 각 담당교수(강사)의 배치와 이들의 전공
에 관한 내용이 필요하다. 또한 학생들의 강의에 대한 의견 및 평가에
관한 정보를 확인해야 한다.

(4) 정보의 출처: 정보수집 방법

교과 교육과정의 전체 구성이 나와 있는 대학요람이나 편성표를 참고
하고 교직원 현황에 대한 내용은 대학요람이나 사내홍보책자 및 학기별
강사 편성표를 참조한다. 교수의 교과에 대한 관심과 열의를 확인하기
위해서는 학생의 강의평가결과나 학생의 의견을 직접 청취한다.

(5) 수집된 정보의 분석방법: 평가방법

준거 4-1의 경우는 교과 교육과정 편성표에 나와 있는 교과목과 담당
교수의 전공을 비교하여 그 일치 정도를 판단하여 평정한다. 준거 4-2
와 4-3의 경우는 사내대학 자체에서 학생에 의한 강의평가를 실시하고
있다면 그 결과보고서를 통해 검토·분석하고, 그렇지 않다면 수강 학
생들을 표집하여 그들의 의견을 수집하여 이를 토대로 평가한다.

라) 평가결과의 보고

각 평가준거의 평정점수를 보고하고 준거 4-2와 4-3의 경우는 학생의 강
의평가결과를 보고하거나 평가자의 직접 조사결과를 기술하여 보고한다.

◆ 평가요소 4에 대한 가중치 및 타당성 조사 ◆

⊙ 본 평가요소에 대한 평가준거의 **가중치(배점)**를 매겨 주십시오.

(총합 100%가 되도록)

평가요소 4	교육과정은 교과목에 적합한 교수(강사)를 배치하고 있는지 여부	100%
준거	1. 교과목과 교수(강사)의 전공은 일치하는가	( )
	2. 교과에 관해 교수(강사)는 적절한 전문지식을 갖고 있는가	( )
	3. 교과에 대해 교수(강사)는 관심과 열의를 갖고 강의를 하는가	( )

⊙ 본 평가요소의 설계에 대한 다음 물음에 어떻게 생각하는지 해당하는 곳에 √표 해 주십시오.

평가의 타당성 조사문항	전혀 별로 보통 조금 매우 그렇지 그렇지 않다 않다 이다 그렇다 그렇다
1) 본 평가요소는 사내대학의 교육과정을 평가하는 데 중요한가	├────┼────┼────┼────┤
2) 본 평가요소는 정확히 어떤 것을 평가하려는지 분명하게 나타내고 있는가	├────┼────┼────┼────┤
3) 본 평가요소에 있는 평가준거는 평가요소를 조사하기에 적합한가	├────┼────┼────┼────┤
4) 평가의 목적은 구체적으로 제시되었는가	├────┼────┼────┼────┤
5) 평가절차는 분명하게 제시되었는가	├────┼────┼────┼────┤
6) 본 평가설계에 의해 평가가 수행가능한가	├────┼────┼────┼────┤
7) 본 평가요소는 평가하기에 용이한가	├────┼────┼────┼────┤
8) 본 평가요소에 맞춰 평가절차는 적절하게 설계되었는가	├────┼────┼────┼────┤
9) 본 평가요소를 조사하는 데 평가방법은 적절한가	├────┼────┼────┼────┤
10) 본 평가요소에서 평가의 제한점은 적절한가	├────┼────┼────┼────┤

5) 평가요소 5: 교육과정의 각 교과를 학생들이 수월하게 학습하는지 여부

가) 평가의 근거

가르치는 각 교과는 학생들의 수준에 적절히 맞아야 한다. 단지 필요성이나 중요성만을 내세워 지나치게 어려운 교과를 선정한다면 학습 자체가 불가능하게 된다. 따라서 교과의 선정은 사내대학의 교육목적과 학과의 교육방향뿐만 아니라 학습자들의 사전 학습능력과 준비도를 고려하여 편성되어야 하는 것이다(박혜영, 1990; 한국교육개발원, 1978).

나) 평가의 목적

본 평가요소인 "교육과정의 각 교과를 학생들이 수월하게 학습하는지 여부"를 평가함으로써 사내대학 교육과정의 각 교과들은 학생들이 충분히 학습할 수 있는 것들로 편성되어 있는지 그 적절성을 파악하고자 하는 것이다.

다) 평가설계

(1) 평가준거
5-1. 교육과정에 편성된 각 교과의 교육목표를 학생들은 적절히 성취하고 있는가.

(2) 평가 시 제한점
본 평가요소는 학생들의 학업성취 수준을 알아보아야 하기 때문에 성적 공개와 관련된 사내대학의 협조가 없으면 평가수행이 곤란해진다.

(3) 평가에 필요한 정보
각 교과에 대한 학생들의 학업성취 수준과 학생들의 교과(수업)에 대한 의견에 관한 정보가 필요하다.

(4) 정보의 출처: 정보수집 방법

각 교과에 대한 학생들의 정기시험(중간고사, 기말고사 등) 성적(학점)을 나타내는 성적일람표와 강의평가결과보고서를 확인한다.

(5) 수집된 정보의 분석방법: 평가방법

이는 두 가지 방법이 있을 수 있는데 첫째는 각 교과에 대한 학생들의 평균성적(학점)을 산출하여 이를 교육목표와 비교한 후 Tuckman이 제시한 기준인 80%의 성취율이 있는지를 보아 그 완전학습의 정도를 판단하는 것이다. 둘째는 미국의 Phi Delta Kappa에서 제시하고 있는 방법으로 다음과 같은 공식으로 나타낼 수 있다.

요구되는 획득점수 $= 2.77SD/\sqrt{N}$
(SD: 처음 검사에서의 표준편차, N: 처음 검사에서의 학생 수)

즉 일차로 준거지향검사가 실시되고 일정한 기간 후에 다시 두 번째 준거검사가 실시되었다고 가정한다. 이 경우 동일한 대상에게 검사가 실시되었고, 그 두 번 검사의 평균과 변량이 같다면 위의 공식에 의해 (99%의 신뢰한계를 전제로) 두 검사 간의 실제적인 획득점수를 제시할 수 있는 것이다(박도순, 1988). 따라서 이를 통해 학업성취의 의미 있는 향상을 판단할 수 있게 된다.

라) 평가결과의 보고

각 교과의 교육목표와 정기적인 시험에서의 학생들의 평균성적을 산출하여 완전학습 기준율을 통한 분석이나 혹은 Tuckman의 공식을 통한 의미 있는 향상을 서술적인 해석과 함께 평가내용을 보고한다.

◆ 평가요소 5에 대한 가중치 및 타당성 조사 ◆

⊙ 본 평가요소의 설계에 대한 다음 물음에 어떻게 생각하는지 해당하는 곳에 √표 해 주십시오.

평가의 타당성 조사문항	전혀 그렇지 않다	별로 그렇지 않다	보통 이다	조금 그렇다	매우 그렇다
1) 본 평가요소는 사내대학의 교육과정을 평가하는 데 중요한가					
2) 본 평가요소는 정확히 어떤 것을 평가하려는지 분명하게 나타내고 있는가					
3) 본 평가요소에 있는 평가준거는 평가요소를 조사하기에 적합한가					
4) 평가의 목적은 구체적으로 제시되었는가					
5) 평가절차는 분명하게 제시되었는가					
6) 본 평가설계에 의해 평가가 수행가능한가					
7) 본 평가요소는 평가하기에 용이한가					
8) 본 평가요소에 맞춰 평가절차는 적절하게 설계되었는가					
9) 본 평가요소를 조사하는 데 평가방법은 적절한가					
10) 본 평가요소에서 평가의 제한점은 적절한가					

6) 평가요소 6: 교육과정은 학생들의 자율적인 학습조직을 독려하는지 여부

가) 평가의 근거

사내대학의 교육은 모기업에 의한 일방적인 연수나 훈련이 아니라 학생 개개인의 동기유발과 자기개발을 촉진시켜야 한다. 산업체의 조직운영도 팀제의 형태로 변화되어 가는 현실을 고려할 때 팀 학습 혹은 학습조직의 육성과 지원은 수동적인 학습을 벗어나 능동적이고 창의적인 학습성취를 이루는 데 기여할 수 있을 것이다(한준상, 1993).

나) 평가의 목적

본 평가요소인 "교육과정은 학생들의 자율적인 학습조직을 독려하는지 여부"를 평가함으로써 사내대학 교육이 자율적인 학습조직을 통해 학생들 스스로의 능동적이고 창의적인 학습의욕과 동기유발을 촉진하고 있는지를 파악하고자 하는 것이다.

다) 평가설계

(1) 평가준거

6-1. 교육과정을 운영함에 있어서 학생들의 자율적인 스터디(study) 그룹을 지원하고 있는가.

6-2. 교육과정을 운영함에 있어서 학생들의 동아리 활동을 지원하고 있는가.

(2) 평가 시 제한점

실제 학생들의 자율적인 학습조직이나 동아리 활동에의 지원이 있는지 유무를 확인하는 것 이외에 그 지원이 정말 효과적이었는가 하는 명확한 기준을 제시하는 데 어려움이 있을 수 있다.

(3) 평가에 필요한 정보

학생들의 스터디 그룹이나 동아리 활동 현황과 이에 대한 사내대학의 지원활동에 대한 정보, 그리고 지원의 효과성에 대한 학생들의 의견이 필요하다.

(4) 정보의 출처: 정보수집 방법

학생관리부서에서 파악하고 있는 학생들의 스터디 활동과 동아리 현황에 관한 자료와 사내대학의 지원 현황에 관한 서류를 확인하고, 경우에 따라서는 학생들을 직접 조사하여 파악한다.

(5) 수집된 정보의 분석방법: 평가방법

학생관리부서에서 파악하고 있는 학생들의 스터디 활동과 동아리 현황에 관한 자료와 사내대학의 지원 현황에 관한 서류를 확인하여 그 적절성을 평정하고 어떤 활동과 지원이 있었는지를 서술적으로 방법으로 평가한다. 또한 그 지원의 효과성에 대한 학생들의 의견은 직접 표집 조사한 결과를 토대로 평정 및 해석적 방법을 통해 평가한다.

라) 평가결과의 보고

학생들이 자율적으로 스터디 활동이나 동아리 활동을 하고 있는지 유무를 보고하고, 한다면 어떤 활동들을 하는지, 그리고 그에 대한 사내대학의 지원은 어떠한지를 기술하여 평정점수와 함께 보고한다. 또한 지원의 효과성에 대해 학생들로부터의 조사결과를 기술하여 보고한다.

◆ 평가요소 6에 대한 가중치 및 타당성 조사 ◆

⊙ <u>본 평가요소</u>에 대한 평가준거의 **가중치(배점)**를 매겨 주십시오.

(총합 100%가 되도록)

평가요소 6	교육과정은 학생들의 자율적인 학습조직을 독려하는지 여부	100%
준거	1. 교육과정을 운영함에 있어서 학생들의 자율적인 스터디(study) 그룹을 지원하고 있는가	( )
	2. 교육과정을 운영함에 있어서 학생들의 동아리 활동을 지원하고 있는가	( )

⊙ <u>본 평가요소의 설계</u>에 대한 다음 물음에 어떻게 생각하는지 해당하는 곳에 √표 해 주십시오.

평가의 타당성 조사문항	전혀 별로 보통 조금 매우 그렇지 그렇지 않다 않다 이다 그렇다 그렇다
1) 본 평가요소는 사내대학의 교육과정을 평가하는 데 중요한가	├───┼───┼───┼───┤
2) 본 평가요소는 정확히 어떤 것을 평가하려는지 분명하게 나타내고 있는가	├───┼───┼───┼───┤
3) 본 평가요소에 있는 평가준거는 평가요소를 조사하기에 적합한가	├───┼───┼───┼───┤
4) 평가의 목적은 구체적으로 제시되었는가	├───┼───┼───┼───┤
5) 평가절차는 분명하게 제시되었는가	├───┼───┼───┼───┤
6) 본 평가설계에 의해 평가가 수행가능한가	├───┼───┼───┼───┤
7) 본 평가요소는 평가하기에 용이한가	├───┼───┼───┼───┤
8) 본 평가요소에 맞춰 평가절차는 적절하게 설계되었는가	├───┼───┼───┼───┤
9) 본 평가요소를 조사하는 데 평가방법은 적절한가	├───┼───┼───┼───┤
10) 본 평가요소에서 평가의 제한점은 적절한가	├───┼───┼───┼───┤

◎ 평가 영역 5: 사내대학 교육과정에서의 평가

1) 평가요소 1: 체계적인 평가계획의 수립 여부

가) 평가의 근거

사전에 평가계획을 세우고 있는가 하는 것은 교육 혹은 수업의 방향성과 교수-학습의 방법을 결정하는 데 중요한 역할을 하게 된다. 또한 체계적인 평가를 위해서 사전에 평가계획을 수립하는 것은 필수적이라고 할 수 있겠다.

나) 평가의 목적

본 평가요소인 "체계적인 평가계획의 수립 여부"를 평가함으로써 교육과정 혹은 수업이 체계적인 계획하에 교육의 질과 학습자들의 성취수준을 관리하고 있는지를 파악하고자 하는 것이다.

다) 평가설계

(1) 평가준거

1-1. 교육과정의 전반적인 평가지침을 세워놓고 있는가.

1-2. 각 교과는 사전에 혹은 강의계획서(syllabus)에 평가계획을 밝히고 있는가.

(2) 평가 시 제한점

단순히 평가계획을 수립했음의 여부를 판단하는 것 이외에 평가계획의 짜임새나 실효성의 문제는 각 교과마다 혹은 전공이나 학과마다 달라질 수 있는 것으로 평가자가 모든 전공의 평가계획을 판단하는 데는 어려움이 있다.

(3) 평가에 필요한 정보

교육과정 편성이나 수업계획 시의 평가지침 및 평가계획의 수립 여부와 내용을 확인할 수 있어야 한다.

(4) 정보의 출처: 정보수집 방법

교육과정 안내 자료와 각 교과의 강의계획서를 통해 평가계획의 수립 여부와 내용을 확인한다.

(5) 수집된 정보의 분석방법: 평가방법

준거 1-1의 경우는 교육과정 편성 및 운영지침을 그리고 준거 1-2는 전체 교과 중에서 표집·선정하여 그 강의계획서(syllabus)를 검토함으로써 전반적인 평가지침을 세워놓고 있는지 확인하고 그 내용의 체계성과 짜임새에 대해 평점과 함께 서술적 방법으로 평가한다.

라) 평가결과의 보고

우선 각 준거에 따라 평가지침과 평가계획이 수립되어 있는지 그 유무를 보고하고, 다음으로 각 평가계획의 내용과 형식에 대한 평가내용을 보고한다.

◆ 평가요소 1에 대한 가중치 및 타당성 조사 ◆

⊙ 본 평가요소에 대한 평가준거의 **가중치(배점)**를 매겨 주십시오.

(총합 100%가 되도록)

평가요소 1	체계적인 평가계획의 수립 여부	100%
준거	1. 교육과정의 전반적인 평가지침을 세워놓고 있는가	(　　　　)
	2. 각 교과는 사전에 혹은 강의계획서(syllabus)에 평가 계획을 밝히고 있는가	(　　　　)

⊙ 본 평가요소의 설계에 대한 다음 물음에 어떻게 생각하는지 해당하는 곳에 √표 해 주십시오.

평가의 타당성 조사문항	전혀 그렇지 않다　별로 그렇지 않다　보통 이다　조금 그렇다　매우 그렇다
1) 본 평가요소는 사내대학의 교육과정을 평가하는 데 중요한가	├───┼───┼───┼───┤
2) 본 평가요소는 정확히 어떤 것을 평가 하려는지 분명하게 나타내고 있는가	├───┼───┼───┼───┤
3) 본 평가요소에 있는 평가준거는 평가 요소를 조사하기에 적합한가	├───┼───┼───┼───┤
4) 평가의 목적은 구체적으로 제시되었는가	├───┼───┼───┼───┤
5) 평가절차는 분명하게 제시되었는가	├───┼───┼───┼───┤
6) 본 평가설계에 의해 평가가 수행가능한가	├───┼───┼───┼───┤
7) 본 평가요소는 평가하기에 용이한가	├───┼───┼───┼───┤
8) 본 평가요소에 맞춰 평가절차는 적절 하게 설계되었는가	├───┼───┼───┼───┤
9) 본 평가요소를 조사하는 데 평가방법은 적절한가	├───┼───┼───┼───┤
10) 본 평가요소에서 평가의 제한점은 적절 한가	├───┼───┼───┼───┤

2) 평가요소 2: 교육과정의 세 영역인 직무훈련, 개인교육, 조직개발에서의 교육목적 성취 수준

가) 평가의 근거

앞서 이론적 배경에서도 살펴보았듯이 사내대학의 교육과정은 직무훈련, 개인교육, 조직개발이라는 세 영역으로 구분할 수 있다(Nadler, 1979). 물론 세부적인 교과들이 각각의 영역을 구성하고 있지만, 전반적인 측면에서 영역별 교육목적이 어느 정도 성취되었는지를 파악한다면 전체 교육과정의 질을 판단하는 데 중요한 역할을 할 수 있을 것이다.

나) 평가의 목적

본 평가요소인 "교육과정의 세 영역인 직무훈련, 개인교육, 조직개발에서의 교육목적 성취 수준"을 평가함으로써 사내대학 교육과정의 질을 주요 구성 영역별로 확인하고자 하는 것이다.

다) 평가설계

(1) 평가준거
2-1. 교육과정 중 직무훈련 영역의 교육목적은 성취되었는가.
2-2. 교육과정 중 개인교육 영역의 교육목적은 성취되었는가.
2-3. 교육과정 중 조직개발 영역의 교육목적은 성취되었는가.

(2) 평가 시 제한점
본 평가요소에 대한 평가를 위해서는 교육과정 개발 시에 세 영역에 대한 4단계 검사(교육과정 적용 전, 적용 중, 적용 후, 현업 복귀 후)를 개발해야 되는데, 이에 대한 비용과 시간이 추가로 소요된다.

(3) 평가에 필요한 정보

개발된 검사에 의한 4단계 평가에서 나온 학생들의 점수와 과정 이수
중의 성적(학점)이 필요하다.

(4) 정보의 출처: 정보수집 방법

개발된 검사의 실시결과와 원 자료, 그리고 참고로 학생들의 성적(학
점)을 알 수 있는 성적일람표나 데이터베이스를 확보한다.

(5) 수집된 정보의 분석방법: 평가방법

교육과정 개발 시에 개발한 직무훈련, 개인교육, 조직개발의 세 영역
에 대한 검사를 교육과정 적용 전과 적용 중, 적용 후, 그리고 졸업 후
현업 복귀 후로 구분하여 실시한다. 전체 학생을 평가대상으로 할 수
없는 경우, 표집을 하되 대표성이 유지되도록 체계적으로 하고 각 평균
점수들 간의 변화를 파악하기 위해서는 반복측정식 설계(repeated
measure design)로 분석한다.

라) 평가결과의 보고

개발된 4단계 검사결과의 기초 통계치를 제시하고 반복측정분석에 의
한 결과 및 해석을 보고한다.

◆ 평가요소 2에 대한 가중치 및 타당성 조사 ◆

◉ <u>본 평가요소</u>에 대한 평가준거의 **가중치(배점)**를 매겨 주십시오.

(총합 100%가 되도록)

평가요소 2	교육과정의 세 영역인 직무훈련, 개인교육, 조직개발에서의 교육목적 성취 수준	100%
준거	1. 교육과정 중 직무훈련 영역의 교육목적은 성취되었는가	( )
	2. 교육과정 중 개인교육 영역의 교육목적은 성취되었는가	( )
	3. 교육과정 중 조직개발 영역의 교육목적은 성취되었는가	( )

◉ <u>본 평가요소의 설계</u>에 대한 다음 물음에 어떻게 생각하는지 해당하
는 곳에 √표 해 주십시오.

평가의 타당성 조사문항	전혀 그렇지 않다	별로 그렇지 않다	보통 이다	조금 그렇다	매우 그렇다
1) 본 평가요소는 사내대학의 교육과정을 평가하는 데 중요한가					
2) 본 평가요소는 정확히 어떤 것을 평가하려는지 분명하게 나타내고 있는가					
3) 본 평가요소에 있는 평가준거는 평가요소를 조사하기 적합한가					
4) 평가의 목적은 구체적으로 제시되었는가					
5) 평가절차는 분명하게 제시되었는가					
6) 본 평가설계에 의해 평가가 수행가능한가					
7) 본 평가요소는 평가하기에 용이한가					
8) 본 평가요소에 맞춰 평가절차는 적절하게 설계되었는가					
9) 본 평가요소를 조사하는 데 평가방법은 적절한가					
10) 본 평가요소에서 평가의 제한점은 적절한가					

3) 평가요소 3: 교육과정의 목표달성 정도에 대한 평가방법의 합리성

가) 평가의 근거

학생들의 교육목표달성을 평가하는 것은 공정성과 합리성에 기초하여 이루어져야 한다(이종승, 1987). 합리적인 평가방법이 확보될 때 정확한 결과가 나오는 것이고, 이를 통해 교수–학습개선의 기초 자료를 얻을 수 있는 것이다. 따라서 교육목표에 따른 교육방법의 다양성과 합리성의 확보는 매우 중요하다 할 것이다.

나) 평가의 목적

본 평가요소인 "교육과정의 목표달성 정도에 대한 평가방법의 합리성"을 평가함으로써 적절한 평가방법의 적용과 그 다양성을 검토하기 위함이고, 이로써 평가결과의 정확성과 활용가능성을 높이고자 하는 것이다.

다) 평가설계

(1) 평가준거
3-1. 교과특성에 적합한 평가방법을 사용하고 있는가.
3-2. 평가결과는 학생들의 학습개선을 위해 학생들에게 적절히 송환(feedback)되고 있는가.

(2) 평가 시 제한점
평가방법의 합리성 혹은 다양성 문제를 접근할 때 그 방법이 교과특성에 적합하게 운영되고 있는지를 검토해야 하는데, 매우 전문화된 교과인 경우 평가자가 이를 파악하는 데 어려움이 있을 수 있다.

(3) 평가에 필요한 정보

각 교과에서 사용하고 있는 평가방법에 대한 정보가 필요하다.

(4) 정보의 출처: 정보수집 방법

대개의 경우 평가방법은 각 교과의 강의계획서에 나와 있는 평가계획
을 검토한다. 서면화되어 있지 않은 경우는 교수나 학생에 대한 조사를
이용한다.

(5) 수집된 정보의 분석방법: 평가방법

각 교과의 강의 계획서에 나와 있는 평가방법을 검토하고 이를 교과
특성과 비교하여 그 평가방법의 적합성과 다양성. 그리고 학생들의 학
습개선을 위해 사용되는 활용 수준을 판단하여 평점하고, 사용하고 있
는 평가방법을 제시하며 구체적인 평가내용을 기록한다.

라) 평가결과의 보고

각 준거에 따른 평가점수를 보고하고 사용하고 있는 평가방법을 비롯
한 그에 대한 평가내용을 보고한다.

◆ 평가요소 3에 대한 가중치 및 타당성 조사 ◆

◉ <u>본 평가요소</u>에 대한 평가준거의 **가중치(배점)**를 매겨 주십시오.

(총합 100%가 되도록)

평가요소 3	교육과정의 목표달성 정도에 대한 평가방법의 합리성	100%
준거	1. 교과특성에 적합한 평가방법을 사용하고 있는가	( )
	2. 평가결과는 학생들의 학습개선을 위해 학생들에게 적절히 송환(feedback)되고 있는가	( )

◉ <u>본 평가요소의 설계</u>에 대한 다음 물음에 어떻게 생각하는지 해당하는 곳에 √표 해 주십시오.

평가의 타당성 조사문항	전혀 그렇지 않다 / 별로 그렇지 않다 / 보통이다 / 조금 그렇다 / 매우 그렇다
1) 본 평가요소는 사내대학의 교육과정을 평가하는 데 중요한가	├─┼─┼─┼─┤
2) 본 평가요소는 정확히 어떤 것을 평가하려는지 분명하게 나타내고 있는가	├─┼─┼─┼─┤
3) 본 평가요소에 있는 평가준거는 평가요소를 조사하기에 적합한가	├─┼─┼─┼─┤
4) 평가의 목적은 구체적으로 제시되었는가	├─┼─┼─┼─┤
5) 평가절차는 분명하게 제시되었는가	├─┼─┼─┼─┤
6) 본 평가설계에 의해 평가가 수행가능한가	├─┼─┼─┼─┤
7) 본 평가요소는 평가하기에 용이한가	├─┼─┼─┼─┤
8) 본 평가요소에 맞춰 평가절차는 적절하게 설계되었는가	├─┼─┼─┼─┤
9) 본 평가요소를 조사하는 데 평가방법은 적절한가	├─┼─┼─┼─┤
10) 본 평가요소에서 평가의 제한점은 적절한가	├─┼─┼─┼─┤

4) 평가요소 4: 교육과정의 목표달성에 대한 평가결과가 교육과정의 개선을 위해 합리적으로 활용되고 있는지 여부

가) 평가의 근거

본 평가요소는 교육과정 평가를 하는 핵심적인 기능을 나타내고 있는 것으로, 평가결과가 교육과정의 질을 관리하는 데 송환(feedback)되지 않는다면 교육과정 평가를 하는 의미가 없어지게 되는 것이다. 교육목표달성에 대한 평가결과가 교육과정의 개선에 얼마나 효과적으로 반영되느냐에 따라 교육과정의 개선과 발전이 결정될 수 있는 것이다.

나) 평가의 목적

본 평가요소인 "교육과정의 목표달성에 대한 평가결과가 교육과정의 개선을 위해 합리적으로 활용되고 있는지 여부"를 평가함으로써 사내대학 교육과정의 개선과 발전을 통해 지속적인 질 관리를 하고자 하는 것이다.

다) 평가설계

(1) 평가준거

4-1. 목표달성 정도에 대한 평가결과는 체계적으로 정리되어 있는가.
4-2. 목표달성 정도에 대한 평가결과는 다음 단계(학기, 학년)의 교육과정 편성에 참고 자료로 활용되는가.

(2) 평가 시 제한점

평가결과가 다음 단계의 교육과정 편성에 송환(feedback)되고 있는지 혹은 그 활용되는 수준은 다음에 편성된 교과 교육과정의 목록만으로는 잘 나타나지 않는 경우가 있게 된다. 이는 교육과정의 개선이 단순히 교과를 바꾸거나 새로운 교과를 추가하는 것만으로 그치는 것이 아니라 시간운영, 과정운영방법, 평가지침 등 매우 폭넓고 복잡하게 적용될 수 있기 때문이다. 따라서 직접 편성과 운영을 담당한 사람들의 편견 없는 의견과 가시적인 관련 자료를 제공받는 데 어려움이 있을 수 있다.

(3) 평가에 필요한 정보

교육목표 달성에 관한 평가결과가 정리되어 있는지 혹은 데이터베이스화되어 있는지에 관한 확인과 이들이 다음 단계의 교육과정 개선에 활용되고 있는지에 관한 정보가 필요하다.

(4) 정보의 출처: 정보수집 방법

평가결과가 정리되어 있는 자료철이나 컴퓨터 파일 혹은 프로그램을 확인하고, 개선을 위한 송환(feedback) 여부와 그 반영 수준은 교육과정 편성 시의 회의록이나 담당자들을 통해 직접 수집한다.

(5) 수집된 정보의 분석방법: 평가방법

준거 4-1의 경우는 평가결과가 정리되어 있는 자료철이나 컴퓨터 파일 혹은 프로그램의 유무를 확인하고 어떤 형식으로 보관되어 열람되고 있는지를 확인한다. 그리고 준거 4-2의 경우, 평가결과의 송환(feedback) 여부와 반영 수준은 교육과정 편성 시 회의록을 검토하거나 그 담당자들에 대한 인터뷰나 설문조사를 통해 수집하여 얻은 자료를 토대로 평가자가 평점·해석한다.

라) 평가결과의 보고

평가결과가 정리되어 있는 자료철이나 컴퓨터 파일 혹은 프로그램의 유무를 확인하고 어떤 형식으로 보관되어 열람되고 있는지를 보고한다. 그리고 평가결과의 송환 여부와 반영 수준은 회의록에 대한 평가결과와 그 담당자들을 통해 얻은 정보를 토대로 판단한 평가점수와 평가내용을 보고한다.

◆ 평가요소 4에 대한 가중치 및 타당성 조사 ◆

⊙ 본 평가요소에 대한 평가준거의 **가중치(배점)**를 매겨 주십시오.

(총합 100%가 되도록)

평가요소 4	교육과정의 목표달성에 대한 평가결과가 교육과정의 개선을 위해 합리적으로 활용되고 있는지 여부	100%
준거	1. 목표달성 정도에 대한 평가결과는 체계적으로 정리되어 있는가	( )
	2. 목표달성 정도에 대한 평가결과는 다음 단계(학기, 학년)의 교육과정 편성에 참고 자료로 활용되는가	( )

⊙ 본 평가요소의 설계에 대한 다음 물음에 어떻게 생각하는지 해당하는 곳에 √표 해 주십시오.

평가의 타당성 조사문항	전혀 그렇지 않다	별로 그렇지 않다	보통 이다	조금 그렇다	매우 그렇다
1) 본 평가요소는 사내대학의 교육과정을 평가하는 데 중요한가					
2) 본 평가요소는 정확히 어떤 것을 평가하려는지 분명하게 나타내고 있는가					
3) 본 평가요소에 있는 평가준거는 평가요소를 조사하기에 적합한가					
4) 평가의 목적은 구체적으로 제시되었는가					
5) 평가절차는 분명하게 제시되었는가					
6) 본 평가설계에 의해 평가가 수행가능한가					
7) 본 평가요소는 평가하기에 용이한가					
8) 본 평가요소에 맞춰 평가절차는 적절하게 설계되었는가					
9) 본 평가요소를 조사하는 데 평가방법은 적절한가					
10) 본 평가요소에서 평가의 제한점은 적절한가					

5) 평가요소 5: 교육과정의 운영에서 의도되지 않은 성취의 확인

가) 평가의 근거

교육과정을 운영할 때 초기에 계획하거나 의도했던 것들의 성취 여부와 그 수준을 파악하는 것은 교육과정이 질을 판단하기 위한 중요한 정보가 된다(박도순, 1988). 더불어 의도하지 않았던 성취가 있다면 이를 파악하여 송환(feedback) 정보로 활용해야 한다. 교육과정의 적용상 문제점을 파악하는 것뿐만 아니라 실제 적용상 계획하지 않은 성취를 파악하는 것은 다음 단계의 교육과정 편성에 중요한 자료로 활용할 수 있기 때문이다.

나) 평가의 목적

본 평가요소인 "교육과정의 운영에서 의도되지 않은 성취의 확인"을 평가함으로써 사내대학 교육과정의 시행에서 발생하는 성취 관련 정보를 수집하여 다음의 교육과정 편성에 중요한 정보로서 활용하고자 하는 것이다.

다) 평가설계

(1) 평가준거

5-1. 교육과정의 운영에서 적용되지 못했던 점이나 문제점이 있는가.

5-2. 교육과정의 운영함에 있어서 계획하지 않았던 성취 혹은 향상이 있는가.

(2) 평가 시 제한점

본 평가요소에서는 교육과정 운영상 발생한 여러 성취와 문제에 대해 의도된 것과 그렇지 않은 것을 분명하게 구분해 주는 객관적인 기준을 세우는 데 어려움이 있다.

(3) 평가에 필요한 정보

평가를 하기 위한 단위 기간에 대한 교육과정의 시간계획(스케줄)과 전체 운영계획, 그리고 이를 적용한 후 나타난 결과에 대한 정보가 필요하다.

(4) 정보의 출처: 정보수집 방법

평가 대상 기간 동안의 교육과정의 시간운영계획안과 전체 운영계획안, 그리고 교육과정 운영이 끝난 후의 학기말 혹은 학년말 과정운영 결과보고서 혹은 운영담당자의 소견을 수집한다.

(5) 수집된 정보의 분석방법: 평가방법

우선 평가대상이 되는 단위기간 동안의 운영계획안과 운영 후의 관련 보고서를 비교 검토하여 의도하지 않은 문제와 성취를 확인한다. 그리고 운영을 맡고 있는 담당자들에 대한 인터뷰나 설문조사를 통해 얻은 자료를 토대로 해석한다.

라) 평가결과의 보고

운영계획과 운영 후 결과보고서를 비교·검토하여 확인된 비의도적 성취와 문제를 정리하고, 담당자 인터뷰의 내용과 해석을 보고한다.

◆ 평가요소 5에 대한 가중치 및 타당성 조사 ◆

◉ 본 평가요소에 대한 평가준거의 **가중치(배점)**를 매겨 주십시오.

(총합 100%가 되도록)

평가요소 5	교육과정의 운영에서 의도되지 않은 성취의 확인	100%
준거	1. 교육과정의 운영에서 적용되지 못했던 점이나 문제점이 있는가	( )
	2. 교육과정의 운영함에 있어서 계획하지 않았던 성취 혹은 향상이 있는가	( )

◉ 본 평가요소의 설계에 대한 다음 물음에 어떻게 생각하는지 해당하는 곳에 √표 해 주십시오.

평가의 타당성 조사문항	전혀 그렇지 않다	별로 그렇지 않다	보통 이다	조금 그렇다	매우 그렇다
1) 본 평가요소는 사내대학의 교육과정을 평가하는 데 중요한가					
2) 본 평가요소는 정확히 어떤 것을 평가하려는지 분명하게 나타내고 있는가					
3) 본 평가요소에 있는 평가준거는 평가요소를 조사하기에 적합한가					
4) 평가의 목적은 구체적으로 제시되었는가					
5) 평가절차는 분명하게 제시되었는가					
6) 본 평가설계에 의해 평가가 수행가능한가					
7) 본 평가요소는 평가하기에 용이한가					
8) 본 평가요소에 맞춰 평가절차는 적절하게 설계되었는가					
9) 본 평가요소를 조사하는 데 평가방법은 적절한가					
10) 본 평가요소에서 평가의 제한점은 적절한가					

6) 평가요소 6: 사내대학 교육과정의 모기업 사업성과(생산성 향상)에의 기여도

가) 평가의 근거

사내대학 교육의 궁극적인 목적은 종업원들의 진학욕구 및 성인교육적 욕구를 충족시켜 주는 측면도 있지만 무엇보다도 사내대학을 운영하고 있는 모기업의 사업성과 혹은 생산성의 극대화를 꾀하고자 하는 데 있다(Allen, 1996; 박준병, 1991; 박혜영, 1990). 즉 모기업의 생산성 향상을 위한 인재양성 기능의 한 축으로서의 사내대학 교육이 기여하지 못한다면 그 설립의 근거와 이유를 상실하게 되는 것이다.

나) 평가의 목적

본 평가요소인 "사내대학 교육과정의 모기업 사업성과(생산성 향상)에의 기여도"를 평가함으로써 사내대학 교육의 궁극적인 목적인 모기업의 사업성과 혹은 생산성의 극대화를 도모하는 데 어느 정도 기여하는가를 파악하고자 하는 것이다.

다) 평가설계

(1) 평가준거

6-1. 사내대학의 학생들은 졸업 후 직무성적(고과)이 향상되었는가.

6-2. 사내대학의 학생들은 졸업 후 개인의 진학 및 교육적 욕구를 만족시켰다고 인식하는가.

6-3. 사내대학의 학생들은 졸업 후 조직적응을 더 잘하는가.

6-4. 사내대학의 학생들은 자신의 직무에서 생산성이 향상되었는가.

(2) 평가 시 제한점

사내대학 교육을 통한 생산성의 향상 여부를 판가름하는 것은 사내대학의 매우 중요한 목적이지만 가장 측정하기 어려운 평가요소이다. 왜냐하면 직무 혹은 회사의 생산성을 결정하는 요인은 종업원(직원)에 대한 교육뿐만 아니라 경영전략 등 여러 복잡한 요인들의 영향을 받게 마련이기 때문이다.

(3) 평가에 필요한 정보

본 평가요소를 파악하기 위해서는 사내대학 학생들의 입학 이전과 졸업 이후의 직무 성과 및 인사고과(평정) 자료와 자기개발과 조직적응에 대한 직접 조사 자료 및 상하위 관련 인사를 통한 정보가 필요하다.

(4) 정보의 출처: 정보수집 방법

사내대학 학생들의 입학 전과 졸업 후 현업에서의 직무 성과표, 인사고과(평정) 자료를 확보하고, 자기개발과 조직적응에 대한 당사자 및 상하위 연결 직급자의 직접 조사를 통하여 정보를 얻는다.

(5) 수집된 정보의 분석방법: 평가방법

준거 6-1은 졸업생들이 사내대학 입학 전과 졸업 후의 단위 기간별 직무성적 혹은 고과를 사전·사후 차이검증 설계를 통하여 분석한다. 준거 6-2는 입학 전과 졸업 후에 교육만족도 조사를 통해 개인들이 사내대학 교육이 개인의 진학 및 평생교육의 욕구를 충족시켰는지를 확인한다. 준거 6-3 역시 입학 전과 졸업 후를 비교하는 것으로 부서에 배치되어 근무하고 있는 졸업생들에게 직접 조직적응에 관한 조사 혹은 검사를 실시하고 그 상사와 부하직원에 대한 조사도 병행한다. 준거 6-4는 개인이 달성한 직무 혹은 사업실적을 입학 전과 입학 후에 대한 비교를 통하여 분석한다. 이상의 네 가지 평가준거의 분석은 사내대학 학생과 일반 종업원 간의 실험집단·통제집단 간 설계를 사용하거나 사내대학 학생들의 사전·사후 차이검증(paired T-test 혹은 repeated measure) 방법을 사용할 수 있다.

라) 평가결과 보고

우선 각 준거에 대한 원점수를 비롯한 기초 통계치를 제시하고 차이 검증 분석에 대한 결과 및 해석을 보고한다.

◆ 평가요소 6에 대한 가중치 및 타당성 조사 ◆

◉ <u>본 평가요소</u>에 대한 평가준거의 **가중치(배점)**를 매겨 주십시오.

(총합 100%가 되도록)

평가요소 6	사내대학 교육과정의 모기업 사업성과(생산성 향상)에의 기여도	100%
준거	1. 사내대학의 학생들은 졸업 후 직무성적(고과)이 향상되었는가	( )
	2. 사내대학의 학생들은 졸업 후 개인의 진학 및 교육적 욕구를 만족시켰다고 인식하는가	( )
	3. 사내대학의 학생들은 졸업 후 조직적응을 더 잘 하는가	( )
	4. 사내대학의 학생들은 자신의 직무에서 생산성이 향상되었는가	( )

◉ <u>본 평가요소의 설계</u>에 대한 다음 물음에 어떻게 생각하는지 해당하는 곳에 √표 해 주십시오.

평가의 타당성 조사문항	전혀 그렇지 않다	별로 그렇지 않다	보통 이다	조금 그렇다	매우 그렇다
1) 본 평가요소는 사내대학의 교육과정을 평가하는 데 중요한가					
2) 본 평가요소는 정확히 어떤 것을 평가하려는지 분명하게 나타내고 있는가					
3) 본 평가요소에 있는 평가준거는 평가요소를 조사하기에 적합한가					
4) 평가의 목적은 구체적으로 제시되었는가					
5) 평가절차는 분명하게 제시되었는가					
6) 본 평가설계에 의해 평가가 수행가능한가					
7) 본 평가요소는 평가하기에 용이한가					
8) 본 평가요소에 맞춰 평가절차는 적절하게 설계되었는가					
9) 본 평가요소를 조사하는 데 평가방법은 적절한가					
10) 본 평가요소에서 평가의 제한점은 적절한가					

◆ 평가 영역 및 평가요소 간 가중치(배점)에 대한 조사 ◆

◉ 본 사내대학 교육과정의 평가를 위해서 **각 평가 영역에 가중치(배점)**를 매긴다면 어떻게 매기겠습니까? (총합 100% 가 되도록)

영역 1: 사내대학 교육과정의 **목적**　　（　　　　）

영역 2: 사내대학 교육과정의 **목표**　　（　　　　）

영역 3: 사내대학 교육과정의 **설계**　　（　　　　）

영역 4: 사내대학 교육과정의 **적용**　　（　　　　）

영역 5: 사내대학 교육과정의 **평가**　　（　　　　）

총합　　100%

◉ 교육과정의 평가를 위한 **각 평가 영역에 대해 평가요소들의 가중치**를 매긴다면 어떻게 매기겠습니까? (총합 100% 가 되도록)

영역 1. 사내대학 교육과정의 **목적**	100%
요소 1. 사내대학 교육과정 목적 진술의 명확성	（　　　　）
요소 2. 교육과정 목적의 사내대학 설립취지 반영	（　　　　）
요소 3. 교육과정 목적의 모기업 경영상의 요구(needs) 반영 여부	（　　　　）
요소 4. 사내대학 교육목적의 교육목표에 대한 대표성	（　　　　）
영역 2. 사내대학 교육과정의 **목표**	100%
요소 1. 교육과정 목표 진술의 명확성	（　　　　）
요소 2. 경영상의 요구를 토대로 한 교육요구 분석 여부	（　　　　）
요소 3. 사내대학 학생(종업원)의 특성 분석 여부	（　　　　）
요소 4. 교육목표의 성취가능성 여부	（　　　　）

영역 3. 사내대학 교육과정의 **설계**	100%
요소 1. 교육과정의 합리적인 설계에 위한 지침 마련 여부	( )
요소 2. 교육과정의 구성의 사내대학 특유의 교육목표 반영 수준	( )
요소 3. 전공의 이해를 돕기 위한 기초과목 편성의 적절성	( )
요소 4. 모기업 인재개발전략의 교과 교육과정에의 반영 수준	( )
요소 5. 직무훈련관련 교육과정 설계가 기업의 현업에서의 직무 수행 능력을 향상시키는 데 적절한지 여부	( )
요소 6. 조직개발관련 교육과정 설계가 기업의 현업에서의 조직 적응을 향상시키는 데 적절한지 여부	( )
요소 7. 교육과정이 종업원의 개인적 진학 및 교육욕구를 충족 시키고 있는지 여부	( )
영역 4. 사내대학 교육과정의 **적용**	100%
요소 1. 교육과정의 운영이 초기에 계획했던 대로 이루어지고 있는지 여부	( )
요소 2. 전공교과의 수업은 현업의 상황과 적절히 연관되어 운 영되는지 여부	( )
요소 3. 교육과정이 시간계획 및 교수-학습의 효율적 방법을 명확히 제시하고 있는지 여부	( )
요소 4. 교육과정은 교과목에 적합한 교수(강사)를 배치하고 있 는지 여부	( )
요소 5. 교육과정의 각 교과를 학생들이 수월하게 학습하는지 여부	( )
요소 6. 교육과정은 학생들의 자율적인 학습조직을 독려하는지 여부	( )
영역 5. 사내대학 교육과정의 **평가**	100%
요소 1. 체계적인 평가계획의 수립 여부	( )
요소 2. 교육과정의 세 영역인 직무훈련, 개인교육, 조직개발에 서의 교육목적 성취 수준	( )
요소 3. 교육과정의 목표달성 정도에 대한 평가방법의 합리성	( )
요소 4. 교육과정의 목표달성에 대한 평가결과가 교육과정의 개 선을 위해 합리적으로 활용되고 있는지 여부	( )
요소 5. 교육과정의 운영에서 의도되지 않은 성취의 확인	( )
요소 6. 사내대학 교육과정의 모기업의 사업성과(생산성 향상) 에의 기여도	( )

324

【부록 2】 평가적용에서 정량적 측면의 평가결과

평 가 항 목	평가점수(평균/SD)			
	전체	교수	기획	학생
· 진술된 각 교육목표는 어떤 교육목적을 달성하기 위한 것인지 명확하게 구분되는가	3.00 (.63)	2.50 (.71)	3.00 (.00)	3.50 (.71)
· 교육과정의 각 목표는 그 의미가 무엇인지 이해하기에 용이한가	3.33 (.52)	3.00 (.00)	3.50 (.71)	3.50 (.71)
· 교육요구 분석은 모기업의 경영상의 요구를 적절히 반영하고 있는가	3.17 (.41)	3.00 (.00)	3.00 (.00)	3.50 (.71)
· 교육요구 분석은 교수와 학생의 요구를 적절히 반영하고 있는가	3.83 (.75)	3.50 (.71)	4.50 (.71)	3.50 (.71)
· 교육요구 분석결과는 교육과정 편성에 적절히 반영되고 있는가	2.83 (1.17)	4.00 (.00)	2.50 (.71)	2.00 (1.41)
· 학생들의 특성 분석(학습자 분석)은 교육과정 편성에 적절히 반영되고 있는가	3.50 (.55)	3.50 (.71)	3.50 (.71)	3.50 (.71)
· 교육과정에 각 전공과목과 연관된 기초과목들이 편성되어 있는가	3.83 (.75)	4.45 (.71)	3.00 (.00)	4.00 (.00)
· 기초과목들은 전공과목의 이해를 돕기 위한 전공과 연관된 기초지식들로 구성되어 있는가	3.83 (.75)	4.50 (.71)	3.00 (.00)	4.00 (.00)
· 모기업의 인재양성전략이 교과 교육과정 편성 시에 적절히 반영되고 있는가	3.17 (.75)	3.00 (1.41)	3.50 (.71)	3.00 (.00)
· 직무훈련관련 교육과정은 현업의 실제 직무 상황과의 연계성이 적절한가	2.83 (.75)	2.50 (.71)	3.00 (.00)	3.00 (1.41)
· 교육과정에 성인계속교육을 위한 요소가 적절히 편성되어 있는가	3.33 (.52)	3.50 (.71)	3.00 (.00)	3.50 (.71)
· 교수는 교과에 대해 적절한 전문지식을 갖고 있는가	3.17 (.75)	4.00 (.00)	3.00 (.00)	2.50 (.71)
· 교수는 교과에 대해 관심과 열의를 갖고 강의를 하는가	4.00 (.63)	4.50 (.71)	3.50 (.71)	4.00 (.00)

평 가 항 목	평가점수(평균/SD)			
	전체	교수	기획	학생
·교육과정을 운영함에 있어서 학생들의 자율적인 스터디 그룹을 지원하고 있는가	3.17 (.75)	3.50 (.71)	3.50 (.71)	2.50 (.71)
·교육과정을 운영함에 있어서 학생들의 동아리 활동을 지원하고 있는가	3.17 (.75)	3.50 (.71)	3.50 (.71)	2.50 (.71)
·교육과정 중 직무훈련 영역의 교육목적은 성취되었는가	3.33 (.52)	4.00 (.00)	3.00 (.00)	3.00 (.00)
·교육과정 중 개인교육 영역의 교육목적은 성취되었는가	3.33 (.52)	3.50 (.71)	3.00 (.00)	3.50 (.71)
·교육과정 중 조직개발 영역의 교육목적은 성취되었는가	2.33 (1.03)	2.00 (.00)	1.50 (.71)	3.50 (.71)
·교과특성에 적합한 평가방법을 사용하고 있는가	3.83 (.98)	4.00 (.00)	4.00 (.00)	3.50 (2.12)
·평가결과는 학생들의 학습개선을 위해 학생들에게 적절히 송환되고 있는가	2.83 (.75)	2.50 (.71)	3.00 (.00)	3.00 (1.41)
·목표달성 정도에 대한 평가결과는 다음 단계(학기, 학년)의 교육과정 편성에 참고 자료로 활용되는가	3.67 (.52)	4.00 (.00)	4.00 (.00)	3.00 (.00)

· 저자 ·

김형주(金亨柱)

· 약 력 ·

고려대학교 교육학과 박사 졸업(교육학 박사)
現 국무총리 산하「한국청소년정책연구원」연구위원
　- 고려대학교 사범대학 교육학과 강사
　- 한국외국어대학교 교육대학원 강사
교육인적자원부 산하「한국교육학술정보원」연구위원
　- 대통령 직속 전자정부특별위원회
　- 숭실대학교 대학원 평생교육학과 강사
삼성그룹 삼성생명공익재단 사회정신건강연구소 전임연구원
　- 고려대학교 사범대학 교육학과 강사
고려대학교 교육문제연구소 연구원

· 주요논저 ·

「2006년도 초·중등학교 교육정보화 수준측정 연구」
「유비쿼터스 시대의 학제 개편 방향 및 시사점」
「2006년도 교육정보화사업 평가보고서」
「미래교육 준비, 어떻게 해야 하나」
「미래교육의 준비 : ICT에서 u-Learning으로」
「교육정보화에 대한 성과중심 평가모형 구안」
「해외 대학의 e-러닝 도입 사례 및 대학 개혁에의 시사점」
「국가인적자원개발 및 지식역량 모형 탐색」
「2004년도 교육정보화 사업 평가 보고서」
「교육정보화 평가모형 개발 연구」
「교원 ICT 활용능력 평가방안 연구」
「초·중등학교 및 시·도교육청의 정보화 지표 및 평가체제 개발」
「사내대학(社內大學) 교육과정에 대한 평가체제의 개발」
「사내대학(社內大學)의 교육과정 평가에 관한 연구」
「사내대학의 교육과정 평가모형 : 논리와 과제」
「사내대학 교육의 질 관리를 위한 평가 연구 고찰」
「교육연구에서 결합분석(Conjoint Analysis)의 활용가능성 탐색」
「프로그램 평가모형별 활동 지침 고찰」
「검사문항유형이 언어적 정보인출에 미치는 영향에 관한 연구」
　외 다수

본 도서는 한국학술정보(주)와 저작자 간에 전송권 및 출판권 계약이 체결된 도서로서, 당사와의 계약에 의해 이 도서를 구매한 도서관은 대학(동일 캠퍼스) 내에서 정당한 이용권자(재적학생 및 교직원)에게 전송할 수 있는 권리를 보유하게 됩니다. 그러나 다른 지역으로의 전송과 정당한 이용권자 이외의 이용은 금지되어 있습니다.

맞춤형 인적자원개발을 위한

사내대학의 교육과정 평가

- 초판 인쇄 | 2007년 3월 15일
- 2쇄 인쇄 | 2007년 11월 22일

- 지 은 이 | 김형주
- 펴 낸 이 | 채종준
- 펴 낸 곳 | 한국학술정보㈜
  경기도 파주시 교하읍 문발리 513-5
  파주출판문화정보산업단지
  전화 031) 908-3181(대표) · 팩스 031) 908-3189
  홈페이지 http://www.kstudy.com
  e-mail(출판사업부) publish@kstudy.com
- 등 록 | 제일산-115호(2000. 6. 19)
- 가 31,000원

ISBN 978-89-534-6394-3 93370 (Paper Book)
      978-89-534-6395-0 98370 (e-Book)